Hanne Seelmann-Holzmann

Cultural Intelligence

Hanne Seelmann-Holzmann

Cultural Intelligence

Die Erfolgsformel für Wachstum
in einer multipolaren Wirtschaftswelt

Bibliografische Information der Deutschen Nationalbibliothek
Die Deutsche Nationalbibliothek verzeichnet diese Publikation in der
Deutschen Nationalbibliografie; detaillierte bibliografische Daten sind im Internet über
<http://dnb.d-nb.de> abrufbar.

1. Auflage 2010

Alle Rechte vorbehalten
© Gabler | GWV Fachverlage GmbH, Wiesbaden 2010

Lektorat: Ulrike M. Vetter

Gabler ist Teil der Fachverlagsgruppe Springer Science+Business Media.
www.gabler.de

Das Werk einschließlich aller seiner Teile ist urheberrechtlich geschützt. Jede Verwertung außerhalb der engen Grenzen des Urheberrechtsgesetzes ist ohne Zustimmung des Verlags unzulässig und strafbar. Das gilt insbesondere für Vervielfältigungen, Übersetzungen, Mikroverfilmungen und die Einspeicherung und Verarbeitung in elektronischen Systemen.

Die Wiedergabe von Gebrauchsnamen, Handelsnamen, Warenbezeichnungen usw. in diesem Werk berechtigt auch ohne besondere Kennzeichnung nicht zu der Annahme, dass solche Namen im Sinne der Warenzeichen- und Markenschutz-Gesetzgebung als frei zu betrachten wären und daher von jedermann benutzt werden dürften.

Umschlaggestaltung: KünkelLopka Medienentwicklung, Heidelberg
Druck und buchbinderische Verarbeitung: MercedesDruck, Berlin
Gedruckt auf säurefreiem und chlorfrei gebleichtem Papier
Printed in Germany

ISBN 978-3-8349-2168-0

Inhaltsverzeichnis

Vorwort und Dank _____ 7

Einleitung _____ 13
Powershift in der Weltökonomie:
die multipolare Weltwirtschaft _____ 13
Folgen für die Mikroökonomie:
Unternehmensidentität in der multipolaren Weltwirtschaft ____ 21
Cultural Intelligence: Strategie- und Steuerungsinstrument ____ 25
Megatrend Asien _____ 28

1. Fiktion oder Realität? Die Global AG im Jahr 2015 ____ 33
Wie alles anfing … _____ 34
Und heute? _____ 39
Zukunftsvision oder Schwarzmalerei? _____ 40

2. So war es bisher _____ 43
Das Märchen vom globalen Dorf und
seine Folgen für betriebliches Handeln _____ 43
Der Klassiker im Chinageschäft _____ 53

3. Cultural Intelligence _____ 77
Was ist Cultural Intelligence? _____ 77
Fallstricke auf dem Weg zu Cultural Intelligence _____ 78

Die Säulen des Cultural-Intelligence-Instrumentes 82
Culture Codes – Know-how und Know-why 85
Intercultural Competence 89
Cultural Diversity 116
Zusammenfassung:
Implementierungsschritte von Cultural Intelligence 158

4. Fitness-Check für Cultural Intelligence 161

Corporate Identity 161
Einkauf und Beschaffung 165
Verkauf und Vertrieb 168
Personalpolitik 172
Produktion im In- und Ausland 174
Produktentwicklung 176
Marketing und Werbung 177

„Yes, we can" – because there's no other chance? 181

Wer wird die Weltgemeinschaft führen? 182
Der Homo multipolaris 186
Reise zu den geistesgeschichtlichen Wurzeln **207**

Europäisches Denken 209
Asiatisches Denken 226

Reisen bildet! **243**

Literatur **251**

Die Autorin **256**

Vorwort und Dank

Warum Cultural Intelligence die Erfolgsformel in der multipolaren Welt ist

In der Weltwirtschaft hat eine Kräfteverschiebung stattgefunden – nicht nur von der Wall Street zur Great Wall. Die westlichen Industriestaaten müssen ihre Macht mit neuen Akteuren teilen, die China und Indien, Brasilien und Russland, Nigeria und Angola heißen. Die multipolare Weltökonomie ist Realität.

Lassen Sie mich die Veränderungen anhand eines Orchesters beschreiben. Im bisherigen westlichen Symphonieorchester spielten die Musiker die Stimmen der Komposition unter einem Dirigenten. Zwar gab es immer wieder Diskussionen darüber, wer die erste Geige spielen sollte. Manche hauten zu stark auf die Pauke. Aber letztendlich orientierten sich alle an der „wohltemperierten Stimmung", die ein Mitteleuropäer, Johann Sebastian Bach, zur Blüte gebracht hatte. Zwölf gleiche Halbtonschritte bildeten nun die Basis aller Melodie und Harmonie. Und waren japanische oder chinesische Mitglieder im Orchester, dann bemühten sie sich in harter Arbeit, den westlichen Musikstil zu adaptieren. Als Dirigent unangefochten fungierte ein Amerikaner. Er schlug den Takt, bestimmte Tempo und Interpretation.

Allmählich veränderte sich jedoch die Zusammensetzung des Orchesters. Es kamen chinesische Musiker mit neuen Instrumenten wie der Erhu, einer zweisaitigen Fiedel, schrill klingenden Flöten oder der Suona, einem oboenartigen Instrument, hinzu. Indische Spieler brachten ihre Sitar und Tabla, eine kleine Trommel, mit. Russen die Balaleika. Brasilianer ihre Trillerpfeife Apito. Nigerianische Trommler suchten sich einen Platz. Die Musiker trugen zwar westliche Kleidung. Aber bereits der erste Versuch, ein gemeinsames Stück zu spielen, endete in einem dissonanten Fiasko.

Verzweifelt sahen sich die Musiker an. Sie erfuhren zum Beispiel von ihren chinesischen und indischen Mitspielern, dass deren Musik 22 Unterteilungen der Oktave kennt. Der Sitarspieler erzählte, in Indien gäbe es traditionellerweise überhaupt kein Orchester, nur Kammermusik. Oft würden einzelne Künstler – und selbstverständlich ohne einen Dirigenten! – bis zu eineinhalb Stunden lang ihr Können zeigen. Brasilianische Musik hatte einen völlig anderen Rhythmus. Und die russische Balaleika klang neben westlichen Instrumenten einfach zu wehmütig.

Für die westlichen Orchestermitglieder war die Lösung einfach. Die anderen Musiker sollten sich doch einfach anpassen – oder aber auf das Mitspielen verzichten. Selbstbewusst wiesen die neuen Künstler dieses Ansinnen zurück. Wieso nur die westlichen Musiker den Takt vorgeben wollten? Wieso sie nach deren Pfeife tanzen sollten? Sie verwiesen auf ihre Anzahl, denn sie waren mittlerweile die Mehrheit im Orchester geworden. Und sie forderten, ganz im westlich-demokratischen Sinne, eine Abstimmung über den zukünftigen Weg. Es gab zwei Ergebnisse: Zum einen beschloss man die Abschaffung des Dirigenten. Und zum anderen forderte man die Entwicklung einer völlig neuen Musikrichtung, um als Orchester fortbestehen zu können.

Das hatte enorme Konsequenzen für alle Mitglieder. Sie mussten sich über das Musikverständnis ihrer Kollegen informieren. Sie mussten stärker auf Zwischentöne achten, um Misstöne zu vermeiden. Und sie wussten, dass sie für ihr neues Projekt hart arbeiten mussten. Aber alle fanden es aufregend, da sie den Neubeginn einer Musikepoche gestalten durften.

Bei Sturm bauen die einen Mauern und die anderen Windräder

Die Mitglieder dieses Orchesters sind nationale Ökonomien. Und dort wird wirtschaftliches Handeln getragen von Unternehmen. Sie erleben unmittelbar, dass mit einem ökonomischen Machtverlust auch ihre bisher reklamierte (und oft stillschweigend akzeptierte) Deutungshoheit in Bezug auf kulturelle Annahmen oder ethische Werte bedroht ist. In der Folge bedeutet dies, dass weder Unternehmensstrategien noch Geschäfts- oder Führungsmodelle weiterhin unreflektiert auf anderskulturelle Räume übertragen werden können.

Auch der Klimawandel in der Weltökonomie ist Risiko und Chance zugleich. Mit Hilfe einer neuen, dynamischen Wettbewerbsstrategie können Unternehmen auch unter veränderten Rahmenbedingungen ihre Interessen sichern und ihre Umsätze erhöhen. Ein Instrument dafür wird in diesem Buch vorgestellt.

Cultural Intelligence nutzt das Wissen über anderskulturelle Überzeugungen (Cultural Codes), setzt dieses Wissen in den eigenen Handlungsstrategien um (Intercultural Competence) und schöpft aus der kulturellen Vielfalt von Mitarbeitern Innovationspotential für die Lösung von Problemen oder die Entwicklung neuer Produkte (Cultural Diversity). Es ist die Erfolgsformel für die multipolare Weltwirtschaft.

Was Sie in den einzelnen Kapiteln finden werden

1. In der **Einleitung** erfahren Sie, wie sich die multipolare Weltwirtschaft entwickelt hat, wie sie aussieht und welcher Handlungsbedarf für die westlichen Unternehmen entstanden ist.
2. Dann beamen wir uns mit **Felix Reiselustig** in die Zukunft und nehmen an einigen Sitzungen der Global AG im Jahr 2015 teil.

3. Es folgt ein Blick zurück. Am Beispiel des **Klassikers im Chinageschäft** erfahren Sie, warum oft erfahrene und erfolgreiche deutsche Unternehmen in Fernost scheiterten. Wir schlüpfen sowohl in die Schuhe des deutschen Unternehmers wie auch in die des chinesischen Mitarbeiters und können so nachvollziehen, wie Missverständnisse entstehen. Sie erhalten Antworten und Erklärungen unter Rückgriff auf die neuesten Erkenntnisse aus kulturvergleichender Psychologie und Gehirnforschung.

4. Dann möchte ich Ihnen das von mir entwickelte Instrument der **Cultural Intelligence** vorstellen. Was bedeutet es, in welchen Schritten müssen Sie es einführen, wie können Sie es einsetzen, damit Sie diese Erfolgsformel für weiteres Wachstum in einer multipolaren Weltwirtschaft nutzen?

5. Sodann biete ich Ihnen einen **Fitness-Check** für Ihre betrieblichen Teilfunktionen an. Ich zeige Ihnen, mit welchen Fragen Sie durch Ihr Unternehmen wandern sollten, um Ihre Zukunftstauglichkeit zu prüfen und etwaigen Handlungsbedarf zu erkennen.

6. Im Schlusskapitel heißt es **„Yes, we can – because there's no other chance?"**. Auf der Makro- und Mikroebene zeige ich, wie eine multipolare Welt aussehen kann, damit viele Menschen von dieser Entwicklung profitieren. Brauchen wir einen Homo multipolaris? Welche Eigenschaften sollte er haben? Was sind die Stärken des Westens, was sind die Stärken von Fernost? Was können wir voneinander lernen?

7. Die **Reise zu den geistesgeschichtlichen Wurzeln** westlichen und östlichen Denkens ist ein Angebot an diejenigen unter Ihnen, die in komprimierter Form einen Überblick über die wichtigsten Denktraditionen erhalten möchten. Denn wir sehen die Welt nicht, wie sie ist, sondern wie wir sind.

Vielen Dank!

Wenn man sich im Gefängnis der eigenen Gedanken befindet, ist Hilfe und Unterstützung von außen besonders wertvoll! Danke zuerst einmal an alle meine Kunden und Gesprächspartner, allen voran Familie Dippold, Christl Ziegler und Elisabeth Holzmeier.

Danke an

- Max Holzmann – für eine „Ausfallbürgschaft" morgens um vier Uhr
- Kristin Seelmann – für ihre stetige, kreative Unterstützung
- Dieter Hierner – für kritische Begleitung, Querdenken und vielfältige Anregungen
- Gerhard Kotschenreuther – wieder einmal für intellektuellen und kulinarischen Genuss
- Dr. Hans-Georg Häusel – meinem lieben Freund und Sparringspartner, Mentor und Hebammerich, der wesentliche Impulse für die Entwicklung des Instruments der Cultural Intelligence gab!
- Ulrike M. Vetter vom Gabler Verlag für die angenehme Zusammenarbeit!

Hanne Seelmann-Holzmann

Einleitung

Powershift in der Weltökonomie: die multipolare Weltwirtschaft

Die weltwirtschaftlichen Turbulenzen seit Mitte September 2008 haben zwei Dinge klar gemacht: Zum einen wurde deutlich, dass unsere Weltökonomie hochgradig interdependent ist. Zum zweiten haben sich innerhalb dieser globalen Wirtschaft die Kräfteverhältnisse neu sortiert. Dies erfolgte zwar nicht über Nacht, sondern war ein Prozess, der sich in den letzten zehn Jahren entwickeln konnte, ohne dass die westlichen Staaten Notiz davon nahmen. Feierte man nach dem Mauerfall in den 90er Jahren endgültig den Sieg des Kapitalismus über den Kommunismus, so verfügt mittlerweile ein kommunistischer Staat, nämlich China, über gigantische US-Dollar Währungsreserven und ist größter Gläubiger der USA.

Die Welt scheint kopfzustehen.

Dass die wichtigsten Industrieländer, die sich bisher bei den Weltwirtschaftsgipfeln in der G-8-Runde versammelt hatten, ihren illustren Kreise erweitern mussten, zeigte sich im April 2009 in London. Da berieten in der G-20-Runde auch Schwellenländer mit, wie man weltwirtschaftliche Probleme auf den Finanzmärkten lösen könnte. Für alle Augen sichtbar wurde demonstriert: die Weltökonomie ist multipolar geworden. Neue Spieler demonstrieren neues Selbstbewusstsein. Bei einem Strategie- und Wirtschaftsgipfel zwischen Spitzenpolitikern aus den USA und China Ende Juli 2009 bestätigte Präsident Obama: „Die Beziehung zwischen den Vereinigten Staaten und China wird das 21. Jahrhundert prägen" (SZ, 29.7.09). Kommentatoren konstatierten, wie kleinlaut die USA aufgetreten seien, mit welch tiefen Verbeugungen sie die fernöstlichen Staatsvertreter umgarnt hätten (SZ, 29.7.09, 4). Wie erwähnt verfügt China über 800 Milliarden US-Dollar Staatsanleihen, hält insgesamt 1,5 Billionen Dollar Schuldtitel. Dementsprechend selbstbewusst verlangten die chinesischen Staatsvertreter ein Konzept zur Reduktion der Rekordverschuldung. Eine Inflation in den Vereinigten Staaten würde auch ihre Dollarersparnisse mindern. Wiederholt fordert China die Ablösung des US-Dollars als Leitwährung und als Ersatz eine Art Kunstwährung aus verschiedenen Devisen. Und US-Finanzminister Timothy Geithner sicherte zu, dass die USA mehr Stimmrechte der Chinesen im Internationalen Währungsfond unterstützen würden. Dies bedeutet unter anderem eine Schwächung Europas in diesem Gremium.

Aber auch andere Volkswirtschaften beweisen, dass sich die bisherige Weltwirtschaftsordnung verändern wird. Länder wie Brasilien, Indonesien, Indien, zum Teil auch Russland, konnten trotz internationaler Finanzkrise Wachstumszahlen ausweisen oder ihre Wirtschaften stabilisieren.

Die industriellen Zentren in den USA, Europa und Japan litten am stärksten. Und dies nicht nur, weil gierige Investmentbanker unverantwortlich gezockt hatten, sondern auch, weil sich konjunkturelle und strukturelle Probleme zu einem Hurrikan addierten. Die Hoffnungsträger für eine Erholung der Weltwirtschaft sind vor allem asiatische Staaten wie China oder Indien. Deren privater und industrieller Konsum soll den Exporteuren im Westen oder in Japan neue Nachfrage bescheren und eine Zunahme der Arbeitslosigkeit verhindern.

Würde jemand Mitte der 90er Jahre in einen Tiefschlaf verfallen sein und heute aufwachen – er könnte sich nur ungläubig die Augen reiben und an einen Realitätsverlust glauben.

„Global Trends 2025: A transformed World"

Der Bericht des National Intelligence Council (NIC), einer Arbeitsgruppe für globalstrategisches Denken der US-Geheimdienste vom November 2008, sieht die USA im Jahr 2025 in einer neuen Rolle. Die Vereinigten Staaten werden demnach zwar noch immer eine starke, aber keine dominante Rolle im Weltmachtgefüge einnehmen. Auch hier folgt der Hinweis auf eine multipolare Welt, in der sich Wohlstand und Wirtschaftsmacht von West nach Ost verschieben werden. Die Wachstumsprognosen für Länder wie Brasilien, Russland, Indien und China – gemeinhin als BRIC-Staaten bekannt, legten nahe, dass diese vier gemeinsam bis 2040 oder 2050 den gleichen Anteil am Weltsozialprodukt haben dürften wie die alten G-7-Staaten. Dies sei eine historisch einmalige Kräfteverschiebung.

Multipolare Welt ist auch Ergebnis neuer Zweckbündnisse

Neben den BRIC-Staaten sind es jedoch auch Staaten wie Nigeria, Angola oder der Sudan, der Iran oder Vietnam, aber auch weitere Länder Lateinamerikas wie Venezuela, vielleicht auch Chile, die zunehmendes ökonomisches Gewicht erhalten. Die wachsende Bedeutung solcher Länder ist auch das Ergebnis neuer weltwirtschaftlicher Achsen und Zweckbündnisse. Die treibende Kraft dieser Entwicklung war und ist China, das sich Energie und Rohstoffe gegen Investitionen, Infrastruktur und Waren in afrikanischen Ländern sicherte, aber ebenso in Lateinamerika oder dem Iran (siehe Sieren, 2008). Entweder nahmen die westlichen Industriestaaten diese Entwicklung in den vergangenen zehn Jahren nicht wahr oder sie ignorierten und unterschätzten sie.

Die neuen Mitspieler auf der internationalen wirtschaftlichen und zunehmend auch politischen Bühne zeichnen sich durch zwei Eigenschaften aus: ihre kulturellen Werte unterscheiden sich zum

Teil vollständig von denen des Westens (China, Indien, afrikanische Länder). Zum zweiten sind es Länder, in denen ein autoritärer Staatsapparat auch die Ökonomien beeinflusst und lenkt. Henrik Müller, Journalist des Manager Magazins und Autor beschrieb deshalb in seinem Buch „Die sieben Knappheiten" diese Entwicklung mit „Despoten aller Länder, bereichert euch!" Die Adressaten eines vom Westen als zunehmend „forsches Auftreten" (Müller, 2008, 273) wahrgenommenen Verhaltens, reagieren jedoch oft selbstbewusst auf Kritik aus dem Westen, wenn man zum Beispiel das Fehlen demokratischer Strukturen oder anderer moralischer Prinzipien des Westens beklagt.

> „Wer definiert, wann es Menschenrechtsverletzungen in den Vereinigten Staaten gibt? Wer? Was ist mit Guantánamo? Wer bestimmt, wann Menschenrechte in Deutschland verletzt werden, wenn sogenannte illegale Immigranten abgeschoben werden? Wer zur Hölle maßt sich an, die Standards für mein Land festzulegen? Mit welchem Recht drückt ihr uns eure Standards auf?" (Olusegun Obasanjo, früherer nigerianischer Präsident, in einem Interview mit F. Sieren. In: Sieren, 2008, 201)

Etwas weniger martialisch, aber nicht minder selbstbewusst, äußert sich der singapurianische Politikwissenschaftler Kishore Mahbubani. In seinem Buch „Die Rückkehr Asiens. Das Ende der westlichen Dominanz" weist er darauf hin, dass es nur die Rückkehr zur Normalität sei, wenn China und Indien 2050 wieder die größten Ökonomien der Welt werden. Die westliche Dominanz sei eine Abweichung von der Norm gewesen. Er bezieht sich mit dieser Aussage auf den Vergleich der Wirtschaftsstärken vor dem 18. Jahrhundert.

> „Die Weigerung führender Vertreter des Westens, anzuerkennen, dass die globale westliche Vorherrschaft nicht mehr aufrecht zu erhalten, stellt eine große Gefahr für die Welt dar. Die westlichen Gesellschaften müssen sich entscheiden, ob sie im 21. Jahrhundert die westlichen Werte oder die westlichen Interessen verteidigen wollen." (Mahbubani, 2008, S. 14)

Und auch der Eklat im Rahmen eines Symposiums „China und die Welt" vor der Frankfurter Buchmesse im September 2009 zeigte, dass die Vertreter des kommunistischen Reichs der Mitte selbstbewusst auftreten. Weil die deutschen Organisatoren zwei regimekritische chinesische Autoren eingeladen hatten, empörte sich der ehemalige Botschafter in Deutschland: „Wir sind nicht gekommen, um uns in Demokratie unterrichten zu lassen. Diese Zeiten sind vorbei!"

Fürwahr. Diese Zeiten sind vorbei.

Politische und wirtschaftliche Strukturen der neuen Akteure

Es gehört zum Selbstverständnis und dem Wertekatalog des Westens, seine Handelspartner hinsichtlich der Kategorien Demokratie und freie Marktwirtschaft zu prüfen. Mit diesen Begriffen lassen sich die politischen und wirtschaftlichen Realitäten in vielen Ländern jedoch nicht mehr fassen. Gerade beim Modell China suchen westliche Beobachter oft hilflos nach Begriffen, um es angemessen zu beschreiben. Manchmal wird die wirtschaftspolitische Realität in China als staatlich gelenkter Turbokapitalismus bezeichnet, der einher geht mit politischer Repression. Aber auch bei den anderen, neuen Mitspielern der multipolaren Welt finden sich selten Strukturen, wie sie der Westen fordert. Wie sieht die politische und wirtschaftliche Ordnung in der multipolaren Welt aus?

▶ Staatskapitalismus: Die bestimmenden, marktwirtschaftlichen Akteure in diesen Staaten sind in den wenigsten Fällen Privatunternehmen. In China oder Russland ist es der Staat, im ersteren Fall sogar ein kommunistischer Staat, der das Wirtschaftsleben nachhaltig formt und lenkt.

▶ Elitenherrschaft: In anderen Staaten wie dem Iran, Nigeria, aber auch lateinamerikanischen Ländern wie Venezuela beherrschen politische Eliten auch das Wirtschaftsleben. In Russland oder China spielen die politischen Machthaber auch im Geschäftsleben eine dominante Rolle.

▶ Verwaltungs- und Klassenmacht: In Indien werden wirtschaftliche Prozesse von einer mächtigen, schwerfälligen Bürokratie gelenkt. Und unter dem Mantel demokratischer Strukturen regeln Religions- und Kastenzugehörigkeit ebenso wie Teilhabe an politischer Macht die Handlungsfähigkeit von Unternehmen.

▶ In all den genannten Ländern gehört Korruption zum Alltag geschäftlicher Entscheidungsprozesse.

China und Indien als Dirigenten

Ein zusätzliches Merkmal ist der Grund für weitere Fragen und Spekulationen: Das sich neu formende Orchester in der multipolaren Weltwirtschaft wird dirigiert von China und Indien. Vor allem China stärkt die wirtschaftliche Entwicklung in vielen Ländern Lateinamerikas, Afrikas, aber auch in Asien. Auf der Suche nach neuen Rohstoffen bieten sie wirtschaftliche Hilfe in Form von Investitionen, aber eben auch in Form von Handel. Sie liefern die Waren zu der Qualität und den Preisen, die sich die Entwicklungs- und Schwellenländer leisten können. Damit entstehen nicht nur neue Handelsströme, sondern auch neue Allianzen. Indien kann im Falle Afrikas seine historischen Verbindungen aktivieren, indem es die rund zwei Millionen indischstämmigen Einwohner, die ab dem 18. Jahrhundert als Gastarbeiter und später als Kaufleute nach

Afrika kamen, quasi als Brückenköpfe für neue wirtschaftliche Beziehungen einsetzt.

Klimawandel auch in der Weltwirtschaft?

Bei den zukünftigen Weltwirtschaftsgipfeln wird ein heterogenes Völkchen zu bestaunen sein. Da sind auf der einen Seite Staaten wie die USA, Kanada, Japan und europäische Länder, organisiert nach den Regeln freier Marktwirtschaften, in denen der Staat in unterschiedlichem Ausmaß schützend und stützend eingreifen darf. Man teilt Werte wie Demokratie, Rechtssicherheit, Einhaltung von Menschenrechten. In der Vergangenheit haben diese Länder und ihre Unternehmen einen Moralkodex und ethische Forderungen auch für das wirtschaftliche Handeln aufgestellt und weltweite Gültigkeit beansprucht. Haben der Internationale Währungsfond oder die Weltbank die Staaten außerhalb der G-7-Gemeinschaft finanziell unterstützt, so mussten sich diese den Vorgaben und Regeln des westlichen Wirtschaftsdenkens beugen.

Die neuen Stars der multipolaren Welt halten sich wenig mit Diskussionen über gemeinsame Werte auf. Sie sind interessiert an der raschen Entwicklung ihrer Volkswirtschaften und kooperieren in den Feldern, in denen sie Bedarf haben. Das sind Rohstoffe und bezahlbare Waren auf der einen Seite sowie die Notwendigkeit des Aufbaus von Infrastruktur oder Industrieanlagen zur Förderung oder Verarbeitung von Rohstoffen auf der anderen Seite. Vor allem China und Indien nutzten rasch ihre Chancen in den Ländern der Welt, die der Westen zum Beispiel aus politischen Gründen ächtete.

Wenn man früher die wirtschaftlichen Partner in Industriestaaten, Schwellen- und Entwicklungsländer einordnete, so war damit nicht nur die ökonomische Entwicklung gemeint. Selbstverständlich maß man mit diesen Begriffen auch, wie sehr Länder die politischen und humanitären Werte der „entwickelten Staaten" teilten. Durfte man während der Bush Regentschaft mit den Ländern der

Achse des Bösen (zumindest offiziell) keine Geschäftsbeziehungen pflegen, so vertraute man in anderen Fällen (China) auf den Wandel durch Handel. Man sah es quasi als Naturgesetz an, dass eine Verbesserung der materiellen Situation der Menschen automatisch den Wunsch und die Forderung nach einer demokratischen Staatsform generieren würde. Länder wie Singapur, wirtschaftlich erfolgreich, aber durch demokratischen Wahlen legitimierte Autokratien, wurden staunend beschwiegen. Und im Falle Indiens beruhigte man sich mit dem Mantra von „der größten Demokratie der Welt", ignorierte Analphabetenzahlen von bis zu 60 Prozent in einigen indischen Bundesstaaten ebenso wie die Tatsache, dass im indischen Parlament 128 der 543 Abgeordneten Straftäter waren, von denen 84 wegen Mordes angeklagt wurden (Newsweek, 16.3.2009, 40).

Das Ende der Deutungshoheit des Westens

Wir können zusammenfassen: Die Zusammenarbeit in dieser multipolaren Ökonomie wird eine Herausforderung darstellen. Die westlichen, demokratischen Staaten können zwar weiterhin ihren Forderungskatalog mit ihren Werten vorlegen, es wird nur niemanden mehr interessieren! Frei nach Brecht dürfen wir uns daran erinnern, dass erst das Fressen, dann die Moral kommt. In der gegenwärtigen Wirtschaftssituation sind die westlichen Staaten in vielerlei Hinsicht auf die neuen Akteure angewiesen. Diese sollen über entsprechende Nachfrage nach Konsum- oder Investitionsgütern die Produktion in den Industriestaaten wieder ankurbeln und als Lieferanten für Massenprodukte und Rohstoffe fungieren. Und sie sollen auch mit ihren Geldanlagen die Konjunkturprogramme der gebeutelten Nationen finanzieren. Glauben die westlichen Staaten wirklich, dass sie trotz des Verlustes ihrer wirtschaftlichen Dominanz weiterhin die Deutungshoheit in Bezug auf kulturelle oder ethische Werte behalten werden?

Folgen für die Mikroökonomie: Unternehmensidentität in der multipolaren Weltwirtschaft

Welche Auswirkungen haben diese politischen und wirtschaftlichen Veränderungen auf die Träger wirtschaftlicher Aktionen, den Unternehmen und Mitarbeitern im Westen?

Zunächst spüren die Unternehmen die veränderten Machtverhältnisse unmittelbar. Folgen eines anderen Denkens erleben sie konkret in ihrem Alltag. Sie erfahren, dass im autokratischen Kapitalismus der Wettbewerb durch den Akteur Staat verzerrt wird. Sie erleben den Einfluss einer mächtigen Wirtschaftsbürokratie, wenn ihnen vor ihren Verhandlungen in Russland ein Katalog überreicht wird, in dem die Korruptionszahlungen für die einzelnen Entscheidungsebenen detailliert aufgelistet sind. Sie werden angesichts anderer Organisationsstrukturen – zum Beispiel in Chinas Netzwerkökonomie – nicht mehr wissen, wie sie angemessen agieren sollen. Hans-Joachim Fuchs stellt deshalb in seinem Buch „China AG" fest:

> „Mentale Entscheidungsmodelle aus dem Westen versagen hier, weil sie auf vereinfachten und linearen Wirkungsbeziehungen beruhen, die komplexe und kontextabhängige Entscheidungssituationen nicht mehr angemessen erfassen können" (411).

Die Betriebe des Westens müssen eine neue Globalisierungsstrategie entwickeln, in der sie den Herausforderungen neuer Wettbewerber begegnen, die in vielerlei Hinsicht völlig andere Werte und Denkweisen haben als sie. Schnell werden sie erkennen – und so erlebten sie es im Falle Chinas oder Indiens bereits – dass sie ihre bisherigen Geschäftsmodelle nicht mehr unreflektiert auf den Rest der Welt übertragen können.

Bei der Entwicklung einer neuen Strategie können westliche Unternehmen nicht auf Erfahrungen zurückgreifen. Noch nie in der Geschichte gab es einen kommunistischen Staat, der sich einer kapitalistischen Wirtschaftsentwicklung bedient, um seine Macht zu schützen. Die Erfahrungen, die Kolonialmächte in Indien, Afrika oder Lateinamerika gemacht haben, sind für das Agieren gegenüber selbstbewussten Rohstoffeignern nutzlos, ja sogar schädlich.

Es ist verständlich, dass die Unsicherheit in den Betrieben steigt. Gleichzeitig sind sie gezwungen, eine dynamische Wettbewerbsstrategie in einem neuen weltwirtschaftlichen Kräfteverhältnis zu entwickeln. Sie kämpfen dabei an zwei Fronten: auf der einen Seite stehen sie mit ihren internationalen Aktivitäten unter Beobachtung einer demokratischen, kritischen Öffentlichkeit im eigenen Land. Für die westliche Presse gelten westliche Moral- und Ethikvorstellungen unvermindert. Das wurde im Falle Siemens oder auch MAN in jüngster Zeit nachhaltig bestätigt. Wenn eine westliche Firma den Regeln in Russland in Form von entsprechenden Zahlungen gehorcht, dann diskreditiert sie sich damit im Herkunftsland und macht sich sogar strafbar.

Auf der anderen Seite muss sie die Regeln und Spiele auf den neuen Märkten der Weltchampions kennen. Mit Vokabeln, die an kriegerische Auseinandersetzungen erinnern, beschreibt dies Fuchs für China:

> „Sie (Anm.: die deutschen Unternehmen) müssen in der Lage sein, gegnerische Schritte zu antizipieren, die eigenen Optionen im Wettbewerb kennen und den möglichen Einfluss einer gewählten Strategie analysieren." (392)

Erfolgreich agieren in einer multipolaren Welt

Globalisierung oder Internationalisierung definierten westliche Unternehmen bisher dergestalt, dass sie weltweit Niederlassungen oder Produktionsstätten gründeten. Selbstverständlich, wenn auch zuweilen mit geringen, graduellen Ausgestaltungen, ging man davon aus, dass die westlichen Unternehmenswerte und Unternehmensrichtlinien auf alle ausländischen Unternehmensteile übertragen werden. Im Einzelnen bezieht sich dies auf

- Organisationsstrukturen
- Personalpolitik (Prinzipien der Mitarbeiterführung und Personalentwicklung)
- Produktpolitik (Produkte orientieren sich meist an der technologischen Entwicklung und den Bedürfnissen westlicher Kunden und werden weltweit angeboten)
- Marketingstrategien oder Werbebotschaften (sie missachteten oft kulturelle Eigenarten oder Tabus, was dann zum Scheitern der Werbemaßnahmen bis hin zur Beleidigung potentieller Käufer führte)
- Ethische Ansprüche (Einhaltung von Menschenrechten bei der Produktion) Umweltstandards
- Weltanschauliche Standards (keine Mitgliedschaft in Scientology etc.)

Wie werden/können westliche Unternehmen hingegen reagieren, wenn auch in ihren Töchtern in den neuen Wirtschaftsräumen die Mitarbeiter die Frage stellen: „Mit welchem Recht drückt ihr uns eure Standards auf?"

Fragen zur kulturangepassten Organisationsstruktur und Personalpolitik gehören hierbei noch zu den einfachen Verhandlungsthemen. Fragen wie die Notwendigkeit von Bestechungsgeldern oder die Zulässigkeit von Kinderarbeit hingegen berühren zentrale moralische Prinzipien des Westens.

Wir wird Globalisierung in den Unternehmen gemanagt, wenn plötzlich auch unsere zentralen westlichen Werte zur „Verhandlungssache" werden? Wie anpassungsfähig und -bereit sind wir? Schaden wir uns wirtschaftlich mit der konsequenten Beibehaltung unserer kulturellen oder politischen Überzeugungen? Wie stark müssen wir uns verändern, um in einer neuen Weltwirtschaft erfolgreich agieren zu können?

Neue Machtverhältnisse – neue Fragen

Die Unternehmen werden sich mit völlig neuen Fragen beschäftigen müssen:

- Wie sieht ein multikulturelles Unternehmen aus?
- Nutzen wir die Chancen kultureller Differenzen?
- Welche unserer Überzeugungen müssen wir modifizieren, relativieren oder sogar aufgeben?
- Wie schaffen wir es, die uns wichtigen Werte zu erhalten und gleichzeitig die Chancen der kulturellen Diversität zu nutzen?
- Was bedeutet das für die Entwicklung von Unternehmensbereichen? Personalentwicklung? Marketingstrategien?
- Was muss im Rahmen eines Identitätsmanagements getan werden, um eigene Ansprüche und Sachzwänge der neuen Wirtschaftsordnung aus zu balancieren?

Mit Cultural Intelligence erhalten die Unternehmen ein Instrumentarium, um Antworten auf diese Fragen zu finden. Es ist die Erfolgsformel, welche die Chancen auch unter den neuen Machtverhältnissen der multipolaren Weltwirtschaft optimal nutzt.

Cultural Intelligence: Strategie- und Steuerungsinstrument

Was tut man, wenn sich Rahmenbedingungen verändern? Man behält seinen bisherigen Kurs bei und wird scheitern. Oder man passt sich intelligent den neuen Bedingungen an, analysiert eigene Kapazitäten und Kompetenzen, erweitert sein Handlungsinstrumentarium mit Hilfe von Zusatzqualifikationen. Bei Sturm bauen die einen Mauern und die anderen Windräder.

Die westlichen Ökonomien sind auf die Rising Stars angewiesen, dies, wie erwähnt, in mehrfacher Hinsicht. Über die Empfehlungen einiger Wirtschaftsjournalisten, die Exportabhängigkeit zum Beispiel der deutschen Volkswirtschaft zu reduzieren und verstärkt die Binnennachfrage zu fördern, kann man nur lächeln. Oder werden Sie sich demnächst eine CNC-Maschine, einen LKW oder vielleicht eine kleine Abwasserkläranlage kaufen?

Der Kampf um Absatz- oder Einkaufsmärkte wird immer härter. Auch die neuen Akteure befinden sich auf einer technologischen Aufholjagd. Immer wieder beeindrucken Indien oder China mit den absoluten Zahlen ihrer Hochschulabgänger in mehrstelligem Millionenbereich. Ich werde noch darlegen, dass ich die apokalyptischen Aussagen über das wirtschaftliche Ende des Westens nicht teile. Auch, weil ich die Stärken des Westens und zum Beispiel die vieler asiatischer Länder kenne und vergleiche.

Deshalb ist mein Vorschlag, dass sich westliche Unternehmen auf ihre Stärken besinnen, diese in einer neuen Handlungsstrategie bündeln, um sich klug an die neuen Machtverhältnisse anzupassen. Nur so sichern sie ihr Überleben und ihren Erfolg. Cultural Intelligence stellt ein strategisches Steuerungs- und Führungsinstrument für international tätige Unternehmen vor. Sie beschreibt Maßnahmen zur Sicherung des Erfolges auf einer neuen Stufe der Globalisierung.

Bereits in der Vergangenheit mussten westliche Firmen in einem zuweilen teuren Lernprozess erkennen, dass eine Angleichung der Wirtschaftssysteme nicht mit einer Angleichung der Kulturen einhergeht. Die wenigsten Firmen haben jedoch die Gründe für ihre Schwierigkeiten analysiert oder ihre betriebsinternen Erfahrungen reflektiert. Damit versagten sie sich wertvolle Erfolgsfaktoren zum Beispiel für ihre zukünftige Arbeit in Fernost.

„Der Sieg ist eine Frage der Strategie. Nicht der Stärke" (Sun Tsu)

Cultural Intelligence bündelt bereits existierende, verschiedene Aspekte interkulturellen Managements in einem ganzheitlichen, harmonischen Prozess. Damit entsteht innerbetrieblich eine gemeinsame Wissensbasis, um unternehmensweit eine abgestimmte Strategie und zielgerichtetes Arbeiten zu ermöglichen. Jeder Unternehmensbereich erhält Entscheidungs- und Handlungswissen.

Natürlich gab es auch früher in einigen Firmen eine Vorbereitung von Mitarbeitern auf ihre Tätigkeit im Ausland. Natürlich informierten sich Mitarbeiter im Einkauf und Vertrieb über die Besonderheiten ihrer Zielregionen. Aber zum einen waren dies in der Mehrzahl Einzelmaßnahmen in Form von ein- oder zweitägigen Seminaren. Zum anderen bereitet noch immer die überwiegende Zahl der deutschen, europäischen Unternehmen ihre Mitarbeiter überhaupt nicht auf ausländische oder anderskulturelle Märkte vor. Mit Hilfe von Cultural Intelligence werden die Anforderungen einer interdependenten, globalen Ökonomie im betrieblichen Alltag berücksichtigt und gelebt. Die als Soft Skills bezeichneten und oft nur zweitrangig berücksichtigten Fähigkeiten sind der Schlüssel zum Erfolg. In einer multipolaren Weltwirtschaft mit selbstbewussten Akteuren werden sie vom „nice-to-have" zum „must-have". Cultural Intelligence entscheidet über die Zukunftstauglichkeit eines Unternehmens.

Ich werde zeigen, dass mit Metaphern wie der vom globalen Dorf oder einer unreflektiert und sublim wirkenden Idee einer One-World-Culture (nach westlichem Vorbild) die Notwendigkeit, Globalisierung aktiv zu managen, verhindert wurde. Dass die Bedeutung der Machtverschiebung in einer multipolaren Welt noch lange nicht in der Wahrnehmung der Menschen im Westen angekommen ist, darf für die Verantwortlichen in den Unternehmen nicht als Entschuldigung dienen. Die Chancen, die auch auf der neuen Stufe der Globalisierung existieren, können nur durch proaktives Management genutzt werden. Standort und Chancen des eigenen Unternehmens in der multipolaren Welt analysieren, bisherige Erfahrungen reflektieren und auswerten, eigene Stärken definieren, notwendige Handlungsschritte formulieren und umsetzen: so sieht deshalb der Cultural Intelligence-Fahrplan aus. Deshalb kann auch nicht isoliert zum Beispiel in der Personalabteilung im Rahmen einer international ausgerichteten Personalentwicklung realisiert werden. In allen Unternehmensbereichen – von Produktentwicklung bis zu Marketing- oder Werbemaßnahmen – müssen kulturrelativierende Überlegungen Einzug halten und mehr noch: umgesetzt werden. Der Bezugsrahmen von Entscheidungen hat sich verändert, noch einmal vergrößert. Wenn deutsche Unternehmen heute Auslandsgeschäfte tätigen, dann tun sie das zu 75 Prozent mit europäischen Partnern, zu 10 Prozent mit den USA und die übrigen 15 Prozent verteilen sich auf den Rest der Welt, wobei der asiatisch-pazifische Raum mit circa 10 Prozent den höchsten Wert einnimmt. Die internationale Wirtschaftskrise wird diese Zahlen neu gewichten. Die kulturelle Vielfalt und Andersartigkeit der Wirtschaftspartner wird weiter zunehmen.

In Anlehnung an Barack Obama könnte man sagen: Die Unternehmen dürfen nicht mehr nur das tun, was einfach ist, sondern das, was nötig ist, um ihren zukünftigen Erfolg zu sichern.

Megatrend Asien

Das Cultural Intelligence Instrumentarium kann auf die Zusammenarbeit mit jedem anderskulturellen Raum angewandt werden. Dass in diesem Buch kulturelle Unterschiede vor allem mit Beispielen aus Asien illustriert werden, erfolgt zum einen deshalb, weil man mit Hilfe fernöstlicher Werte und Denkweisen besonders eindrucksvoll kulturelle Unterschiede und Fremdheit illustrieren kann. Der französische Philosoph und Sinologe Francois Jullien schreibt zum Beispiel über China:

> „Wer das europäische Denken verlassen und sich dabei einer kulturellen Welt zuwenden will, die ebenso entfaltet, zivilisiert und textualisiert wie die unsere in Europa ist, dem würde ich sagen: da gibt es nur China." (Jullien, 2006,7)

Zum anderen gehören viele asiatische Staaten – allen voran Japan, China, Indien – zu den bevölkerungs- und einflussreichsten Spielern im neuen multipolaren Weltorchester. Ich habe bereits dargestellt, wie sich China durch eine geschickte Politik in vielen Regionen der Erde Rohstoffe gesichert und politisch Verbündete geschaffen hat. Auch Indien erhebt unter Hinweis auf seine Bevölkerung von mittlerweile 1,1 Milliarden Menschen und sein kräftiges Wirtschaftswachstum den Anspruch, in Zukunft zu den Wortführern nicht nur in wirtschaftlicher Hinsicht zu gehören. Aber vor allem über die zukünftige Rolle Chinas wird kräftig spekuliert. Martin Jaues, Gastprofessor an der London School of Economics, ist davon überzeugt, dass China die Welt nicht nur in ökonomischer Hinsicht verändern werde. Dies sei in der Vergangenheit immer so gewesen, wenn bestimmte Staaten eine bedeutsame wirtschaftliche Macht erreicht hätten.

> „So why should China be different? The only plausible reason that I can think of is the hubristic belief that our ways of doing things are so superior that other countries will automatically adopt our arrangements, values and belief systems. It is based on the absurd assumption that China's modernity will not be deeply shaped by its own long and rich history and culture." (Jaues, 2009, 28)

Er ist überzeugt, dass der Renminbi als neue Leitwährung den US Dollar ablösen wird. Neues internationales Finanzzentrum werde Shanghai sein. Mandarin wird die zukünftige lingua franca werden. Die Lehren des Konfuzius werden weltweit ebenso Bedeutung erlangen wie chinesische Filme und Medizin.

> „For the first time for more than two centuries Westerners will be obliged to adapt and to learn from other cultures in a quite novel way. It will be a highly disorientating and disconcerting process." (Jaues, 2009, 28)

Bei solchen Aussagen fällt mir immer ein Zitat von Mark Twain ein: „Prognosen sind schwierig. Vor allem, wenn sie die Zukunft betreffen." Es ist selbstverständlich, dass im Rahmen eines interkulturellen Austausches eine gegenseitige Beeinflussung stattfinden wird. Ob jedoch in Zukunft wieder nur ein kulturelles Konzept dominieren wird, ob dieser Anspruch überhaupt zu den kulturellen Werten Chinas gehört, wage ich zu bezweifeln. Kishore Mahbubani argumentiert spitzfindig:

> „Asien verfolgt nicht das Ziel, den Westen zu besiegen, sondern den Westen zu kopieren. Wir wollen Frieden und Wachstum, Wein und Whisky trinken, Gucci und Armani tragen." (Mahbubani, 2009, 14)

Dass wir schon seit geraumer Zeit einen Megatrend Asien beobachten können, bestätigt der Zukunftsforscher Matthias Horx. Neben dem ökonomischen Trend (zunehmende Bedeutung als Absatzmarkt, Investitionsstandort etc.) zeige sich auch in kultureller Hinsicht, dass der Ostwind den Westwind abgelöst habe (Horx, 2009). Ablesbar sei dies an vielen Beispielen aus der Alltagskultur. Und Sie werden es bestätigen müssen: Sushi und chinesische Nudeln ergänzen Bratwurst und Hamburger, asiatische Gewürze werden von den Sterneköchen verwendet, an keinem Buffet fehlt das Zitronengras. In Wohnkultur oder dem Design zeigt sich der Minimalismus japanischer Architektur. Wohnberater und Architekten adaptieren die Regeln von Feng-Shui. Sogar dem Fußballverein Bayern München wurde vorübergehend eine Buddhastatue verordnet. Wellnessprogramme werben mit indischem Ayurveda und manch ein Mediziner, der sein Budget aufbessern will, bietet Heilung mit Hilfe von Akupunkturnadeln an.

In Ihrer Tageszeitung finden Sie seit geraumer Zeit Sudoku-Rätsel. Lasen wir früher amerikanische Comics, so begeistert sich meine zwölfjährige Nichte Kaarina für japanische Mangas und lernt japanische Begriffe, damit sie dem Geschehen noch folgen kann. Und in der Geschäftswelt zog die ebenfalls aus Japan stammende Präsentationsform Pecha Kucha nicht nur ein, sondern mittlerweile durch die großen Städte. In 20 mal 20 Sekunden sollen Ideen, Dienstleistungen und Produkte unterhaltsam und prägnant vorgestellt werden.

Schein ist nicht gleich Sein

Die Übernahme von Stil, Design oder Geschmack geht jedoch nicht zwangsläufig mit einer grundlegenden Veränderung der kulturell bedingten Einstellungen und Werte einher. Wir Deutsche haben in den letzten 60 Jahren zwar amerikanische Musik gehört und Hamburger gegessen, die amerikanische Denkweise übernahmen wir nicht. Italienische Kleidung, Schuhe oder Essen machten uns nicht zu Südländern. Es gehört gerade zu den großen Gefahren, dass man von Konsummustern oder äußeren Ähnlichkeiten auf die inneren Überzeugungen schließt. Ich nenne dieses Phänomen die Ähnlichkeitsfalle (Seelmann-Holzmann, 2004).

Von daher ist es Aufgabe von Cultural Intelligence, die nach wie vor wirkenden kulturellen Unterschiede zu erkennen, sie in den eigenen Handlungsstrategien antizipierend zu berücksichtigen und die Chancen kultureller Diversität zu nutzen. Oder ganz einfach ausgedrückt: „You can't expect to meet the challenges of today with yesterday's tools and expect to be in business tomorrow."

1. Fiktion oder Realität? Die Global AG im Jahr 2015

Felix Reiselustig ist bei einem deutschen, mittelständischen Unternehmen mit 20.000 Mitarbeitern, der Global AG, im Vorstand zuständig für die internationalen Märkte. Internationale Märkte – das sind fast nur noch Regionen im Nahen Osten, in Lateinamerika, in Asien. Seit Jahren nimmt die Bedeutung der Märkte im westlichen Europa oder in den USA ab. Exportierte die Firma bis Anfang des 21. Jahrhunderts noch über 80 Prozent ihrer Produkte in diese Stammländer, so ist es heute fast umgekehrt: Drei Viertel der Geschäftsaktivitäten beziehen sich auf die sogenannten BRIC-Staaten (Brasilien, Russland, Indien, China) sowie dem Nahen Osten. Aber auch in einigen Ländern Afrikas (Nigeria, Sudan, Südafrika) steigt die Nachfrage weiter.

Die Global AG muss auf all diesen Märkten präsent sein, denn sie ist Weltmarktführer mit ihren Produkten. Deshalb gründete man Vertriebsniederlassungen, aber auch Produktionsstätten zum Beispiel in China oder Indien. Dort werden, meist nur für den lokalen Markt, Produkte mit geringerer technischer Reife hergestellt. Die Kernkomponenten liefert dafür man weiterhin aus Deutschland. Zum einen will man sein wertvolles Know-how auf diese Weise so lange wie möglich schützen. Zum anderen hat man immer wieder festgestellt, dass trotz aller Beteuerungen der Führungskräfte in China oder Indien Versprechungen und die Realität hinsichtlich der technologischen Leistungsfähigkeit auseinanderklafften. Diese Erfahrungen kosteten die Global AG viel Zeit und noch mehr Geld.

Herr Reiselustig war in vielen der neuen Länder für den Aufbau der Vertriebs- oder Produktionsstätten verantwortlich. Er fühlt sich wie einer der oft beschriebenen Nomaden der Globalisierung, ist meist mehr Tage im Monat im Flugzeug und im Ausland als an seinem Schreibtisch.

Das alles würde er gut verkraften, sagt er manchmal zu sich selbst. Was ihm wirklich Schwierigkeiten macht ist die Tatsache, dass er in den meisten der Auslandsniederlassungen der Global AG Dinge akzeptieren muss, die ihm völlig widerstreben.

Wie alles anfing …

Er erinnert sich manchmal an die Anfänge seiner Auslandstätigkeit. Da reiste er mit Unterlagen über Organigramme, Führungsprinzipien, Unternehmensleitlinien in die einzelnen Niederlassungen und erklärte, nach welchen Grundsätzen die Global AG arbeite. Und – nomen est omen – diese Grundsätze natürlich auch weltweit in den Standorten verwirklichen werde.

Seine Kollegen aus der Personalabteilung führten Mitarbeitergespräche und maßen die Mitarbeiterzufriedenheit mit den gleichen Instrumentarien, wie sie das in der Muttergesellschaft taten. Die im Westen entstandenen Personalentwicklungskonzepte suchte man ebenso umzusetzen. Felix Reiselustig erinnert sich an ein Gespräch, in dem ein chinesischer Mitarbeiter gefragt wurde, welche Unterstützung er sich für sich wünsche. Dieser war völlig überrascht von dem Ansinnen und antwortete nur mit verständnislosem Blick: „Aber das müssen doch Sie wissen!"

Die Ingenieure und Techniker wiederum verzweifelten, weil ihre Kollegen in Indien oder China nichts mit ihren technischen Zeichnungen oder Arbeitsanweisungen anfangen konnten. Die lokalen

Kollegen verstanden auch nicht, warum man sich an einem abstrakten, von der deutschen Firma gesetzten Qualitätsniveau orientieren sollte. „Qualität ist, was der Kunde akzeptiert!", lautete deren Einstellung zu dieser Frage.

Mit einem Satz: die Global AG musste feststellen, dass sie die meisten westlichen Instrumentarien in ihren Auslandsniederlassungen keinen Erfolg hatte.

Man verstärkte deshalb die Bemühungen, den Töchtern die Richtigkeit und Relevanz der Managementmethoden, Organisationsstrukturen und Prozessabläufe zu vermitteln. Man startete ein großes Programm, das zur Aufgabe hatte die Synergieeffekte der internationalen Zusammenarbeit zu nutzen. Man bediente sich der Hilfe eines Instituts, dessen Leiter ein international bekannter Fachmann zum Thema interkulturelle Zusammenarbeit war. Denn das Ziel war weiterhin die Entwicklung einer einheitlichen und weltweit gültigen Firmenidentität – selbstverständlich geprägt von westlichen Werten, denn die Global AG war ja eine deutsche Firma.

Mit zunehmender Bedeutung der neuen Märkte am Gesamtumsatz der Global AG bemerkte Felix Reiselustig eine Veränderung im Verhalten der Kollegen. Offene Kritik oder passiver Widerstand gegen die vom Mutterhaus vorgeschlagenen Vorgehensweisen und Organisationsformen nahmen zu.

▶ Felix Reiselustig dachte mit Schrecken an ein Gespräch mit einer Führungskraft in Russland. Diese hatte ihm – nachdem er die zunehmende Korruption im Geschäftsleben kritisiert hatte und auf die Unvereinbarkeit mit den ethischen Prinzipien der Global AG verwies – wortlos eine Liste überreicht, auf der dokumentiert war, mit welchen Beträgen Entscheidungsträger beim Kunden, in der Verwaltung oder in der Regierung bezahlt werden müssten. Auf die empörte Frage von Felix, wie er eine solche Praxis in der Unternehmenszentrale oder gar der deutschen Öffentlichkeit erklären solle, erhielt er als Antwort: „Wenn wir in Russland Geschäfte machen möchten, dann müssen wir das Spiel mitspielen. Russland ist groß und mächtig und lässt sich seine Geschäftspraktiken nicht von den Ausländern diktieren."

▶ In Indien fand er heraus, dass ein Partner in der Zuliefererkette Kinder beschäftigte. Er forderte, mit diesem nicht mehr zusammen zu arbeiten, da auch Kinderarbeit in den Unternehmensleitlinien für die internationale Zusammenarbeit abgelehnt wurde. Was so schlimm daran sei, wenn die Kinder mit ihrer Arbeit Geld verdienten, wollte der indische Kollege daraufhin wissen. „Sollen sie verhungern, sich prostituieren oder durch Raub zu Geld kommen?" Und außerdem seien sie selbst daran schuld, in dieser Kaste wiedergeboren worden zu sein! Mit westlichen Maßstäben könne man dieses Thema jedenfalls nicht richtig einschätzen.

▶ In China schnitt man die westlichen Firmenvertreter Schritt für Schritt von jedem direkten Kontakt mit dem Endkunden ab. Zusätzlich wurden Vertriebsveranstaltungen organisiert, bei denen die potentiellen Kunden mit einem großzügigen Spesenkonto ausgestattet wurden, die Unterbringung war ebenso luxuriös wie die Bewirtung oder das Begleitprogramm. Auch hier protestierte Felix, erhielt aber keine Antwort oder Erklärung. Seine Ausführungen wurden mit „ja, ja" und Kopfnicken kommentiert. Bei einem Karaokeabend erfuhr er dann sehr informell, dass die chinesischen Mitarbeiter die westliche Art von Kundengewinnung und Kundenbindung als nicht effizient ansahen. „Wir können den Kunden nicht nur mit den technischen Details zu den Produkten gewinnen. Der Kampf um die Kunden wird immer härter. Wir müssen zu ihnen erst eine gute persönliche Beziehung aufbauen und diese pflegen."

▶ In Saudi-Arabien weigerten sich die männlichen Führungskräfte, eine Bewerberin zu akzeptieren, die von der Global AG in Deutschland ausgesucht worden war. „Wir haben uns der Förderung weiblicher Führungskräfte in unseren Unternehmensgrundsätzen verpflichtet!", erinnerte Felix Reiselustig. „Das akzeptieren wir in unseren Firmen nicht!", lautete die knappe Antwort.

▶ In Japan war es trotz mehrfacher Forderung nicht möglich, dass bei der Besetzung von Stellen die Fachkompetenz und nicht die hierarchische Position das Entscheidungskriterium war.

Felix Reiselustig wollte und konnte diese Entwicklungen nicht akzeptieren. Wie sollte er dies seinen Kollegen in der Unternehmensleitung erklären? Man würde an seiner Autorität zweifeln, wenn er nicht fähig war, die Inhalte der Unternehmenskultur weltweit sicher zu stellen. Er wagte nicht, sich auszumalen, welchen Schaden das Image der Global AG nehmen würde, wenn die Praxis in den ausländischen Standorten der deutschen Presse zu Ohren käme. Der gute Ruf des renommierten Unternehmens würde leiden. Es könnte seine Marktführerschaft verlieren, weil Kunden aufgrund der eigenen ethischen Standards nicht mehr bei der Global AG kaufen würden.

Um dies zu verhindern, griff er zu bekannten Mitteln. Er organisierte ein internationales Treffen, zu dem die Geschäftsführer aller Standorte eingeladen wurden. Noch einmal wurden die Corporate Identity, also die gemeinsamen Werte und das Selbstverständnis der Global AG, formuliert. Noch einmal wurde betont, dass die ausländischen Firmenmitglieder natürlich landesspezifische Regelungen umsetzen könnten, diese jedoch einer gemeinsamen Kulturbasis nicht widersprechen dürften. Noch einmal wurden die Anwesenden aufgefordert, sich dem Unternehmensleitbild zu verpflichten und sie auch im Geschäftsalltag zu leben.

38 Fiktion oder Realität? Die Global AG im Jahr 2015

Es herrschte eine gespannte Stille als Felix Reiselustig die anwesenden Kollegen zu Diskussionsbeiträgen aufforderte. Nach einiger Zeit meldete sich der Geschäftsführer der indischen Niederlassung zu Wort. Wie es mit der Umsatzverteilung in den einzelnen Standorten aussähe? Welche Kunden die Existenz der Global AG sicherten? Und dann: „Wir stellen also fest, dass der größte Anteil des Umsatzes in Ländern Asiens, in Russland, in den arabischen Ländern und in Lateinamerika gemacht wird. Weshalb sollen wir uns an Werten und Einstellungen orientieren, die vor dem Hintergrund westlicher Einstellungen und Normen entwickelt wurden? Ich habe gelernt, dass eine Corporate Identity kein statisches Modell ist, sondern sich an internen und externen Erwartungen orientieren soll. Eine Corporate Identity kann nicht beliebig konstruiert werden, sondern muss auf den vorhandenen Werten und Normen aufbauen. Ich kann nicht erkennen, dass indische Werte und Normen in der aktuellen Unternehmensphilosophie berücksichtigt wurden. Deshalb fordere ich, dass wir darüber verhandeln!"

Felix Reiselustig verschlug es die Sprache. Er kannte Rajiv Kurma seit zehn Jahren. Dieser stammte aus einer reichen indischen Familie, hatte in den USA studiert, galt als brillanter Rhetoriker und führte die indische Niederlassung mit jährlichen Zuwachsraten von 15 Prozent. Er hatte ihn bisher als einen sehr westlich geprägten Inder eingeschätzt. Und nun dieses Bekenntnis zu seinen indischen Wurzeln.

Der Beitrag von Rajiv Kurma trat eine Welle der Empörung los. Die Mitarbeiter aus dem Westen forderten aufgeregt die Einhaltung von ethischen Standards und moralischen Werten. Menschenrechte, Gleichheit und Berücksichtigung von Umweltschutz seien weltweit gültige und demzufolge legitime Imperative. Immer mehr Vertreter nicht-westlicher Niederlassungen wiesen darauf hin, dass diese Annahmen einem eurozentrischen Denken entsprangen. „Ihr seid die Ausnahme, nicht die Regel!", rief ein russischer Kollege.

Und eine Führungskraft aus Dubai mutmaßte: „Wollt Ihr aus Moslems gute Christen machen?" Ein japanischer Kollege gab zu bedenken, dass alle Flüsse im Meer endeten, weshalb man doch eine Vielfalt der Wege und Werte akzeptieren müsse. Und ein selbstbewusster Singapurianer erinnerte an eine Aussage des früheren Staatspräsidenten Lee Kuan Yew, die sich bestätigt habe: „Ihr werdet verlieren und wir werden siegen! Der Westen hat seine wirtschaftliche Vormachtstellung eingebüßt. Warum sollen wir eure Werte für unser Handeln akzeptieren?"

Und heute?

Noch immer wird es Felix Reiselustig flau im Magen, wenn er sich an diese Veranstaltung erinnert, die in einem Desaster endete. Als kleinsten gemeinsamen Nenner vereinbarte man den Neuentwurf für eine Corporate Identity, welche die neue Machtkonstellation in der Global AG repräsentiere. Bis heute, ein Jahr nach der Palastrevolution – wie es Felix für sich formulierte – gab es noch kein vorzeigbares Ergebnis. Und die meisten Kollegen in den außereuropäischen Niederlassungen fragten nicht danach. Sie handelten so, wie sie es in ihren Ländern als angemessen erachteten. Und Felix Reiselustig versuchte, einen Spagat zu leben. Er betete zudem jeden Abend, dass die deutsche Presse und damit die deutsche Öffentlichkeit nichts von diesen Entwicklungen mit bekam. Er selbst fühlte sich total verunsichert, wusste weder, was richtig und falsch war. Es kam ihm vor, als laufe er auf einem Wasserbett.

Zukunftsvision oder Schwarzmalerei?

Wie ist es Ihnen ergangen, als Sie diese Geschichte lasen?

Finden Sie das geschilderte Szenarium normal, Furcht erregend oder übertrieben? Kennen Sie solche Szenen vielleicht sogar aus Ihrer eigenen Arbeit?

Ich mache in meiner Beratungsarbeit mit deutschen Firmen, die sich im asiatischen Raum engagieren, oft solche Erfahrungen. Allerdings erfolgte noch in keinem mir bekannten Fall eine offene Palastrevolution. Was ich erlebe, ist, dass die Probleme, die westliche Firmen in Asien haben, oft zurückzuführen sind auf unterschiedliche kulturelle Vorstellungen. Diese bilden sich nicht nur in sichtbaren Symbolen ab. Vielmehr bestimmen sie auch, was man als effizient und Erfolg versprechend bei geschäftlichen Aktivitäten ansieht. Doch bemerken das die westlichen Firmen oft zu spät. Und Schuld an dieser Entwicklung tragen beide Seiten.

Offene Kritik oder Zurückweisung der westlichen Lösungsmodelle scheint nicht Sache asiatischer Mitarbeiter zu sein. Sie praktizieren vielmehr den Weg, den auch ein Witz über das Eheleben beschreibt: „Natürlich hört sich jede gute Ehefrau die Meinung ihres Mannes an und macht dann, was sie will."

So ähnlich erscheint mir manchmal das Verhalten zum Beispiel von chinesischen Töchtern oder Joint-Venture-Partnern. Es gibt keinen offenen Kampf um Firmenwerte oder firmeninterne Organisation, Mitarbeiterführung oder den Umgang mit Kunden. Wissend, dass der von der westlichen Muttergesellschaft vorgeschriebene Weg nicht zum Erfolg führt, wird er stillschweigend geändert.

Das ist für die westliche Firma angenehm und gefährlich zugleich. Angenehm ist es, die Illusion zu haben, die asiatischen Partner würden im Grunde die Rechtmäßigkeit und Effizenz der westlichen Vorgehensweise erkennen und teilen. Schwierigkeiten in der Umsetzung sind vor diesem Hintergrund normale Erscheinungen eines Adaptionsprozesses, der nun einmal seine Zeit braucht.

Gefährlich ist dieser Eindruck deshalb, weil er die westlichen Firmen einlullt und scheinbar in ihrer Vorgehensweise bestätigt. Da die anderen Einstellungen nicht erkannt werden, kann man sie auch nicht kontrollieren. Unbemerkt vollziehen sich dann Entwicklungen in den Töchtern, die sich sehr nachteilig für das westliche Mutterhaus auswirken können. Der Verlust der Chinainvestition droht.

Wie kommt es, dass bisher erfolgreiche, gesunde deutsche Mittelständler auf den Märkten in Asien, Russland oder dem Nahen Osten scheitern?

2. So war es bisher

Das Märchen vom globalen Dorf und seine Folgen für betriebliches Handeln

Der Begriff des globalen Dorfes stammt ursprünglich aus der Medientheorie. M. McLuhan verwendete die Bezeichnung des Global Village 1962, um zu zeigen, wie elektronische Vernetzungen die Welt letztlich zu einem Dorf machen, da man in kürzester Zeit mit jedem Ort der Erde in Kontakt treten kann.

Der Begriff verselbständigte sich und wird mittlerweile immer dann verwendet, wenn man das Zusammenwachsen, die steigende Interdependenz der Weltgemeinschaft beschreiben will. Als Beweis für das globale Dorf steht an erster Stelle das World Wide Web als Synonym für eine Welt der unbegrenzten Online-Möglichkeiten. Auch die Weiterentwicklung der Mobilität oder Transportmöglichkeiten mit Hilfe von Flugzeugen sorgte dafür, dass räumliche Distanzen zwischen Kontinenten zu einer Tagesreise schrumpften.

Während für McLuhan der Begriff des globalen Dorfes noch eher negativ besetzt war – er fürchtete Kontroll- und Überwachungsmöglichkeiten –, steht der Begriff heute vorwiegend als Synonym für neue Chancen, Beherrschbarkeit und vor allem Überschaubarkeit.

Der Prozess der Globalisierung wird parallel dazu glorifizierend oder dämonisierend bewertet. Im ersten Fall verweist man auf die zunehmenden Chancen durch internationale Arbeitsteilung, der Verlagerung von Produktion und Dienstleistungen, oft sogar Forschungs- und Entwicklungsabteilungen. Die Globalisierungsgegner hingegen sehen genau diesen Vorgang als Ursache für zunehmende Ausbeutung und Ungleichheit in der Weltgemeinschaft.

Thomas L. Friedman beschreibt in seinem Buch „Die Welt ist flach" eine neue Stufe der Weltgemeinschaft, die maßgeblich durch die Technologie einer world-wide-web-basierten Kommunikation ermöglicht wird. Das globale Spielfeld ebne sich ein. Das World Wide Web schaffe einen Cyberspace, ein neues Paralleluniversum. Die Welt sei nicht nur vernetzt durch die Kommunikation von Menschen, sondern mittlerweile könnten Maschinen mit Maschinen agieren in virtuellen Büros. Suchmaschinen wie Google demokratisierten und globalisierten den Zugang zu Informationen (Friedman, 2008).

Worte schaffen Bilder

Worte erzeugen Bilder. Mit welchen Bildern gehen die Begriffe globales Dorf oder Globalisierung einher?

Der Terminus Dorf suggeriert Überschaubarkeit, Nähe, Geborgenheit, Vertrautheit. In einem Dorf kennt man sich aus, kennt die Spielregeln, spricht eine gemeinsame Sprache. Im Falle des globalen Dorfes entstand wohl unbewusst die Erwartung im Westen, dass mit der räumlichen Distanz auch die kulturellen Unterschiede schrumpfen würden. Thomas Friedman schreibt explizit, die Menschen im indischen Bangalore wären ihm wie eigene Landsleute vorgekommen. Es geht noch weiter. Die technischen Möglichkeiten, die potentiell jedem Computerbesitzer und -benutzer zugänglich sind, schaffen gleiche Chancen und letztendlich eine Art Gleichheit. Für Friedman verhindert die Einbindung in die globale Wertschöpfungskette sogar Kriege zwischen Ländern, denn sie würden erkennen, dass sie mit solchen Auseinandersetzungen zuallererst sich selbst und ihren eigenen Ökonomien schadeten. Natürlich können diese gleichen Zugangschancen auch missbraucht werden. Auch radikale Gruppen sind mit Hilfe des Internets in der Lage, ihre Propaganda oder Verschwörungstheorien weltweit zu verbreiten.

Fassen wir zusammen. Im globalen Dorf bringt die Technologie Menschen zusammen. Diese Menschen teilen technisches Wissen, sie können Informationen in Sekundenschnelle austauschen, Maschinen steuern. Sie überwinden Räume, ob virtuell oder konkret. Sie finden eine gemeinsame Sprache, die sie Englisch nennen. Den Effekt, dass Lokales oder Persönliches durch eine Veröffentlichung im World Wide Web global wird oder allgemein die vielfältige Vermischung von Globalem und Lokalem hat zum Begriff des „Glokalen" geführt. Der Soziologe Ulrich Beck verwendet diesen Begriff auch, um die Auflösung der Idee des Nationalstaats zugunsten von zwischengesellschaftlichen und zwischenstaatlichen Gemeinschaften zu beschreiben (Beck, 2007).

Die Akteure im globalen Dorf

Wer definiert nun die Realität im globalen Dorf? Wer interpretiert Erscheinungen als Beweise für die Existenz dieses Dorfes? Es sind zum einen die Medien, zum anderen jedoch die Millionen Benutzer von Blogs, Internetseiten, Webbeiträgen. Denn die Mehrheit der Menschen hat wohl von den Segnungen der neuen Weltgemeinschaft gehört, erlebt sie jedoch nicht selbst. Die Mehrheit macht keine eigenen Erfahrungen, sondern bezieht ihre Kenntnisse aus der Weltdeutung oben genannter Akteure. Das Bild, das dort gezeichnet wird, relativiert sich allerdings, wenn man sich folgende Daten ansieht, die im Rahmen der Live-Earth-Konzerte im Juli 2007 verschickt wurden – mit Hilfe des World Wide Web ... Die Verfasser des Vergleiches nehmen das Bild des globalen Dorfes wörtlich und übertragen die Verhältnisse und Proportionen der Weltbevölkerung auf die Einwohner eines 100-Seelen-Dorfes.

Bezogen auf die Erdteile fänden wir

- 57 Asiaten,
- 21 Europäer,
- 14 Amerikaner (Nord-, Zentral- und Südamerikaner),
- 8 Afrikaner.

Hinsichtlich der Geschlechter, Hautfarbe und Religionen fänden sich

- 52 Frauen und 48 Männer,
- 30 Weiße und 70 nicht Weiße,
- 30 Christen und 70 Nichtchristen.
- 80 lebten in maroden Häusern,
- 70 wären Analphabeten,
- 50 würden an Unterernährung leiden,
- ein Mensch wäre dabei zu sterben,
- ein Mensch würde gerade geboren,
- ein Mensch besäße einen Computer,
- ein Mensch hätte einen Universitätsabschluss.

Betrachtet man diese Zahlen, dann sieht es mit den gleichen Chancen – auch in Bezug auf die Teilnahme an einer virtuellen Weltgemeinschaft – schon ein wenig anders aus.

Der Kulturtheoretiker Hans-Jürgen Heinrichs wird noch deutlicher: Die Medien würden Weltorientiertheit und kosmopolitische Weite des Menschen im Zeitalter der Globalisierung propagieren. In Wirklichkeit sei aber der Bürger des 21. Jahrhunderts viel kleiner, als uns die Medien glauben machen möchten. Unsere Begriffe, Denk- und Handlungsmuster entsprächen noch längst nicht den globalen Maßstäben unserer Realität. Die technische Globalisierung könne geistig nicht eingelöst werden.

Im Grunde genommen bleibe der Mensch, wie er vorher war, ein kleinformatiges Wesen, auf enge Verhältnisse bezogen, an altbekannte biographische und mentale Muster fixiert (Heinrichs, 2007).

Ernüchternde Feststellungen für die Propagandisten des kosmopolitischen Daseins.

Die Ähnlichkeitsfalle

Was bedeutet dies nun konkret für die wirtschaftlichen Akteure, deren Lebenswelt die internationalen Märkte darstellen? Sie wissen, dass sich die Umsätze ihrer Unternehmen nur mit Hilfe von internationaler Arbeitsteilung, Export oder weltweitem Einkauf erzielen lassen. In manchen mittelständischen Betrieben beträgt die Exportquote 70 Prozent, ich kenne auch kleine Unternehmen, die zu 98 Prozent vom Export abhängig sind. Sie sind die Firmenvertreter, die in entsprechenden Presseberichten als die modernen Nomaden beschrieben werden. Auch wenn sie nicht typisch für die Weltbevölkerung sind, so sind sie die entscheidenden Akteure der Globalisierung. Sie nutzen all die Möglichkeiten, die sich aus technologischer oder politischer Zusammenarbeit ergeben haben, um betriebswirtschaftliche Vorgänge zu optimieren, auch, um Arbeitsplätze im Mutterland zu sichern.

Sie reisen heute nach Dubai, weiter nach Südafrika, machen einen Zwischenstopp in Mumbai und besuchen dann noch ihre Vertriebsniederlassung in Tokyo. Was finden sie auf ihren Stationen? Sie logieren in internationalen Hotelketten, deren Architektur weltweit gleich ist. Sie fahren in Autos, die weltweit zu den Luxusmarken gehören. Sie verhandeln in klimatisierten und nach internationalem Standard ausgestatteten Büros. Sie essen in Restaurants mit internationaler Küche. Zur Entspannung besuchen sie Golfclubs oder vergnügen sich in Discos, deren musikalisches Programm sie von zu Hause kennen. Ihre Kollegen und Verhandlungspartner sind westlich gekleidet wie sie. Vielleicht haben sie sogar die gleichen Universitäten besucht. Ihr Freizeit- und Konsumverhalten gleicht ihrem eigenen, man hat viele Gemeinsamkeiten. Voilà, da ist es, das internationale Dorf! Die sind schon wie wir (aus dem Westen), wir teilen eine einheitliche Businesskultur – und natürlich vereinheitlichen sich auch unabhängig von unserer kulturellen Herkunft – unsere kulturellen Grundüberzeugungen. Und wer daran zweifelt, der lese die Managermagazine im Flugzeug.

Und schon ist die Ähnlichkeitsfalle zugeschnappt!

Folgen für die unternehmerische Arbeit

Wer solche Erfahrungen macht, dem kann man schwer vermitteln, dass wir uns nicht auf dem Weg zu einer One-World-Culture befinden, in der westliche Werte und Normen ihren selbstverständlichen Siegeszug antreten. Denn es ist ja richtig: Die Globalisierung hat auch nationenübergreifend Gesellschaftsschichten geschaffen, deren Konsum- und zuweilen auch Denkmuster sich ähneln. So haben bestimmte Einkommens- und Bildungsschichten in Indien, Brasilien, Frankreich oder Nigeria mehr Gemeinsamkeiten untereinander als mit anderen Gruppen in ihrer jeweils eigenen Gesellschaft.

Unzulässig ist nun jedoch, von diesen Lebenswelten auf die restliche Bevölkerung einer anderskulturellen Gesellschaft zu schließen. Für eine solche Fehlinterpretation mussten die international agierenden Menschen und Unternehmen oft teures Lehrgeld zahlen. „Es ist viel Geld vernichtet worden, weil Manager die Mär vom globalen Dorf geglaubt haben.", sagt Pankay Ghemawat, der als Professor an der IESE-Business School in Barcelona „Globale Strategie" lehrt (SZ, 21.1.08). Bisher zeigten viele Beispiele, dass westliche Firmen wie Daimler, Coca-Cola oder auch Walmart mit ihren Internationalisierungsstrategien scheiterten. Sie hätten geglaubt, mit ihren Produkten und Vertriebsstrukturen überall auf der

Welt Erfolg zu haben. „Wer die politischen, kulturellen und wirtschaftlichen Differenzen zwischen den Ländern nicht in Rechnung stellt, wird scheitern" (Ghemawat, 2008).

Unterstellen wir einmal, dass sich die jeweiligen Entscheidungsträger unterschiedlicher kultureller Provenienz in ihren Denk-, Entscheidungs- oder Kommunikationsstrukturen tatsächlich ähneln und verstehen. Bereits auf der nächsten unternehmerischen Ebene kann dies nicht mehr gewährleistet sein. Wenn nun jedoch westliche Modelle der Unternehmensführung – von betrieblichen Arbeitsabläufen über Mitarbeiterführung bis hin zur Verkaufspolitik – selbstverständlich auch auf anderskulturelle Kontexte übertragen werden, dann ist das in der Praxis oft wenig effizient. In diesem Buch werden genügend Praxisbeispiele geschildert werden, die genau diesem Fehlschluss aufsaßen.

Gründe für die Macht der Ähnlichkeitsfalle

Um zu verstehen, warum erfolgreiche und erfahrene westliche Firmenvertreter in anderskulturellen Gesellschaften Entscheidungen treffen, die Außenstehende als blauäugig wahrnehmen, kann man auf verschiedene Erklärungsangebote zurückgreifen.

- Aus der Gehirnforschung wissen wir, dass unser Gehirn komplexe Dinge gerne vereinfacht, weil es am liebsten im Sparmodus läuft. (Häusel, 2000). Wir nehmen also bereitwillig den äußeren Eindruck (Architektur, Kleidung der Menschen, Etikette) als Zeichen der internationalen Angleichung und schließen vom Schein aufs Bewusstsein. Der mittlerweile verstorbene Soziologe Joachim Matthes, mein früherer Doktorvater und Chef, sprach davon, das Fremde zu bannen, indem man es einverleibt und in bekannte Kategorien übersetzt (Matthes, z. B. in Shimada, 1994).

- Aus der vergleichenden soziologischen Kulturforschung wissen wir, dass das westliche Denken einen Anspruch auf universelle Gültigkeit in sich trägt. Einher geht es zudem mit der Überzeugung der Überlegenheit gegenüber anderen Denksystemen. Es ist also nur eine Frage der Zeit und der wirtschaftlichen Weiterentwicklung, bis die unterentwickelten Länder unsere Wertesysteme übernehmen. Wandel durch Handel. Jeder äußere Beweis (McDonald's, Starbucks, BMW und Daimler in allen Ecken der Welt) gelten als normale Stufen in einem Prozess, der schließlich in einer One-World-Culture münden wird.
- Die Sozialpsychologie schließlich bietet uns mit dem Konzept der pluralistischen Ignoranz eine Erklärungsmöglichkeit, an die ich mich in meiner Firmenarbeit oft erinnert fühle. Wenn zum Beispiel ein Projekt in China mit hohen Verlusten scheiterte, versuchen manche Firmen die Gründe nachzuzeichnen. Oft höre ich dann von Mitarbeitern, sie hätten häufig in bestimmten Situationen ein „komisches Gefühl" gehabt. Was war der Grund, warum sie nicht auf dieses Gefühl hörten, es als Warnsignal ernst nahmen? Warum teilten sie ihre Bedenken nicht ihren Kollegen oder Vorgesetzten mit?

Übertragen wir die Erkenntnisse des pluralistischen Ignoranzkonzeptes einmal auf die Arbeit mit oder in fremdkulturellen Zusammenhängen. Das Konzept wurde von John M. Darley und Bibb Latané entwickelt, die Erklärungsversuche für die Nicht-Hilfeleistungen von Menschen in Notsituationen suchten. Vereinfacht ausgedrückt: in ungewohnten Situationen suchen die Menschen Interpretationshilfe. Diese holen sie sich, indem sie die Reaktionen ihrer Mitmenschen beobachten. Wenn nun in einer Notsituation, zum Beispiel bei einem Autounfall, die Mitmenschen nicht eingreifen, weil sie sich vielleicht selbst als zu wenig fachkundig einstufen, dann dient dieses Nichtstun anderen Beobachtern als soziale Information mit dem Inhalt, diese Situation sei nicht bedrohlich. Demzufolge werden also auch die Beobachter nicht helfend tätig werden, sondern als unbeteiligte Zuschauer „gaffen". Die Notlage wird plural ignoriert. Wie nun läuft dieser Mechanismus in der praktischen unternehmerischen Arbeit in anderskultureller Umgebung ab?

Wenn Firmenvertreter auf internationalen Märkten tätig sind, so tun sie das mit bestimmten Informationen und Bildern im Kopf. Wir kennen bereits das Bild und die implizite Botschaft des globalen Dorfes. Und wie soll man es rechtfertigen, dass man sich nicht einmal mehr im eigenen Dorf auskennt? Noch dazu, wenn einen die Aura des Weltbürgers umweht – die von Geschäftsleuten auch gerne gepflegt wird. Souverän agieren sie in Kleinkleckerleshausen und in New York.

Die meisten Menschen empfinden in einer anderskulturellen Umgebung jedoch Irritation und Verunsicherung, viele sogar einen Kulturschock. Nur zugeben wird das niemand! Denn ähnlich wie bei oben geschilderten Mechanismen in einer außergewöhnlichen Situation versucht man jetzt mit Hilfe der Äußerungen und dem Verhalten seiner Vorgesetzten oder Kollegen eine Situation zu deuten. Probleme mit anderskulturellen Partnern hat da aber niemand! Man erzählt sich allenfalls skurrile Anekdoten über exotische Gerichte oder Begebenheiten. Ansonsten ist man Herr des Geschehens, bewältigt Jetlag und Nomadendasein. Es ist wohl natürlich, wenn die Betroffenen nun die eigenen Ängste und Verunsicherung als individuelles Defizit deuten. Alle anderen sind einfach erfahrener als man selbst. Deshalb schweigt man lieber, die anderen Kollegen, die Vorgesetzten, würden einen andernfalls ja als Provinzler wahrnehmen, als ungeeignet für den Job. Alle spielen mit im Stück „Des Kaisers neue Kleider". Wir tun so, als gäbe es keine Probleme, als sei alles wie in der eigenen Kultur. Die Gründe für eine Explosion, in der diese pluralistische Ignoranz manchmal mündet, bleiben weitgehend unbekannt.

Die Weltbürger erklären die Welt

Zu meinen bevorzugten Fallstudien gehören Begegnungen der folgenden Art. Szene: Eine Veranstaltung zu einem Thema über China oder Indien. Es treten auf: Firmen- und Verbandsvertreter, Dienstleister im Bereich Asien (von Rechtsberatung bis zu interkulturellem Training). Ein Referent wird angekündigt: „Herr XY war fünf Jahre für die Firma Z in China." Aha, denke ich mir. Und? Unterstellt wird reflektiertes Expertenwissen aufgrund physischer Präsenz.

Niemand fragt nach, wie Herr XY eigentlich in China gelebt hat. Residierte er in einer abgeschotteten Wohnanlage für westliche Arbeitnehmer? Pflegte in seiner Freizeit nur Kontakt mit anderen westlichen Auslandsentsandten? Beschäftigte er sich mit der Landeskultur? Lernte er vielleicht sogar die Landessprache? Wie gestaltete er die Zusammenarbeit mit seinen chinesischen Kollegen? Natürlich gibt es genügend ehemalige Expatriates, die ich als Landesexperten bezeichnen würde. Was mich jedoch jedes Mal erneut erstaunt, ist, wenn die Erwähnung bestimmter Fakten gleichsam als Synonym für Expertenstatus dient und jede weitere Frage verbietet. Solche sind: „Ich bin zehnmal im Jahr in Asien", „Ich bin mit einer Asiatin verheiratet" (umgekehrt eher die Minderheit. Die Ehe als Ort kulturspezifischer Reflexionen!). Und hier mein Lieblingssatz: „Unsere chinesischen Mitarbeiter nehmen uns an der Hand!" Merke: Die Zugehörigkeit zu einer Nationalität oder Kultur ist gleichbedeutend mit dem Beweis kulturellen Reflexionswissens. Wenn Sie nicht wissen, was das ist, dann machen wir kurz eine kleine Übung: Warum denken wir Deutschen, wie wir denken? Und wie denken wir überhaupt? Worin ähneln oder unterscheiden wir uns von unseren europäischen Nachbarn – oder von Afrikanern und Asiaten?

Um uns auf anderskulturellen Märkten gut zurechtzufinden, sollten wir uns zum einen nicht von der irreführenden Vorstellung leiten lassen, kulturelle Diversität ebne sich ein. Zum zweiten sollten wir mutiger Fragen stellen und unsere Irritation thematisieren. Oft scheuen Firmenvertreter Unterstützung für ihre Arbeit auf anderskulturellen Märkten einzufordern, vor allem, wenn sie schon langjährig zuständig sind. In solchen Fällen gebe ich immer zu bedenken, dass niemand nach den Gründen fragen wird, wenn man scheitert – und dem Mitarbeiter dann noch zusätzlich seine mangelnde Aktivität hinsichtlich des Einforderns von Beratung vorwerfen wird.

Im nächsten Schritt möchte ich Ihnen deshalb an einem Klassiker im Chinageschäft zeigen, wie subtil und fatal wechselseitige Annahmen wirken können.

Der Klassiker im Chinageschäft

Geld verloren, viel verloren
Vertrauen verloren, alles verloren

Eine typische Geschichte eines deutschen Mittelständlers in China wird nun geschildert. (Es könnte auch ein österreichisches oder Schweizer Unternehmen sein.) Welche Annahmen werden selbstverständlich getroffen? Was versteht der chinesische Partner? Was sind die Folgen? Was sind die Ursachen?

Das mittelständische Unternehmen ist gesund, wachstumsstark und erfolgreich im europäischen und amerikanischen Ausland, Weltmarktführer mit einigen seiner Produkte.

In den 90er Jahren gerät der chinesische Markt in den Fokus. Gigantisch die Perspektiven in Bezug auf die Absatzmöglichkeiten! Man macht sich auf nach Fernost. Die sprachlichen Probleme sowie die großen Entfernungen (vielleicht auch die mangelnde

Bereitschaft, sich selbst dort zu engagieren) löst man, indem man einen 28-jährigen Chinesen einstellt, der in Deutschland studiert hat. Er ist höflich, bescheiden, respektvoll, leistungsorientiert. Er spricht Deutsch. Er wird als Geschäftsführer für den deutschen Mittelständler in China installiert.

Er wird beauftragt, eine Vertriebsgesellschaft in China aufzubauen. Das tut er mit viel Elan und Erfolg. Der chinesische Absatzmarkt nimmt einen zunehmenden Anteil im Umsatzvolumen der Firma ein. Man verdient Geld in China.

Im nächsten Schritt will das Unternehmen auch mit einer Produktion auf dem chinesischen Markt vertreten sein, um technisch einfachere Produkte herzustellen.

Nach zwölf Jahren mehren sich die Hinweise, dass der chinesische Geschäftsführer auch persönlich mehr an seiner Tätigkeit verdient, als er offiziell ausweist. Er schafft sich Einkommensquellen, indem er unter anderem Importprodukte an seinen Bruder zu Sonderkonditionen verkauft, der diese jedoch zu höheren Marktpreisen vertreibt. Das so erwirtschaftete Geld investiert man in den Aufbau einer Firma unter dem Namen des Bruders. Dort werden Plagiate der Produkte der deutschen Mutterfirma hergestellt. Letzte Beweise für immer lauter werdende Verdachtsmomente erhalten die Deutschen, als sie vor dem imposanten Firmengebäude des Mitbewerbers stehen. Nun wird ihnen vor Augen geführt, was mit ihrem Geld und in Wettbewerb zu ihnen in China alles geschaffen wurde. „Das ist dann wohl Entwicklungshilfe aus privater Hand", konstatiert der deutsche Eigentümer entsetzt.

Die Firmeninhaber sind nicht nur wütend, sondern fühlen sich auch getäuscht und betrogen. Und sie teilen das ihrem chinesischen Geschäftsführer offen mit. Der ist geständig und reuevoll und entschuldigt sich. „Geld verloren, viel verloren", sagt der deutsche Eigentümer. „Vertrauen verloren, alles verloren."

Man entschließt sich, wieder mehr Einfluss in China zu gewinnen. Dazu stellt man neue chinesische Vertriebsleute ein, und beauftragt einen Chinesen mit deutschem Pass als Geschäftsführer.

Man versucht die Quadratur des Kreises. Man versucht den Sumpf trocken zu legen. Aber hat man dafür geeignete Werkzeuge? Droht man nicht selbst im nassen Sumpf zu versinken?

Diese Geschichte ist kein Einzelfall, sondern ein häufig anzutreffender Verlauf im Chinageschäft. In Kollegenkreisen nennen wir diesen Verlauf den „Klassiker". Wie kann es dazu kommen, dass erfolgreiche, erfahrene, geschickte, geschäftstüchtige, deutsche Firmeneigentümer solche Erfahrungen machen müssen?

Die Welt des deutschen Mittelständlers

Die Erfahrungswelt des deutschen Mittelständlers ist der deutsche, europäische oder amerikanische Markt. Internationalisierung bedeutet für ihn jede Aktivität außerhalb Deutschlands. Und ein erfolgreiches Engagement in den USA ist Kennzeichen dafür, dass man es geschafft hat. Man ist in der Globalisierung angekommen, ein Global Player.

China ist weit weg, man hört wunderliche Geschichten, die Sprache klingt völlig unverständlich. China ist wirklich Fremde. Diese Fremdheit bannt man, indem man sich einen Fremdenführer sucht. Wie schön, wenn man bereits im eigenen Land einen Chinesen findet, der die Geheimnisse auflöst. Er spricht Deutsch und zeigt viele Verhaltensweisen, die wir als bekannt und nahe interpretieren. Er ist fast einer von uns, denkt wie wir und wird unsere Interessen in der exotischen Umgebung vertreten. Er ist derjenige, der Komplexität reduziert, der uns an der Hand nimmt. Natürlich soll er dafür gut bezahlt werden, soll auch Miteigentümer in einer neuen Firma werden dürfen.

Unser chinesischer Mitarbeiter besitzt in unseren Augen viele positive Eigenschaften. Er ist immer freundlich, teilt unsere Meinung, fragt uns nach unserer Meinung. Er ist höflich und respektvoll. Er arbeitet viel.

Wir nehmen das alles erfreut zur Kenntnis und stellen keine Fragen. Wir möchten nicht indiskret sein. Wir wissen nicht, warum er in Deutschland studieren konnte. Wir unterstellen deutsche Reisefreiheit und freie Wahl des Aufenthaltsortes. Irgendwie gerät in Vergessenheit, dass China ein kommunistisch regiertes Land mit vielen Freiheitseinschränkungen ist.

Wir gehen davon aus, dass Verhalten und Einstellungen übereinstimmen. Denn das empfinden wir als normal. Wir lächeln, weil wir es wollen und nicht, weil es jemand von uns erwartet. Wir sind ehrlich und authentisch. Was wir tun, tun wir aus Überzeugung. Alles andere wäre ja Täuschung und Lüge.

Selbstverständlich möchten wir auch in unserer chinesischen Tochter unser westliches, weltweit gültiges Organisationsprinzip umsetzen. Selbstverständlich bauen wir unser Vertriebssystem weltweit gleich auf. Natürlich betreiben wir Personalführung überall nach den gleichen Maßgaben.

Wir lebten bisher im Gebirge, können gut Bergsteigen und Klettern. Nun versuchen wir, mit diesen Kenntnissen unsere Chancen auf einem Markt zu verwirklichen, der am Meer liegt. Dort müssen wir jedoch mit Netzen fischen und schwimmen können.

Die Welt von Herrn Wang

Wir machen uns keine Gedanken und fragen auch nicht. Deshalb erfahren wir nicht, warum Herr Wang in Deutschland studieren konnte. Ob er von der kommunistischen Partei geschickt wurde, ob er ein Stipendium bekam, ob seine Familie sich seinen Aufenthalt hier leisten kann, weil sie zu den frühen Profiteuren der wirtschaftlichen Öffnung gehört hat. Wenn wir sein Geburtsjahr kennen – vielleicht 1968? –, dann könnten wir mit entsprechender Geschichts- und Landeskenntnis rekonstruieren, dass seine ersten Lebensjahre in die Zeit der großen proletarischen Kulturrevolution fielen. Das war die Zeit, in der die Schulen in China oft jahrelang geschlossen waren, weil man die jungen Leute, Intellektuelle und Parteifeinde zur Feldarbeit aufs Land schickte, um die landwirtschaftliche Produktion anzukurbeln. Es war eine Zeit der politischen Verfolgung. Traumatische Zeiten, in denen man oft am Morgen nicht wusste, ob man den Abend noch erleben würde, als Feind des Kommunismus eingesperrt oder zwangsverschickt wurde. Wenn Herr Wang Pech hatte, lernte er in seinen jungen Jahren sogar die größte Geisel Chinas, den Hunger, kennen.

Zeit seines Lebens war er mit anderen Menschen auf engstem Raum zusammen. In der Familie, in der Schule, in seiner Freizeit. Herr Wang weiß nicht, wie es ist, ein Zimmer alleine für sich zu bewohnen. Immer wurde ihm gesagt, was er tun solle. Immer waren da Erzieher und Ranghöhere, Menschen, die für ihn verantwortlich waren, und denen er gehorchte. Wenn er in China eine gute Schulausbildung bekam, so hatte er damit ein besseres Los als Millionen von Gleichaltrigen. Selbstverständlich lernte er dafür konsequent und hart, denn er hatte immer Mitschüler, die ähnlich ehrgeizig um die Aufnahme in die nächste Stufe der Ausbildung kämpften. Eine weitere außergewöhnliche Hürde hatte er bewältigt, wenn er in China einen Studienplatz – vielleicht noch in einer der wenigen Eliteunis – erhielt.

Wie bereits erwähnt: Aus welchen Gründen Herr Wang auch immer er in Deutschland studieren konnte – er hat damit eine Chance in seinem Leben bekommen, wie sie Hunderte Millionen seiner Landsleute nicht haben. Es war eine weitere Stufe, die ihn mit einem raren Privileg in China ausstattete. Er darf in einem westlichen Land studieren, das bekannt ist für seine hoch entwickelte

Technologie und Arbeitseffizienz. Mit dieser Qualifikation wird er zurück in China viel Geld verdienen können, weil er einen begehrten Arbeitnehmer für andere westliche Firmen darstellt. Und noch besser ist es, dass er bereits in Deutschland für ein deutsches Unternehmen arbeiten darf. Deutsches Gehalt, Arbeit in China. Dort kennt er sich aus, ist mit den Spielregeln und Strukturen vertraut.

In Deutschland kannte er am Anfang weder Spielregeln noch Strukturen. Er musste viel lernen. Deshalb hörte er zu. „Wenn du in ein fremdes Land gehst, so öffne Augen und Ohren und schließe den Mund." Diesen Rat muss man Herrn Wang nicht geben. Nach diesem Prinzip lebte er auch in China. Er hat gelernt, dass es wichtig ist, die Bedürfnisse, Wünsche und Meinungen seiner Mitmenschen zu kennen. Denn in China lebte er immer in einer Gruppe: in seiner Familie, in seiner Schule, in seiner Nachbarschaft. Und damit er mit dieser Gruppe gut auskommt, muss er sich anpassen und unterordnen und auch immer wissen, was die anderen denken und planen.

Vieles hat ihn in Deutschland irritiert. Zum ersten Mal in seinem Leben war er zunächst völlig alleine. Das war er nicht gewohnt. Er ist es auch nicht darin erfahren, sich um alles selbst kümmern zu müssen. Er kennt viele Gemüsesorten nicht, die es auf dem Markt gibt. Er weiß nicht, wie man nach China telefoniert. Seine deutschen Kommilitonen müssten das doch wissen. Aber sie helfen ihm nicht. Sie fragen nicht nach seiner Familie oder seinem Leben. Aus China sei er, aha. Er versteht die Vorlesungen nicht, und das liegt nicht an der Sprache. Er versteht die Logik nicht, in der die Professoren Dinge erklären.

Er fühlt sich sehr einsam. Deshalb sucht er schnell Kontakt zu anderen Chinesen, die in Deutschland wohnen und ihm viel helfen und erklären können. Zu Deutschen hat er wenig Kontakt. Er erschrickt oft über deren Direktheit, versteht ihr Verhalten nicht. Die anderen Studenten empfindet er als respektlos. Sie kommen zu spät zur Vorlesung, unterhalten sich, stellen dem Professor sogar Fragen! Sie erscheinen ihm unhöflich, kalt und herzlos. Oft beleidigen sie ihn, weil sie ihn offen kritisieren. Sie fragen, ob man in China wirklich Hunde äße und beim Essen schmatze? Herr Wang lacht dazu. Was soll er dazu auch sagen?

Er ist zu einer guten Zeit in Deutschland. Viele Firmen, auch kleine und mittelständische, möchten auf dem chinesischen Markt verkaufen oder produzieren. Aber sie sprechen weder die Sprache, noch haben sie genügend Mitarbeiter, die den Markt aufbauen können. Deshalb bietet er sich als Vermittler an. Er hat die technischen und betriebswirtschaftlichen Kenntnisse, er kennt sein Land. Es ist eine ideale Lösung für beide.

Herr Wang weiß, dass viele Dinge, die sich das deutsche Unternehmen vorstellt, in China nicht umgesetzt werden können. Aber das sagt er nicht offen. Nie würde er es wagen, den älteren deutschen Kollegen oder gar dem Firmeneigentümer zu widersprechen. Es wird für alles eine Lösung geben. Diese einmalige Chance in seinem Leben wird er sich nicht entgehen lassen. Und wenn er in China Erfolge hat, wird es der deutschen Firma egal sein, auf welchem Weg er diesen Erfolg schuf.

Oft fordern ihn seine Vorgesetzten auf, ihre Vorschläge zu kommentieren. Natürlich versucht er manchmal seine Meinung zu sagen. Aber da er das im chinesischen Stil tut – mit vorsichtigen Andeutungen und indirekten Aussagen – verstehen es die Deutschen gar nicht. Sie sind es nicht gewöhnt, zwischen den Zeilen zu lesen oder darauf zu achten, was er *nicht* sagt.

Herr Wang beginnt seine Arbeit in China. Er freut sich sehr, wieder zu Hause zu sein, nahe bei seiner Familie. Dieser gegenüber hat er selbstverständlich viele Verpflichtungen. Er ist derjenige, der am meisten Geld verdient. Er verkauft Waren aus Deutschland, die technologisch hoch entwickelt sind, aber eben auch viel teurer als vergleichbare chinesische Produkte. Er hat einen jüngeren Bruder und selbstverständlich will er diesem helfen, damit er auch beruflich erfolgreich ist. Normalerweise würde er ihn in seiner Firma anstellen. Aber er weiß, dass das die Deutschen nicht mögen. Sie nennen das Vetternwirtschaft. Niemand soll von verwandtschaftlichen Verbindungen profitieren, die Mitarbeiter sollen nach ihrer fachlichen Qualifikation ausgewählt werden. Er findet das nicht nachvollziehbar. Seinen eigenen Verwandten und Freunden kann er trauen, fremde Menschen muss er überwachen, damit sie sich nicht selbst bereichern.

Herr Wang ist oft sehr verunsichert angesichts des Verhaltens der deutschen Mutterfirma. Der Eigentümer hat im vor seiner Tätigkeit als Geschäftsführer in China mehrfach versichert, dass er eigenständig und hauptverantwortlich arbeiten soll. „Das ist alleine Ihr Zuständigkeitsgebiet, Sie entscheiden, wir mischen uns nicht ein." Herr Wang fühlt sich alleine gelassen, denn er hat ja keine Erfahrungen mit der Leitung einer Firma. Er ist auch enttäuscht, dass ihn seine Vorgesetzten in Deutschland anscheinend nicht mögen, weil sie ihn so wenig unterstützen.

So versucht er, die Vorgaben der deutschen Mutterfirma in China zu verwirklichen. Er baut zunächst eine Vertriebsniederlassung auf; für die Genehmigungen der Behörden braucht er Beziehungen. Seine Kontaktpersonen fragen ihn, was die Produkte so kosten, wie viel er verdient. Und natürlich erwarten und erhalten sie für ihre Leistungen Geld.

Auch die Kunden fragen ihn, was er ihnen bietet, wenn sie die teuren deutschen Produkte kaufen sollen. Er veranstaltet Vertriebstage, bei denen zukünftige Kunden luxuriös bewirtet werden, Geld für ihre Reise, Unterkunft und Verpflegung erhalten. Das alles darf er der deutschen Firma nicht mitteilen, denn die wertet das als Wettbewerbsverzerrung, als Korruption und unmoralische

Handlung. Manchmal kommt es ihm so vor, als wollten Katzen mit Löwen Geschäfte machen.

Wenn er schon seinen Bruder nicht einstellen darf, so versucht er wenigstens Freunden und Bekannten einen Gefallen zu erweisen. Das ist die beste Art, wie er sich selbst absichern kann, denn auf Behörden oder Justiz kann er sich nicht verlassen. Es sind einzig und allein gute Beziehungen, die ihn für jede Lebenslage schützen. Selbstverständlich wissen alle, dass er der Chef ist, dessen Autorität und Macht niemals in Frage gestellt wird. Er trifft Entscheidungen und er gibt Anweisungen. Denn er ist ja alleine gegenüber der deutschen Mutter verantwortlich.

Herr Wang ist sehr erfolgreich, die Umsätze steigen, die deutsche Mutter ist zufrieden. Ein Mal im Jahr kommen einige deutsche Kollegen. Denen zeigt man die Buchhaltung, die man für die deutschen Augen anfertigte. Man geht viel essen, trinkt und lacht zusammen und die Deutschen singen sogar Karaoke. Sehr zufrieden reisen sie jedes Mal wieder zurück. Einige Führungskräfte halten in Deutschland Vorträge bei Chinaveranstaltungen und verweisen stolz auf ihre Erfolge. Und sie empfehlen anderen deutschen Unternehmern, ihren Weg in China zu kopieren:

> *„Stellen Sie einen deutschlanderfahrenen Chinesen ein, der kennt unsere Denkweise und kann sie in China durchsetzen. Übertragen Sie ihm vertrauensvoll die Führung der Firma und mischen Sie sich wenig ein. Auch die Chinesen freuen sich, wenn sie selbständig arbeiten dürfen. Die junge Generation in China ist schon sehr westlich, das stellen wir jedes Mal fest!"*

Mit seinem Bruder hat Herr Wang eine eigene Lösung gefunden. Dieser soll als eigenständiger Händler die Produkte der deutschen Firma in China vertreiben. Es ist selbstverständlich, dass er für seinen Bruder gegenüber dem Mutterhaus niedrigere Bezugspreise durchsetzt.

Es gibt viele Möglichkeiten, wie Herr Wang sein Einkommen aufbessern kann. So wies ihn die deutsche Mutter von Anfang an darauf hin, dass er die Mitarbeiter angemessen bezahle. Man wolle sich nicht der Ausbeutung bezichtigen lassen. Allerdings wissen seine deutschen Kollegen nicht, wie hoch vergleichbare Gehälter in China sind. So nennt er ihnen gegenüber höhere Beträge, die auch in der Rechnungslegung für die „deutsche Buchführung" auftauchen. Die chinesischen Mitarbeiter erhalten viel weniger. Das ist immer noch doppelt so viel, wie sie in einer chinesischen Firma verdienen würden. Auch in diesem Punkt sind alle zufrieden.

Alle?

Nein, die Probleme beginnen, als Herr Wang mehrfach die Forderungen eines chinesischen Mitarbeiters nach einem höheren Gehalt zurückweist, ihm gar mit Kündigung droht. Erbost sinnt der Mitarbeiter auf Rache und schickt den Geschäftsführern in Deutschland einen Brief, indem er die Gepflogenheiten in der chinesischen Niederlassung darlegt. Er gibt auch den Hinweis, dass mittlerweile der Bruder von Herrn Wang in einem Produktionsbetrieb die technisch einfachere Variante des deutschen Produktes nachbaut und damit als direkter Konkurrent zur deutschen Niederlassung auftritt. Zudem würde man natürlich um die gleichen Kunden buhlen.

Man darf Fehler machen – aber nie denselben Fehler zweimal

Sie kennen die Fortsetzung der Geschichte. Die deutsche Mutterfirma ist enttäuscht und verunsichert zugleich. Aber nun zeigt sich oft in der Wahl der Mittel, mit denen man das Problem lösen möchte, dass man sich mit den Besonderheiten des chinesischen Marktes auch weiterhin nicht beschäftigen will. Man weiß nichts und will auch nichts wissen.

Im konkreten Fall schüttet man mit mehreren Maßnahmen Öl ins Feuer. Man will mit Hilfe von neuen chinesischen Mitarbeitern – einem mit deutscher Staatsbürgerschaft, der in Deutschland lebt, einem zweiten, mit langjährigen Erfahrungen in einer großen europäischen Firma – die eigenen Interessen retten. Die Umsätze auf dem chinesischen Markt machen nämlich mittlerweile 40 Prozent des Gesamtumsatzes aus.

Man setzt Chinesen gegen Chinesen ein, um deutsche Interessen zu schützen. Aber die Firma möchte zudem gründlich aufräumen. Der Senior der Firma ist tief enttäuscht von seinem Ziehkind und teilt ihm persönlich seine Entlassung mit. Der chinesische Geschäftsführer bekennt seine Schuld, gelobt zerknirscht und unter Tränen Besserung. Die Deutschen bleiben bei ihrer Entscheidung und trennen sich zusätzlich von den Mitarbeitern, die sie als Statthalter des Geschäftsführers vermuten.

Was nun passiert, hätten sich die Deutschen nie träumen lassen: Mit Hilfe der Polizei verlangt der ehemalige chinesische Geschäftsführer Zutritt zu der Firma. Nahezu täglich werden von Seiten der Behörden Überprüfungen durchgeführt. In einem Besprechungszimmer werden Wanzen entdeckt. Mit Hilfe einer Steuerprüfungsgesellschaft legt man Schritt für Schritt die Firmenkonstrukte des chinesischen Geschäftsführers offen – und ist nur noch entsetzt. Alles deutet darauf hin, dass Herr Wang die deutsche Mutterfirma systematisch aushöhlen und übernehmen wollte. Und zu guter Letzt erhalten die Deutschen auch Informationen über eine Frage, die sie nie interessierte. Herr Wang ist Mitglied der kommunistischen Partei und demzufolge eng verzahnt mit Entscheidungsträgern in Politik und Verwaltung. Das deutsche Unternehmen weiß nicht, ob es letztlich sein Engagement in China irgendwie retten kann oder ob ein teurer Verlust droht. „Eines haben wir gelernt: wir werden niemals wieder in China jemandem so viel

Macht geben und uns blind auf den verlassen", ist das resignierte Fazit einer Führungskraft.

Erklärungen und Hintergrundinformationen schützen vor Fehlinterpretationen

Natürlich gibt es überall auf der Welt kriminelle Mitarbeiter, die sich auf illegale Art bereichern. Es gibt überall Menschen, die sich unser Vertrauen erschleichen und es dann missbrauchen.

Der geschilderte Fall weist jedoch typische Merkmale auf und ist im Chinageschäft von westlichen Unternehmen fast schon ein Klassiker. Und der Grund liegt nicht darin, dass die Chinesen alle Betrüger wären. Der Grund, warum solche Entwicklungen stattfinden können, liegt einerseits in den historisch einmaligen Bedingungen, die eine Marktwirtschaft in einer kommunistischen Diktatur schafft. Darüber hinaus sind es aber auch wechselseitige, kulturell bedingte Fehlinterpretationen der Beteiligten, die eine solche Geschichte möglich machen.

Auch in den westlichen Industriestaaten kann man im geschäftlichen Alltag Unterschiede im Miteinander feststellen. Man erlebt durchaus landesspezifische Verhandlungsstile oder Geschäftspraktiken. Allerdings teilt man, so wenig präsent das auch oft ist, grundsätzliche Werte. Man kennt die Kategorien von Wahrheit und Lüge. Man teilt moralische Prinzipien, das Ideal von der Gleichheit der Menschen, das sich in Gesetzen ebenso niederschlägt wie in einer politischen Kultur der Demokratie. Und man teilt in der Schriftsprache ein gleiches Buchstabensystem.

Vertrautes in der Fremde suchen

In Asien erleben westliche Menschen oft erstmals richtige Fremdheit. Das beginnt bei den Sprachen und ihren Zeichensystemen, die uns plötzlich zu Analphabeten machen. Und das endet in unserer Unfähigkeit, Mimik, Gestik und Verhaltensweisen von Asiaten nicht deuten zu können. Diese Fremdheit verunsichert uns und verursacht Stress. Wir können unsere Umwelt und Mitmenschen nicht mehr klar deuten. Deshalb suchen wir nach Vertrautem. In den Wirtschaftsmetropolen Asiens, aber ebenso in Indien, Russland oder Brasilien finden wir viel Bekanntes in Architektur, dem internationalen Stil der Geschäftskleidung, in der Weltsprache „bad English". Die Komplexität, vor der sich unser Gehirn so fürchtet, wird scheinbar reduziert.

Wenn wir uns nun auch im Verhalten oder in den Aussagen der anderskulturellen Partner wieder finden, dann sind wir vollends erleichtert und beruhigt: wir sprechen in jeder Hinsicht die gleiche Sprache, teilen Logik und Werte. Wie bereits erwähnt droht dieser Fehlschluss besonders in den kulturellen Systemen, deren zentrale Forderung die (äußere, rituelle) Harmonie zwischen den Menschen darstellt. Und diese finden sich in vielen Regionen außerhalb Europas und Amerikas, vor allem in Asien.

Macht es wie das Wasser – passt euch dem Boden an (Sun Tzu)

Weshalb haben wir bei asiatischen Menschen – vor allem wenn sie sich im Westen bewegen – oft den Eindruck, dass sie uns verstehen und in unserem Sinne handeln werden? Asiaten werden in weitaus stärkerem Maße als westliche Menschen daraufhin programmiert, in Beziehungen zu denken. Viel stärker als wir definieren sie sich als Mitglieder einer Gruppe und dort in einer bestimmten Rolle. Es gibt ein klares Oben und Unten, mit klaren Pflichten oder Zuständigkeiten.

Zu diesen Pflichten gehört es, die Regeln, die eine bestimmte Beziehung vorschreibt, zu erfüllen. Das Kind widerspricht nicht den Eltern, Schüler nicht dem Lehrer, der Mitarbeiter nicht dem Vorgesetzten. Umgekehrt haben diese Ranghöheren Verantwortung für das Wohlergehen der Untergebenen.

Antworten aus der kulturvergleichenden Psychologie

Richard E. Nisbett zitiert in seinem Buch „The Geography of Thought. How Asians and Westerners Think Differently ... and Why" zahlreiche psychologische Untersuchungen, welche die Entstehung unterschiedlicher Persönlichkeitskonzepte erklären. Im Laufe der Erziehung, das heißt im Prozess der Enkulturation, lernen westliche und asiatische Menschen Unterschiedliches.

Unabhängigkeit oder Unselbständigkeit

So existieren bereits in Bezug auf die Aufgaben von Eltern sowie die Erziehungsziele unterschiedliche Vorstellungen.

Im Westen werden Kleinkinder frühzeitig zu Eigenständigkeit ermuntert, sie sollen früh im eigenen Zimmer schlafen, werden aufgefordert, aus Verhaltensmöglichkeiten auszuwählen. Treffen sie eigene Entscheidungen, so werden sie dafür gelobt. „Siehst du, das kannst du schon alleine. Du bist schon groß!"

In Asien hingegen schlafen die Kinder nicht nur im Bett der Eltern, sondern sie tun das auch oft bis zum vierten oder fünften Lebensjahr. Sie sind von Erwachsenen umgeben, die sie vergöttern – dies nicht nur als Folge der Ein-Kind-Politik in China. Mütter sind ihren Kindern auch körperlich sehr nahe, bilden lange eine physische Symbiose. Eltern treffen Entscheidungen für ihre Kinder, weil sie am besten wissen, was gut für das Kind ist. Als Folge entwickelt sich eine starke Mutter-Kind-Bindung, die auch im Erwachsenenalter anhält.

Natürlich gibt es in allen Kulturen unterschiedliche Ausprägungen eines Elternverhaltens. Es gibt auch im Westen Eltern, die ihre Kinder fürsorglich bemuttern. Aber bereits in der Beschreibung eines solchen Erziehungsstils wird das westliche Wertesystem deutlich: Solche Eltern, sagt man, halten ihre Kinder unselbständig. Sie machen sie von sich abhängig.

Asiatische Eltern könnten diesen Vorwurf nicht verstehen. Was soll daran negativ sein, wenn ich meine erste Elternpflicht erfülle? Und die besteht nun einmal darin, für mein Kind umfassend zu sorgen, da es selbst dazu nicht in der Lage ist.

Objekte oder Beziehungen

Bittet man Mütter aus unterschiedlichen Kulturkreisen, ihren Kindern Bilderbücher vorzulesen, so findet man ebenfalls signifikante Unterschiede. So erklärten amerikanische Mütter ihren Kindern die Welt über Objekte oder die Funktion eines Spielzeugs. Sie weisen beispielsweise bei einem Buch über einen Bauernhof auf die verschiedenen Gerätschaften und Tiere hin.

Japanische Mütter hätten Szenen aus der Landwirtschaft ganz anders beschrieben. Sie verweisen auf die Rolle, die ein Reisbauer für das Kind spielt. „Der Bauer baut Reis an, damit wir etwas zu essen haben. Deshalb freut er sich, wenn du den Reisbrei immer aufisst!" (Nisbett, 59)

Folgen dieser Perspektive

Was sind die Folgen für die Persönlichkeits- und Identitätsentwicklung eines Menschen? Im Westen erfährt sich der Mensch als unverwechselbares und demzufolge einzigartiges Individuum, das relativ autonom und eigenverantwortlich sein Leben plant und bewältigt. Auch hier gibt es Abstufungen bis hin zum egoistischen Verhalten. Allerdings gibt es bereits kulturell bedingte Unterschiede in der Definition dessen, was egoistisch ist.

Menschen in asiatischen Kulturen erfahren sich auch nach der elterlichen Erziehung als Mitglieder einer Gruppe. Ob in Schule oder im Berufsleben – sie werden fürsorglich angeleitet. Sozial erwünschte Eigenschaften sind Einordnung und Orientierung an den Interessen der Gruppe, die eigenen Wünsche sind zweitrangig.

„Ein Nagel, der hervorsteht, soll eingeschlagen werden", heißt es in einem japanischen Sprichwort.

Die Konzentration auf Beziehungen fördert Empathievermögen, die Berücksichtigung der Gefühle und Empfindungen von anderen Menschen.

> „An emphasis on relationships encourages a concern with the feelings of others. (…) Concentrating attention on objects, as American parents tend to do, helps to prepare children for a world in which they are expected to act independently. Focussing on feelings and social relations, as Asian parents tend to do, helps children to anticipate the reactions of other people with whom they will have to coordinate their behaviour."
> (Nisbett, 59)

Nisbett zitiert weitere Beispiele, in denen sich diese Programmierung ausdrückt:

Unterschiede in der Eigenpräsentation

Europäer präsentieren sich kontextunabhängig und beschreiben sich mit individuellen Merkmalen: „Ich bin freundlich, ehrgeizig, campe gerne, arbeite für eine Firma, die Mikrochips herstellt."

Asiaten hingegen beschreiben sich in ihren Lebens- und Gruppenbezügen sowie ihren sozialen Rollen: „In meinem Beruf arbeite ich sehr sorgfältig, ich bin der Freund von John, ich koche gerne mit meiner Schwester." (Nisbett, 53 f.)

Unterschiede in der Konsumorientierung

Westliche Menschen präsentieren sich eher als einzigartig mit einem unverwechselbaren Geschmack. In einem Experiment suchten Amerikaner eher rare, seltene Objekte aus. Asiaten hingegen wählten diejenigen Artikel, die am meisten verbreitet waren (Nisbett, 54).

Unterschiede im Selbstbild

Amerikaner neigen in der Eigenbeschreibung dazu, sich überdurchschnittlich begabt und mit vielen positiven Eigenschaften ausgestattet darzustellen.

Asiaten schätzen sich zurückhaltender ein, betonen sogar negative Eigenschaften oder Schwächen. In Japan gilt zum Beispiel das Prinzip „Perfektion durch Selbstkritik": Schulkinder werden zu Selbstkritik angehalten, um ihre Beziehung zu anderen zu verbessern und Aufgaben noch besser lösen zu können. (54)

Unterschiede in Sprache und sprachlichen Konzepten

Im Chinesischen gibt es kein Wort für Individuum, das Wort für egoistisch oder selbstsüchtig kommt dem lateinischen Begriff am nächsten. Im Japanischen gibt es viele Begriffe für „ich", die kontextuell verwendet werden und abhängig sind von der Person und dem Zusammenhang. Wenn der Vater zu seinem Sohn spricht, redet er von sich als „otosan" (Vater). Ein junges Mädchen spricht von sich mit Hilfe eines Spitznamens „Jibun" was „mein Teil" bedeutet.

Unterschiede im Kommunikationsstil

Im Westen gibt es die Forderung nach einer direkten, verständlichen Sprache. Der Sprecher hat Missverständnisse zu vermeiden

In Asien hat der Empfänger einer Mitteilung die Aufgabe, diese richtig zu verstehen, zu dechiffrieren. Kommunikationsfähig ist demzufolge im Westen jemand, der sich gut ausdrücken kann. In Asien hingegen muss er ein guter Zuhörer sein.

Folgen für interkulturelle Begegnungen

Unsere asiatischen Partner haben eine hohe Sensitivität darin entwickelt, die Einstellungen oder Wünsche ihrer Mitmenschen zu erkennen. So mussten sie ein großes Decodierungsvermögen in der Kommunikation ausbilden, um zu deuten, was der andere ausdrücken möchte, denn dieser äußert sich ja oft indirekt. Wenn alle Gesellschaftsmitglieder diese Strukturen kennen und teilen, funktioniert alles wunderbar.

Wenn Asiaten dieses Verhalten aber nun in einem kulturellen Umfeld praktizieren, das nach ganz anderen Erwartungen organisiert ist, kann es große Probleme geben. Für das oben geschilderte Beispiel heißt dies: Herr Wang hat seine deutschen Vorgesetzten oder Kollegen nicht bösartig getäuscht, sondern nur das getan, was er gelernt hat. Um die Harmonie im sozialen Miteinander herzustellen, um dem Gegenüber Gesicht zu geben, ist es wichtig das zu kennen, was beim Gegenüber Harmonie schafft. Herr Wang bestätigte deshalb das, wovon seine deutschen Kommunikationspartner überzeugt waren. Zur Erinnerung noch ein wichtiges Gesetz der Kommunikation: Wahrheit ist nicht, was A sagt, sondern was B darunter versteht.

Dass die Annahmen der Deutschen über China nichts mit der Realität in China zu tun haben, spielt in diesem Zusammenhang für Herrn Wang keine wichtige Rolle. Es geht zunächst um eine situationsgebundene und kontextuelle Wahrheit und die lautet: Wenn der deutsche Firmeneigentümer (älter, ranghöher) das glaubt, dann ist das seine Wahrheit, die ich ihm bestätige. Harmonie oder Gleichklang in einer sozialen Beziehung erreiche ich, indem ich Dinge mit den Augen des anderen zu sehen lerne, um ihn damit wirklich zu verstehen. In der soziologischen, ethnomethodologischen Forschung nennt man dies „Taking-the-role-of-another" (Mead). Diese Leistung ist kulturunabhängig eine wichtige Voraussetzung zur Entwicklung einer Identität.

Hat der andere nun das Gefühl, dass – in unserem Fall ein asiatischer Partner – ihn versteht, so löst dieser Gleich-Klang ein großes Vertrauen aus. Wer bewusst das Innerste seines Gegenübers spiegelt, der entwaffnet und überwältigt ihn zugleich. Die Psychologie nennt diese Eigenschaft Empathie, also die Fähigkeit, die Gefühle des anderen zu erkennen und nachvollziehen zu können – ohne sie teilen zu müssen.

Präsentation eines Individuums versus Erfüllung von Gruppenerwartungen

Noch einmal: Dieses Verhalten hat in den meisten Fällen nichts mit einer gezielten Strategie zu tun, sondern geschieht selbstverständlich und unbewusst vor dem Hintergrund jeder Erziehung, in der unausgesprochen auch bestimme kulturelle Werte vermittelt werden.

Das westliche Selbstverständnis definiert sich als Konzept eines Individuums, das seine eigenen Meinungen präsentiert. Sich einer unterstellten kollektiven Meinung anzuschließen, gilt als charakterliche Schwäche. Die eigene Sicht der Dinge zu formulieren, wird in vielen Zusammenhängen als Ausweis intellektueller, kognitiver Reife angesehen. Treffen zwei unterschiedliche Meinungen in Form einer These und Antithese zusammen, so soll sie der Diskurs zu einer neuen Synthese führen – oder nicht. Wichtige Forderung im sozialen Miteinander, vor allem wenn es sich um fachliche Themen wie im Geschäftsleben handelt, ist, dass mir mein Gegenüber seine offene und ehrliche Meinung mitteilt.

In der Interaktion zwischen westlichen und asiatischen Menschen interpretieren beide eine Situation mit Hilfe ihrer jeweiligen kulturellen Brille. Der asiatische Partner bemüht sich, eine sozial erwünschte Verhaltensweise zu zeigen. Der deutsche Partner interpretiert dies jedoch als die „wahre" Meinung und Einstellung. Stellt er irgendwann einmal fest, dass dies nicht selbstverständlich so ist, so fühlt er sich belogen und getäuscht. Der andere ist ein Schauspieler und hat mehrere Gesichter. Im Lichte westlicher Werte gilt das als schlechte Charaktereigenschaft, da man den anderen nicht einschätzen kann. Die Ambiguität, also die Fähigkeit, mehrere Rollenmodelle praktizieren und ertragen zu können, ist im Westen nicht sehr stark ausgeprägt.

„Well enough about you, let's talk about me"

Ein weiteres Verhalten führt (unbeabsichtigt) zu einer Asymmetrie, die sich erst auf den zweiten Blick zeigt. In der Kommunikation zwischen Asiaten und Westlern treffen aufeinander: jemand, der gut zuhören muss (Asiate) und jemand, der gerne spricht. Und dies am liebsten über sich selbst. Hören wir uns einmal an, was die Kommunikationsexperten dazu sagen:

> „Studien des amerikanischen Soziologen Charles Derber bestätigen, was jeder aus Erfahrung kennt: Viele Menschen sind Gesprächsnarzissten und wollen einen möglichst hohen Redeanteil erobern. Offenbar glauben viele, wer redet, hat das Sagen und wer zuhört, der hat das Nachsehen. Das Gegenteil ist der Fall." (Märtin, 2006, 53)

Was passiert beim aktiven Zuhören? Man hat einen Wissensvorsprung, weil man auch Zwischentöne registriert. Man erweitert seinen Horizont, indem man sich auf neue Sichtweisen einlässt. Man erkennt die Persönlichkeit des Gegenübers, erfährt, wie er denkt. Und last, but not least: Man wirkt sympathisch und gewinnt das Vertrauen seines Gegenübers. Natürlich ist auch dieses Kommunikationsverhalten von Person zu Person unterschiedlich ausgeprägt. Gleichwohl sind die Unterschiede im Verhalten kulturell signifikant.

Spiegeln erhöht das Gefühl der Nähe

Aus der Gehirnforschung wissen wir, dass wir alle mit Hilfe von Spiegelneuronen, die das motorische und emotionale Verhalten unseres Gegenübers in unserem Gehirn simulieren und verankern, technische und sprachliche Kenntnisse sowie Verhaltensformen erwerben. Zudem passen sich in allen Kulturen Gesprächspartner, die sich gut verstehen, unbewusst in Körperhaltung, Mimik, Gestik an. Sie schaffen und verstärken dadurch Nähe und Vertrautheit.

Das eigene Verhalten dem Regelwerk einer Gruppe anzupassen, ist ein zentrales Erziehungsmotiv in asiatischen Gesellschaften. Deshalb kann man oft beobachten, wie Menschen aus Fernost sich auch im Ausland bald im Kommunikationsverhalten angleichen, zumindest bis zu einem gewissen Grad. Ich habe häufig erlebt, wie Mitarbeiter aus China, die hier in Deutschland arbeiteten, Wortwendungen oder den Sprachstil derer übernahmen, mit denen sie täglich kommunizierten. Sie imitierten dabei positive Beispiele ebenso wie negative, da sie ja mangels eines Vergleiches nicht einschätzen konnten, ob die Art zu sprechen oder sich zu verhalten nun Ausweis einer schlechten Erziehung oder von Höflichkeit war.

Die deutschen Kollegen und Partner ziehen daraus schnell den Schluss: „Also der Herr Tang ist schon richtig deutsch. Er bemüht sich sogar, Dialektausdrücke zu lernen." Herr Tang ist nur noch in seinem Aussehen anders, im Grunde gehört er schon zu uns. Weil er so redet wie wir, denkt er auch wie wir, lautet der nächste Fehlschluss. Und er gewinnt unser Vertrauen.

Offensiver versus defensiver Gültigkeitsanspruch

Es gehört zum Kennzeichen westlicher Gesellschaften, dass sie ihre Grundwerte und Überzeugungen offensiv und selbstbewusst präsentieren. Wenn sich unsere asiatischen Kollegen also in ihren Handlungen und Kommunikationsmustern uns anpassen oder uns zumindest nicht in Frage stellen, so ist das für die meisten Menschen im Westen etwas Selbstverständliches. Die anderen erkennen eben auch schnell, was wir schon längst wissen und übernehmen es demzufolge.

Vergleichen wir einmal die Interaktion zwischen Menschen aus dem christlichen Kulturkreis mit Menschen aus islamisch geprägten Gesellschaften. Viel schneller werden diese sich wechselseitig auf unterschiedliche Überzeugungen verweisen. Beide Glaubensrichtungen sind monotheistisch, haben die Wahrheit gefunden und wissen demzufolge, was richtig und falsch ist. Eine Einigung ist oft nicht möglich, im besten Fall gesteht man sich gegenseitig Existenzberechtigung zu. Wie sehr unsere Aussagen von unseren unreflektierten Überzeugungen dirigiert werden, zeigt der oft zitierte Ausspruch des ehemaligen amerikanischen UN-Botschafters Warren Austin: „Araber und Israelis sollten ihre Differenzen in gutem christlichen Geiste beilegen!"

Menschen aus Kulturkreisen hingegen, die in ihren Philosophien keinen Absolutheits- oder Exklusivitätsanspruch kennen, sehen oft überhaupt keinen Grund, ihre Überzeugungen zu präsentieren oder andere zurück zu weisen. Selbstverständlich gehen sie davon aus, dass es mehrere Deutungsmöglichkeiten gibt. So interessieren sie sich nicht für Grundsatzdiskussionen, sondern für die Sicherung kontextueller Harmonie. Und wenn die dadurch zu erreichen ist, dass man dem Wahrheitsanspruch des Interaktionspartners zustimmt, dann ist es eben der richtige Weg um Gleichklang zu erzeugen. Völlig unberührt davon bleibt die „eigentliche" Einstellung zu bestimmten Themen. Im Japanischen kennt man deshalb die Unterscheidung zwischen honnae (meine individuelle Meinung) und tatemae, der Meinung, die ich im spezifischen, sozialen Umfeld zu äußern habe. Beide haben nichts miteinander zu tun und müssen auch nicht übereinstimmen. Wenn ich dies in meinen Beratungen oder Seminaren erkläre, ernte ich häufig entsetzte Blicke. „Ja, das ist doch völlig unehrlich! Die lügen ja ständig!"

Dass das Konzept von Lüge und Wahrheit in das christliche Denken gehört, und in anderen kulturellen Überzeugungen nicht existiert, ist für uns schwer zu verstehen.

Begriffe haben kontextuelle Bedeutung

Auch dieses Phänomen begegnet uns bereits in der eigenen Kultur. Bereits hier werden Sie feststellen: was verschiedene Mitglieder unter einem „guten Essen" oder einer „erholsamen Reise" verstehen, kann sehr stark variieren.

Verstärkt wird diese Tatsache, wenn man Begriffe – meist noch in der Weltsprache Englisch – kulturübergreifend benutzt. Allein schon klimatische oder geografische Bedingungen relativieren Aussagen. „Es ist heiß heute" bedeutet für einen Deutschen vielleicht eine Temperatur über 25 Grad Celsius. Ein Bewohner in Mumbai verwendet diese Beschreibung wohl eher für eine Temperatur ab 40 Grad Celsius.

Ebenso verhält es sich mit Begriffen, die Persönlichkeitseigenschaften oder Verhaltensweisen beschreiben sollen. Vor dem Hintergrund einer bestimmten Erziehung empfindet der eine Mensch, ein westlicher Arbeitnehmer, die Aufforderung zum selbständigen Arbeiten als einen Vertrauensbeweis, als Anerkennung seiner Fähigkeiten. Ein Mitarbeiter aus Asien interpretiert die Aufforderung zur Eigenständigkeit oft als Desinteresse und mangelnden Willen zur Zuwendung. Denn in seinem bisherigen Leben hat Herr Wang erlebt: wer mich liebt, kümmert sich um mich, indem er mich ständig anleitet und überwacht. Dies hat er bei seinem deutschen Chef nicht erlebt. Er fühlt sich alleine gelassen und als Folge der deutschen Firma nicht mehr verpflichtet. Das legitimiert dann auch, zuallererst den eigenen Vorteil zu verwirklichen.

Und ein weiteres wird von deutscher Seite oft völlig überschätzt: ihre chinesischen Mitarbeiter können zunächst einmal nicht die Bedeutung bestimmter Geldbeträge einordnen. Für sie sind sie meist grundsätzlich unvorstellbar hoch (diese Beurteilungsfähigkeit verändert sich natürlich schnell). Die Schlussfolgerung: wenn eine deutsche Firma so viel Geld unkontrolliert aus der Hand geben kann, dann ist sie sehr reich. Sie merkt wahrscheinlich gar nicht, wenn ich ein wenig in die eigene Tasche wirtschafte.

Inkompatible Weltbilder

Machen Mitglieder aus unterschiedlichen Kulturen zum Beispiel in der geschäftlichen Zusammenarbeit Erfahrungen, wie sie für den deutschen Mittelständler geschildert wurden, so ist das Ergebnis auf beiden Seiten letztlich nur Enttäuschung und Verletzung. Beide Seiten haben sich nicht darüber informiert, wie der andere im Grunde „tickt". Man hat die völlig andere Programmierung entweder nicht in Betracht gezogen oder deren Wirkung für das tägliche Miteinander unterschätzt. Beide Parteien sind also Schuld, um es in dieser abendländisch-christlichen Kategorie auszudrücken. Es sollte aber auch deutlich gemacht werden, dass uns die Asiaten einen scheinbar leichten Weg anbieten, indem sie uns Zeichen geben, die wir gerne als Ähnlichkeit interpretieren.

Wie können wir uns schützen und optimal rüsten für die Arbeit mit anderskulturellen Partnern? Die Antwort liegt nahe: wir müssen möglichst viel über andere Denkweisen kennen, um Verhalten und Handlungen richtig beurteilen zu können. Deshalb möchte ich Ihnen nun das Konzept der Cultural Intelligence vorstellen.

3. Cultural Intelligence

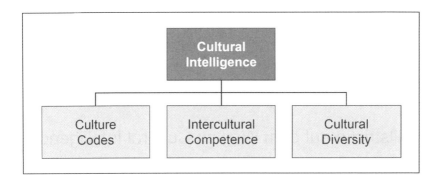

Was ist Cultural Intelligence?

Rufen wir uns zunächst den lateinischen Begriff Intelligentia in Erinnerung, der „Einsicht" oder „Erkenntnisvermögen" bedeutet. Das dazugehörige Verb intellegere meint „einsehen" oder „verstehen".

Kulturintelligenz heißt also zunächst, einzusehen oder zu erkennen, dass auch in der Globalisierung kulturspezifische Werte, Normen und Überzeugungen weiterexistieren und unser Denken und Handeln bestimmen. Dies ist eine Absage an den Irrglauben einer homogenen Weltkultur im globalen Dorf. Zusätzlich „verstehen" wir diese Unterschiede. Wir kennen die Inhalte anderer Denkweisen ebenso wie deren Wurzeln im Sinne philosophischer Weltdeutung. Diese beiden Schritte sind notwendig, damit wir das

Wissen dann so anwenden, um unsere Ziele auch in anderskulturellen Kontexten mit angepassten Strategien erreichen zu können.

In einem Satz: Kulturintelligenz heißt eigene und fremde kulturelle Prägungen kennen, und zum Zwecke des Erfolges für die Zusammenarbeit in der Globalisierung nutzen.

Wir verschwenden also unsere Energie nicht mit der krampfhaften Suche nach Ähnlichkeit und Gleichheit, sondern akzeptieren kulturelle Eigenheiten und nutzen intelligent deren Potentiale.

Fallstricke auf dem Weg zu Cultural Intelligence

Bevor ich die drei Säulen von Cultural Intelligence (Cultural Codes, Intercultural Competence, Cultural Diversity) vorstelle, möchte ich auf Gefahren hinweisen, die in der interkulturellen Interaktion für alle Beteiligte grundsätzlich lauern. Sie wirken meist subtil und werden oft nicht reflektiert. Und genau das macht sie so gefährlich.

Persönlichkeit oder Kultur?

Wenn wir mit Mitgliedern aus anderen Kulturen in Kontakt treten, dann müssen wir eine grundsätzliche Decodierungsleistung erbringen. Wir müssen entscheiden, ob das Verhalten unserer Partner auf personentypische Gründe zurückzuführen ist oder auf kulturell bedingten Ursachen beruht. Ist mein Kollege einfach nur ein schüchterner Mensch oder gehört es zum kulturellen Setting, die eigene Person nicht in den Vordergrund zu stellen? Ist er hinterhältig und verlogen oder ist sein Verhalten Ausdruck eines kulturell gebotenen Harmoniestrebens, das eine kontextuelle Wahrheit verlangt (z. B. aus Höflichkeit gegenüber einem Ranghöheren diesem Recht zu geben)? Diese grundsätzliche Frage erleichtert die Interpretation einer Erfahrung nicht, sondern verdoppelt Fremdheit. Natürlich erschweren auch stereotype Annahmen über „die" Mitglieder einer anderen Kultur eine realitätsnahe Interpretation von Erfahrungen. Im Abschnitt Cultural Codes Seite 85 ff. erfahren sie deshalb, welche Art von Informationen wirklich hilfreich ist und welche eher in eine Sackgasse führen.

Das Fremde ins Eigene bannen

Auch in der eigenen Kultur stehen wir vor der Aufgabe, die Intentionen unseres Gegenübers richtig zu deuten. Auch hier kommt es immer wieder zu Fehlinterpretationen, die dann entsprechende Missverständnisse nach sich ziehen. Das Problem verschärft sich jedoch in der interkulturellen Interaktion. Wenn wir die Bedeutung von Ereignissen oder Verhaltensweisen dechiffrieren, dürfen wir nicht vergessen, dass unsere eigene kulturelle Brille unsere Wahrnehmung färbt. Sie bestimmt, wie wir unsere Umwelt wahrnehmen und interpretieren, und damit Realität konstruieren. Die Gefahr ist groß, dass wir fremde Phänomene in uns bekannte Kategorien bannen, weil wir sie uns vertraut machen wollen. Alois Wierlacher schrieb dazu, für die Arbeit mit oder in einer fremden Kultur benötige man „profundes Fremdheitswissen" (Wierlacher, 1993, 17).

Hierzu ein Beispiel. Westliche Besucher reisen oft mit der Vorstellung nach Japan, dort uniform gekleideten „Gruppenmenschen" zu begegnen. Vollkommen überrascht sind sie dann, wenn sie auf Tokios Straßen Jugendliche mit exzentrischen Outfits sehen, die in ihrer Inszenierung alles übertreffen, was man aus den westlichen Metropolen kennt. Und nun glauben sie ihre Meinung über die Grundstruktur dieser Gesellschaft völlig ändern zu können. Sie werten diesen, als Streetfashion bezeichneten Modestil, als Beweis zunehmender Individualisierung – und damit als Annäherung an die westliche Kultur. Würde man sich intensiver mit dem Phänomen beschäftigen, so würde man erfahren, dass diese schrille Art sich zu kleiden zum einen auf die Jugendlichen zwischen 13 und 20 Jahren beschränkt ist. Zum anderen ist sie eher ein Zeichen für Gruppenorientierung, denn bestimmte Zeitschriften geben vor, wie verrückt sich Jugendliche anziehen müssen, um dieser Norm zum äußeren Außergewöhnlichen zu entsprechen. Erwachsenen Japanern ab 21 Jahren sind solche Extravaganzen nicht mehr gestattet. Auch in ihrem Kleidungsstil möchten sie zeigen, dass sie keine Fehler mehr machen. Wer es sich leisten kann, orientiert sich deshalb an (westlichen) Markenanbietern. Natürlich finden sich auch in der aktuellen japanischen Gesellschaft Individualisierungstendenzen. Nur sind sie nicht an den Zeichen zu erkennen, die wir im Westen als Ausdruck des Wunsches nach einem eigentümlichen Lebensstil kennen.

Ein weiteres Beispiel, das Sie vielleicht schmunzeln lässt, ist die Geschichte von afrikanischen Menschen, die in Deutschland Gartenzwerge sahen. Sie schlussfolgerten vor dem Hintergrund eigener Werte, dass die Gartenzwerge Abbild der verstorbenen Ahnen – und damit eine Art Ahnenverehrung – darstellen.

Das Phänomen wird auch anschaulich in folgender Fabel beschrieben:

> *„Als die Mücke zum ersten Mal den Löwen brüllen hörte, da sagte sie zur Henne: ‚Der summt aber komisch.' ‚Summen ist gut', fand die Henne. ‚Was macht er dann?' fragte die Mücke. ‚Er gackert', antwortete die Henne. ‚Aber das macht er komisch.'"*

In anderskulturellen Kontexten sollten wir uns einfach ständig an einen asiatischen Ratschlag erinnern: „Wenn du in ein fremdes Land kommst, dann öffne Augen und Ohren und schließe den Mund." Und halte dich mit Beurteilungen zurück – ließe sich noch anfügen.

Interkulturelle Begegnung ist ein dynamischer Prozess

Jede Interaktion zwischen Menschen ist ein dynamischer Prozess, in dem sich Eigen- und Fremdbild ständig verändern. Wenn Sie in der eigenen Gesellschaft Ihrem Kollegen mit positiven Annahmen über dessen Charakter begegnen, so werden Sie mit großer Wahrscheinlichkeit ein freundliches Verhalten ernten, das dann für Sie die Richtigkeit Ihrer Annahmen bestätigt.

Dieses Grundprinzip wirkt auch in der interkulturellen Begegnung. Doch hier müssen die Beteiligten zusätzliche Fremdheitserfahrungen bewältigen. Diese Leistung muss von allen Beteiligten erbracht werden, denn auch unsere anderskulturellen Partner erleben uns als abweichend von bekannten Verhaltensweisen, als befremdlich.

Nun bemühen sich beide Seiten, diese Fremdheit zu reduzieren. Es kommt zu einem situations- und kontextspezifischen Aushandeln darüber, wie das Miteinander erfolgreich gestaltet werden kann. Dies ist kein eindimensionaler Vorgang, sondern ein systemischer Prozess. Die wechselseitigen Erfahrungen und Beeinflussungen führen dann zu einer personenbezogenen Verhaltensweise. Diese ist jedoch nur das Ergebnis eines subjektiven Interaktionsprozesses! Wir können von diesen Erfahrungen nur bedingt auf die Inhalte oder Veränderungen der generellen kulturellen Denk- und Verhaltensmusters schließen.

Auch dieser Hinweis bedroht wieder unseren Wunsch nach Reduktion von Komplexität und Sicherheit. Wenn wir diesen Mechanismus jedoch nicht kennen, droht ein schmerzvoller Trugschluss. Auch hierzu ein Beispiel: Wenn ich Kunden auf ihre Expatriatetätigkeit in Asien vorbereite, erkundige ich mich in den ersten Wochen ihres Auslandsaufenthaltes nach ihren Erfahrungen. Obwohl ich sie natürlich auf die oben geschilderten Mechanismen hingewiesen habe, höre ich oft: „Also was wir hier erleben, hat wirklich nichts mit dem zu tun, was wir in der Vorbereitung lernten. Die Menschen hier sind auch ganz schön westlich." Wer sind „die Menschen"? Es sind zum Beispiel Chinesen aus den Megastädten der Ostküste mit guter Ausbildung und Sprachkenntnissen. Sie haben relativ viel Wissen und Erfahrungen mit westlichen Menschen. Sie durchliefen bereits mehrfach den oben geschilderten Interaktionsprozess. Sie wissen, wie die Westler ticken. Und sie haben ein Verhaltensmuster ausgebildet, aufgrund dessen sie ihren europäischen Kollegen als vertraut erscheinen. Erleichtert geben sich die Ausländer mit dieser Erfahrung zufrieden und schlussfolgern auf eine generelle Angleichung im Sinne einer Verwestlichung. Sie unterstellen nun auch vielen anderen Chinesen diesen Entwicklungsstand. Vor allem jedoch reduziert sich ihre Sensibilität für kulturell bedingte Unterschiede, die weiterhin auch bei ihren westlich erscheinenden Kollegen existieren. Wenn sich dann die Partner in einem anderen Kontext völlig anders verhalten, als man nach den bisherigen Erfahrungen erwartet, folgt eine große Enttäuschung. Man fühlt sich betrogen und getäuscht – und macht dies nun als besonderen Zug chinesischen Charakters aus. Wieder folgt eine Verallgemeinerung: „Den" Chinesen kann man einfach nicht trauen!

Die Säulen des Cultural-Intelligence-Instrumentes

Cultural Codes

Umgang mit anderskulturellen Partnern setzt zunächst Wissen über deren Denkweise, über ihre Werte und Normen voraus. Im ersten Schritt erfolgt deshalb eine Vermittlung von Basisinformationen über die Spielregeln, Zeichen und Strategien des Zielmarktes. Bei den Beteiligten wird auf dieser Stufe die rein kognitive Ebene angesprochen. Zum Handlungswissen entwickeln sich solche Informationen aber nur unter zwei Bedingungen. Erstens nutzt ein reines Etikettewissen oder deskriptive Beschreibungen („In China spielt das Essen eine große Rolle", „In Indien möchte man immer etwas über Ihren familiären Hintergrund erfahren") wenig, um später sicher agieren zu können. Unabdingbar ist es, die kulturellen Hintergründe aufzuzeigen, die einem beobachtbaren Verhalten zugrunde liegen. Nur so ist es möglich, die den Werten innewohnende Logik zu erkennen. Ich bezeichne die Informationen, die nur etwas beschreiben, als Know-how, die ohne das Hintergrundwissen Know-why eher verwirren als klären.

Zum zweiten müssen auf dieser ersten Stufe auch bereits die eigenen kulturellen Werte und Prägungen reflektiert werden. Erst wenn man die eigene kulturelle Brille wahrnimmt, die Inhalte der eigenen kulturellen Überzeugung kennt, ist man später fähig, die alltäglichen Herausforderungen in der interkulturellen Zusammenarbeit emotional zu bewältigen. Erst wenn auf der kognitiven Ebene die Relativität jeder kulturellen Ausprägung erkannt wird, kann man kulturimperialistische Ansprüche reduzieren.

Intercultural Competence

Auf dieser Stufe wird das theoretische Wissen über anderskulturelle Programmierung für die unternehmerischen Entscheidungs- und Handlungsebenen operationalisiert. Zunächst müssen die Konsequenzen der anderskulturellen Logik für relevante Handlungsfelder ausgearbeitet werden. Denn eigene Ziele werden erfolgreich nur dann unter anderskulturellen Bedingungen erreicht, wenn sie die Logik des anderskulturellen Konzeptes berücksichtigen. Wie müssen also zum Beispiel Verhandlungsstrategien, Personalpolitik oder Marketingmaßnahmen aussehen, damit wir den Kanal unserer Kunden oder Kollegen erreichen? Auch wenn die Konzeption solcher kulturangepasster Maßnahmen noch auf der kognitiven

Ebene erfolgt, ist spätestens bei deren praktischer Umsetzung die emotionale und psychische Dimension bei allen Betroffenen erreicht. Hier geht es dann darum, in begleitender Unterstützung zum Beispiel Coaching anzubieten, damit die betroffenen Mitarbeiter weder vom Kulturschock gelähmt werden, noch identitätsbedrohende Krisen erleben. Die Arbeit in fremdkulturellen Kontexten muss schlichtweg ausgehalten werden. Diese individuelle Leistung wird oft nicht in den Unternehmen thematisiert, geschweige denn durch Personalentwicklungsmaßnahmen unterstützt.

Cultural Diversity

Für international agierende Unternehmen stellt die Nutzung der Stärken ihrer multikulturellen Mitarbeiter einen entscheidenden Wettbewerbsfaktor dar. Ob bei Firmenfusionen, der Gründung von Tochterunternehmen oder der Auslagerung bestimmter Dienstleistungen und Forschungs- und Entwicklungsabteilungen: der Erfolg wird maßgeblich dadurch bestimmt, ob unterschiedliche Kulturen einen gemeinsamen Nenner finden. Wenn zudem die besonderen Eignungen der Teammitglieder definiert werden und in einer gelungenen Synergie münden, wird klar: Diversität schafft Stärke und nutzt die Chancen, welche die Globalisierung bietet. Konkret kann es dann zur Entwicklung neuer und kulturangepasster Produkte kommen. Die Unternehmen verfügen damit über einen Wettbewerbsvorteil. Dass dieser Prozess nicht einfach ist, wissen all diejenigen, die Teambildung in kulturell homogenen Gruppen zu realisieren suchten. Eine weitaus größere Herausforderung stellt die Zusammenarbeit in kulturell heterogenen Teams dar.

Wie nun können Unternehmen das Cultural Intelligence Konzept implementieren und welche Maßnahmen sind dazu erforderlich?

Culture Codes – Know-how und Know-why

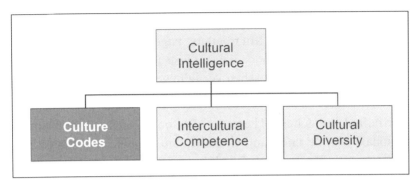

Wenn Sie eine Umfrage in der Personalentwicklungsabteilung bei international tätigen Unternehmen machen würden und fragten, ob denn die betroffenen Mitarbeiter auf eine Tätigkeit in anderskulturellen Räumen vorbereitet werden, dann würden sie wohl mehrheitlich hören, dass dies natürlich erfolge. In großen Dax-Unternehmen arbeiten zuweilen riesige Abteilungen an betriebsinternen Konzepten. Von denen bin ich immer begeistert. Nur bleiben sie meist Theorie. Fragen Sie nämlich die betroffenen Mitarbeiter, so erhalten Sie andere Aussagen. Immer noch ist es eine Minderheit, die überhaupt, geschweige denn intensiv, so etwas wie interkulturelles Training erfährt.

Dabei ist bereits die Bezeichnung irreführend, denn Training erinnert ja an Anweisung und Übung. Was die Mitarbeiter tatsächlich erleben sind ein- bis zweitägige Informationsveranstaltungen, in denen sie mit qualitativ höchst unterschiedlichen Aussagen über die Zielkultur voll gestopft werden. Den Königsweg im Training sehen manche Anbieter im Rollenspiel. In einer Art „exotischer Sensibilisierungsübung" (Bolten, 2003) soll Fremdheit imitiert werden – was aufgrund von überzogener Fiktionalität von den Teilnehmern selten ernst genommen wird. Und meist erfahren sie dann vielleicht von einem Experten, was sie falsch oder richtig machten, aber meist nicht warum. Man kann solche Veranstaltungen guten Gewissens nicht als ausreichende Vorbereitung einstufen. Gleichwohl ist es meist die maximale Unterstützung, die Firmen ihren betroffenen Mitarbeitern zugestehen. Und oft genug muss auch ich zustimmen: lieber diese unzureichende Minimalvorbereitung als die Menschen völlig ungeschützt in Märkte reisen lassen, die in vielerlei Hinsicht anspruchsvoll sind.

Wir befinden uns beim Thema der Personalqualifikation für internationale Märkte noch im Mittelalter. Im Kapitel „So war es bisher" habe ich Ihnen mögliche Gründe für diese Tatsache genannt. Eine Weiterentwicklung der Personalarbeit in einem internationalen Arbeitsumfeld ist jedoch kein akademisches Steckenpferd mehr, sondern eine erforderliche Antwort auf neue weltwirtschaftliche Kräfteverhältnisse. Mussten westliche Firmen bisher bereits viel Lehrgeld bezahlen, weil sie die Bedeutung von kulturspezifischen Businessregeln leugneten oder ignorierten, so wird es in Zukunft um die Frage gehen, ob man in der multipolaren Weltwirtschaft mit zunehmend selbstbewussten Geschäftspartnern überhaupt noch mitspielen kann. Soft Skills, nannte man bisher interkulturelle Kompetenz. Nice to have. Und bei manchen Verantwortlichen können sie vielleicht sogar hören, dass Soft Skills eben Skills für Softies sind. Dass solche Kenntnisse den Motor jeder interkulturellen Begegnung darstellen und nicht nur das Schmieröl, möchte ich Ihnen jetzt erläutern.

Culture Codes – Nicht nur Know-how, sondern auch Know-why

Basisinformationen über die Eigenschaften anderskulturellen Denkens sind notwendig und gefährlich zugleich. Sie sind notwendig, weil sie erforderliche Daten liefern, mit Hilfe derer eine Decodierung möglich ist. Sie sind gefährlich, wenn man sie als statische Größen betrachtet, die sich vielleicht sogar zu Stereotypen und Vorurteilen verkrusten können. Und oft genug muss ich meinen inzwischen verstorbenen Doktorvater und früheren Chef, den Soziologen Joachim Matthes, zitieren. Der pflegte uns bei der Suche nach kulturell bedingten Gründen eines bestimmten, uns irritierenden Verhaltens manchmal trocken zu erinnern: „Kulturelle Unterschiede, schön und gut. In jeder Gesellschaft gibt es fünf Prozent Idioten!"

Über die restlichen 95 Prozent sollten wir jedoch genügend Informationen haben, damit wir unsere Sicherheit in geschäftlichen Prozessen erhalten.

Die Qualität dieser Informationen muss jedoch bestimmte Ansprüche erfüllen.

Die meisten Menschen sehen es ein, dass sie Auskünfte über die Etikette in einem anderen Land haben sollten. Man will sich ja schließlich nicht blamieren. Deshalb besucht man gerne und freiwillig Kurse, in denen man lernt, wie man sich bei der Begrüßung und beim Essen verhält, ob man Geschenke mitbringen sollte und wenn ja, welche; wie diese dann zu überreichen seien und wann. Interessant erscheint auch die Frage nach der Kleiderordnung und den zulässigen Gesprächsthemen beim Small Talk. Solche Informationen konsumiert man oft genug erst in den langen Stunden des Fluges ins Zielland.

Wenn uns dort dann zuerst die Ähnlichkeitsfalle winkt, sind wir vollkommen erleichtert. Und mit unserem Etikettewissen fühlen wir uns ausreichend gerüstet.

Diejenigen, die sich in ein gängiges länder- oder kulturspezifisches Seminar wagen, werden oft ebenfalls nur mit oberflächlichen Beschreibungen abgespeist. In Asien seien Geschäftsbeziehungen zuallerst Personenbeziehungen. Deshalb sei es wichtig, mit den Geschäftspartnern oft und gut essen zu gehen und bei Bedarf exzessiv zu trinken. Bei den Verhandlungen würden nicht von Anfang an die wahren Absichten genannt, sondern diese oft erst kurz vor dem Ende der Gespräche, kurz vor dem Abflug. Und dann gibt es noch die geheimnisvollen Strategeme, die Listen mit Hilfe derer uns unsere chinesischen Partner vollends über den Tisch ziehen. Solche Informationen sind nicht falsch, sie sind schlichtweg ungenügend. Warum ist das alles so? Ich erfahre, *wie* sich mein Partner mit großer Wahrscheinlichkeit verhalten wird, aber nicht *warum*. Damit wird man mit einem Rezeptwissen abgespeist, das sich sogar noch stereotypenbildend auswirken kann.

Solche Auskünfte mögen für einen touristischen Aufenthalt genügen. In der unternehmerischen Arbeit geht es jedoch darum, erfolgreich zu verkaufen, zu produzieren, die Vorteile internationaler Arbeitsteilung zu nutzen. Ich muss Entscheidungen treffen, in denen es um sehr viel Geld geht. Deshalb benötige ich Hintergrundwissen, mit Hilfe dessen ich die vorherrschende Logik meiner Geschäftspartner erschließen kann.

Know-why heißt praktisch: Basiswissen über die kulturellen Wurzeln eines anderen Denkens. In welchen kulturhistorischen Zusammenhang sind die Überzeugungen eingebettet? Was sind die zentralen Inhalte der dominanten Philosophien und Religionen? „Um die Früchte zu erkennen, achte auf die Wurzeln. Studiere die Vergangenheit, um die Zukunft zu erkennen", empfiehlt uns schon der taoistische Gelehrte Lie Tse.

Verträge stellten zum Beispiel in Asien traditionell keine Säule im geschäftlichen Miteinander dar, weil sie Dinge zukünftig festlegen. Das kulturelle Konzept im Taoismus, Hinduismus, Shintoismus, Buddhismus ist jedoch der ständige Wandel. Wie kann ich nach einem solchen Grundverständnis von Prozessen Beziehungen in einem juristischen Rahmen festzurren? Gute (Vertrags-)Partner haben so eine gute persönliche Beziehung, dass sie sich flexibel bei veränderten Rahmenbedingungen einigen.

Wenn ich weiß, was meinem anderskulturellen Gegenüber wichtig ist und warum, was für ihn in seiner Relevanzstruktur Sinn macht, dann kann ich mein Handeln kulturangepasst gestalten. Um die Wichtigkeit und Effizienz eines solchen Vorgehens zu erklären, frage ich manchmal meine Kunden „Gehen Sie mit dem Golfschläger auf den Tennisplatz?"

Informationen zum Know-How oder Know-Why anderskulturellen Denkens bewegen sich auf der Ebene von *fremd*kultureller Kompetenz (Bolten 2007). *Inter*kulturelle Kompetenz besteht jedoch darin, handlungsfähige Synergien zwischen den eigen- und fremdkulturellen Ansprüchen oder Gewohnheiten auszuhandeln und realisieren zu können. Das Wissen, das der Cultural Code beinhaltet, wird nun für die Handlungsfähigkeit in anderskulturellen Kontexten genutzt.

Intercultural Competence

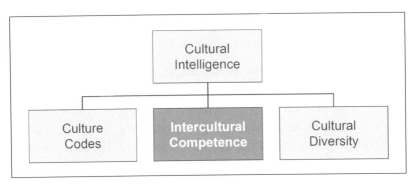

Die meisten Teilnehmer sind nach (schlechten und guten) Veranstaltungen über die Wirtschaftsmentalität fremdkultureller Gesellschaften erst einmal erleichtert. Sie glauben nun den kulturellen Code knacken zu können. Ich weise zwar immer darauf hin, dass die Erfahrungswelt eines Seminars wenig mit der praktischen Arbeit zu tun hat. Hier können nur abstrakte Informationen *über* andere Werte vermittelt werden. Interkulturalität wird erst vor Ort oder in einem gemischt-kulturellen Team erfahrbar. Auslandserfahrene Teilnehmer wissen das bereits. Nachdem ich einen Film über Indien in einem entsprechenden Länderseminar zeigte, meinte ein Zuschauer schmunzelnd: „Es fehlt nur der Geruch, damit man sich das gut vorstellen kann."

Intercultural Competence setzt die oben beschriebene kognitive Dimension voraus, ihr größter Anteil ist jedoch affektiv und emotional.

Aus unserer eigenen Kultur kennen wir die Tatsache, dass Einstellungen und Handeln nicht übereinstimmen müssen. So werden Sie bei Umfragen zur Wichtigkeit von Umweltschutzmaßnahmen schnell eine 80-prozentige Zustimmung bei unseren Landsleuten finden – geht es um die konkrete Frage, ob man zugunsten einer besseren Luftqualität aufs Autofahren verzichtet, sieht die Sache schon wieder ganz anders aus.

Ähnlich ist es mit der Fähigkeit, das neue Wissen um kulturspezifische Regelungen auch tatsächlich im Firmenalltag anzuwenden.

In Fragen der Etikette, also dem Verhalten bei Begrüßungen, dem Überreichen der Visitenkarten oder beim Beachten der Tischmanieren, wird uns das noch relativ schnell gelingen. Anders hingegen kann es aussehen, wenn wir uns in einer angespannten Situation befinden. So erzählen mir Kunden immer wieder, dass sie nach 30 Stunden Verhandlungen mit ihren (wechselnden) chinesischen Partnern einfach die Nerven verlieren und – gegen alle Empfehlungen aus den Vorbereitungskursen – aggressiv werden und dies auch zeigen. Oder man ist bei schwierigen Gesprächen so sehr auf den Inhalt konzentriert und vergisst schlichtweg, dass das „Ja" des Gegenübers eben keine Zustimmung darstellt, sondern lediglich ein „Ich höre Ihnen zu" signalisiert. Bei Stress oder hoher Belastung greifen wir immer auf Erlerntes zurück und reagieren nach dem Muster unserer eigenen kulturellen Prägungen.

Wenn Wissen zu angewandtem Wissen werden soll, muss ein Mensch zusätzliche Fähigkeiten aktivieren, die allesamt nicht mehr auf der kognitiven Ebene angesiedelt sind, sondern den emotionalen oder psychischen Teil der Persönlichkeit fordern.

Damit sind wir bei der Frage der Persönlichkeitsmerkmale der Mitarbeiter angelangt. Denn ob und inwiefern theoretisches Wissen im geschäftlichen Handeln dann auch angewandt werden kann, hängt stark von den Persönlichkeitseigenschaften ab.

Welche Charaktermerkmale erleichtern kulturkompetentes Handeln?

Emotionale Kompetenz und Empathievermögen

Schnell taucht in der Diskussion um die interkulturelle Kompetenz ein weiteres Schlagwort auf: emotionale Kompetenz. Daniel Goleman hat in seinem Buch „Emotionale Intelligenz" dargestellt, dass ein erfolgreiches zwischenmenschliches Handeln oft davon abhängt, wie sehr wir die Gefühlslage und psychischen Bedürfnisse unserer Partner einschätzen und in unserem eigenen Handeln berücksichtigen können. Diese Fähigkeit, im Fachjargon mit „Empathievermögen" bezeichnet (ein Sich-Einfühlen-Können in die Denkweise oder Perspektive des anderen), führt eher zu erfolgreichem Handeln als eine rein rationale Kompetenz (im Sinne von Fachwissen).

Emotionale Kompetenz und damit Empathievermögen sind deshalb auch wichtige Voraussetzungen für kulturkompetentes Handeln. Wenn wir wissen, dass unser asiatischer Partner eher (nach unserem Verständnis) „lügt", statt die „Harmonie" zu stören, dann verstehen wir sein Verhalten, können sein Unbehagen vielleicht sogar nachfühlen und werden unser eigenes Handeln so gestalten, dass er nicht mehr in diese schwierige Situation kommt. Ein konkretes Beispiel dazu: Man kann den asiatischen Partner, für den es kein offenes „Nein" gibt, dadurch entlasten, dass man keine geschlossenen Fragen stellt, auf die er nur mit „ja" oder „nein" antworten kann, sondern sich mit offenen Fragen (wie, warum, weshalb) hilft. Dies bewahrt den asiatischen Partner davor, mit seinem „Ja" „lügen" zu müssen, und uns schützt es vor Missverständnissen und Enttäuschung.

Aufgeschlossenheit, Toleranz und eine überdurchschnittliche Geduld

Diese Eigenschaften beschreiben weitere Voraussetzungen für erfolgreiches Agieren in einer fremdkulturellen Gesellschaft. Es ist etwas anderes, ob ich am grünen Tisch über kulturelle Gepflogenheiten rede, oder ob ich sie dann erleben und aushalten muss.

So genügt zum Beispiel das theoretische Wissen nicht, dass es in Japan tabu ist, sich ins Taschentuch zu schnäuzen, dass aber ein ständiges Schniefen dort durchaus üblich ist. Denn in der Praxis regte dieses Schniefen seines Gegenübers einen deutschen Verhandlungspartner dermaßen auf, dass er ihn nur noch anschreien konnte: „Would you please stop that immediately!" Wie sich der japanische Geschäftspartner gefühlt haben muss, können Sie ahnen. Stellen Sie sich einfach vor, ein Asiate würde Sie genervt bitten, doch endlich aufzuhören, sich die Nase zu putzen.

Ruhe und Gelassenheit

Diese Persönlichkeitsmerkmale erleichtern den Umgang mit anderskulturellen Verhaltensweisen. Aber man soll ja nicht geduldig leiden, wenn man sich in Kontakt mit Geschäftspartnern befindet. Die Kontakte sollen als Genuss und als Bereicherung empfunden werden. Und das ist nur möglich, wenn man es schafft, anderskulturelle Regelungen parallel zu denen seiner eigenen Kultur zu akzeptieren. Diese Fähigkeit nennen die Psychologen „Ambiguitätstoleranz".

Ambiguitätstoleranz

Sie bedeutet, dass ich höchst unterschiedliche Einstellungen und Überzeugungen in ihrer Existenz akzeptiere, ohne sie zwangsläufig als meine eigenen zu übernehmen.

Diese Fähigkeit stellt hohe Anforderungen an die Persönlichkeit eines Menschen, denn normalerweise strebt unser Gehirn nach klaren und eindeutigen Antworten. Wir möchten nicht ständig neue Lösungen beim Beurteilen der Welt suchen, sondern unser Gehirn will auf Sparflamme arbeiten, bekannte Interpretationen kontinuierlich einsetzen können, um damit unserem Verhalten Kontinuität und Stabilität zu verleihen.

Im Kontakt mit anderskulturellen Gepflogenheiten löst sich diese Eindeutigkeit auf, diffundiert in eine Perspektive unter anderen Möglichkeiten. Es kommt plötzlich darauf an, aus welcher Sicht ich ein Phänomen betrachte. So steht dann das „offene Wort" in meiner eigenen Gesellschaft für Ehrlichkeit, und in Asien zum Beispiel stört es die Harmonie, ist ein grober Verstoß gegen die Regeln des menschlichen Zusammenlebens.

Wir sind im Umgang mit anderskulturellen Vorstellungen ständig zum Perspektivenwechsel gezwungen. Indem wir gleichsam in die Schuhe des anderen schlüpfen, versuchen wir uns vorzustellen, was der andere als sinnvolles Handeln betrachtet. Dies hat Auswirkungen auf die Wahl unserer Handlungsstrategie, die uns zum Ziel führen soll. Eine solche Vorgehensweise gehört zum selbstverständlichen Wissen erfahrener Verkäufer. Sie kommen nur zum erfolgreichen Geschäftsabschluss, wenn sie die Sprache des Kunden sprechen und die Vorteile nennen können, die für ihn beim Kauf eines Produktes wichtig sind.

Bei der Motivation der Mitarbeiter würden wir im Westen zum Beispiel die Vermehrung von persönlichem Einkommen oder Status betonen. In Asien hingegen sollten wir darauf verweisen, wie sich der Reichtum der Familie erhöht oder wie sehr der älteste Sohn mit einem erfolgreichen, geschäftlichen Handeln seine Verpflichtung gegenüber den Eltern erfüllen kann.

Frustrationstoleranz

Auch die bestens vorbereiteten Mitarbeiter werden bei ihrer Tätigkeit in anderskulturellem Umfeld Irritationen, Enttäuschungen und Frustration erleben. Die gesellschaftliche Wirklichkeit oder ein Arbeitsalltag sind zu facettenreich, als dass man sie in einer theoretischen Vorbereitung im Rahmen eines interkulturellen Trainings umfassend darstellen könnte. Deshalb wird man immer wieder in Situationen kommen, wo man sich im harmlosen Fall verwundert die Augen reibt und durch das Verhalten des asiatischen Partners irritiert ist. Oft ist man auch enttäuscht über die Reaktion des anderen, da man eigentlich sicher war, kulturangepasst gehandelt zu haben.

Die Fähigkeit, solche Enttäuschungen zu verarbeiten, drückt sich in der Frustrationstoleranz aus. Die internationale Arbeit stellt in diesem Punkt hohe Anforderungen. Die Mitarbeiter müssen fähig sein, sich von enttäuschenden Erlebnissen nicht entmutigen zu lassen, sie müssen sich selbst wieder motivieren können. Besonders in Ländern, in denen zusätzlich zu den kulturellen Unterschieden enorme soziale und wirtschaftliche Umbrüche stattfinden – hier ist China ein hochaktuelles Beispiel – häufen sich diese Frustrationserfahrungen. Der chinesische Partner ist oft selbst in neue und unvorhergesehene Sachzwänge eingebunden (wechselnde Verantwortung zum Beispiel bei der Privatisierung ehemaliger

Staatsbetriebe, veränderte politische Macht auf der Ebene von Kadern etc.), die er dem deutschen Partner zudem nicht vermitteln kann oder will. Für unsere Wahrnehmung handelt er deshalb nur noch wirr. Wir sind wieder verunsichert, ob wir es jemals schaffen werden, diese Menschen zu verstehen und zweifeln an unserer Handlungskompetenz. Die Freude an der Arbeit in anderen Kulturen kann deshalb nur dauerhaft erhalten bleiben, wenn der Mitarbeiter solche Enttäuschungen immer wieder relativieren und bewältigen kann.

Interkulturelle Kompetenz: Aufgabe der eigenen kulturellen Überzeugungen?

Es kann gar nicht oft genug betont werden: Interkulturelle Kompetenz bedeutet nicht, die eigenen kulturellen Werte über Bord zu werfen und zum Beispiel Asiate zu werden. Dies scheint eine ständige Angst der Deutschen darzustellen: dass sie ihre eigene Identität aufgeben müssten, sich zu verändern hätten.

Das Gegenteil ist der Fall: „Die Krähe, die den Kormoran nachahmt, wird ertrinken", lautet ein japanisches Sprichwort. Die Frage, ob ein Mensch seine kulturelle Programmierung abstreifen und eine neue annehmen kann, würde ich mit nein beantworten. Dies sollten all diejenigen bedenken, die eben das von den Mitgliedern aus anderen Kulturen annehmen oder fordern. Weder „sind die schon wie wir", noch haben wir das Recht, eine universelle Übernahme unserer westlichen Werte zu fordern.

Sehr wohl können Menschen aber unterschiedliche kulturelle Programmierungen kennen, und je nach ihren Persönlichkeitsmerkmalen sind sie dann zu kulturkompetentem Verhalten und Handeln fähig. Die einen mehr, die anderen weniger, manche gar nicht. Dies wirft die Frage nach der Auswahl von Mitarbeitern auf, die man im internationalen, hier asiatischen, Geschäft einsetzen möchte.

Zusammenfassung: Was sind die Elemente von interkultureller Kompetenz?

- Emotionale Kompetenz
- Empathievermögen
- Aufgeschlossenheit
- Geduld
- Toleranz
- Ambiguitätstoleranz
- Frustrationstoleranz

Intercultural Competence ist demzufolge auch kein eigenständiges Konzept, sondern eine internationale Handlungskompetenz, die sich speist aus individueller, sozialer, fachlicher und strategischer Kompetenz.

Unterstützende Maßnahmen zur Entwicklung von Intercultural Competence

Wie ich schon mehrfach betonte: es ist ein Unterschied, ob ich über anderskulturelle Überzeugungen rede oder ob ich sie aushalten muss. Wer als westliche Frau einmal erlebt hat, wie sie für japanische Geschäftsmänner unsichtbar ist – auch wenn sie zur verantwortlichen Verhandlungsgruppe gehört – weiß, was ich meine.

Nun stellt sich in der Personalentwicklungsarbeit die Frage (genauer gesagt: sie sollte sich stellen), ob man Begleitung und Unterstützung anbieten muss, wenn es berechtigte Zweifel gibt, dass zum Beispiel ein fachlich hoch qualifizierter Mitarbeiter nicht gerade durch hohe Sozialkompetenz auffällt.

Die Grenzen von Coachingmaßnahmen sind wohl jedem bewusst. Hühner werden auch durch langwieriges Training nicht zu Langstreckenfliegern. Und ähnlich ist es mit Menschen. Mitarbeiter mit sehr geringer Bereitschaft, andere Werte, Einstellungen und

Meinungen zuzulassen oder zu akzeptieren, sind für das Auslandsgeschäft ungeeignet. Zudem gibt es kulturspezifische (In-)Kompatibilitäten.

Sehr temperamentvolle und sehr extrovertierte Menschen sind zum Beispiel für das Asiengeschäft ebenso wenig geeignet wie zu introvertierte Persönlichkeiten.

Wenn Menschen so sehr von sich überzeugt sind, dass sie Veränderungen ablehnen, zeugt dies auch nicht von großer Offenheit und Flexibilität. In solchen Fällen nützt auch keine Coachingmaßnahme. Auch wenn sich der Mitarbeiter vornähme, „in Zukunft toleranter zu sein", würde dieser Vorsatz in der ersten Stress- Situation ad absurdum geführt.

Kann man interkulturelle Kompetenz messen?
Die Auswahlkriterien von Mitarbeitern für das Auslandsgeschäft sollten bereits das Vorhandensein (oder die Entwicklungsmöglichkeit) von interkultureller Kompetenz beinhalten. Zum einen wird jedoch oft dieses Soft Skill nicht genügend beachtet. Die Mitarbeiter werden vorwiegend aufgrund ihrer fachlichen Eignung oder zeitlichen Verfügbarkeit ausgewählt.

Zum Zweiten stellt sich die Frage, wie man diese Fähigkeit messen will. Natürlich gibt es mittlerweile einige Anbieter, die behaupten, ein geeignetes Messinstrumentarium entwickelt zu haben. Die ich kenne, sind nicht wissenschaftlich fundiert, sondern als eine Art Alleinstellungsmerkmal von einem Anbieter konzipiert worden. Häufig fragt man Rezeptwissen in Multiple-Choice-Manier ab und eine hohe Punktezahl steht dann als Indikator für die Existenz interkultureller Kompetenz. Auch eine Auswahl mit Hilfe eines Assessmentcenters kann nur beschränkt die Komplexität dieser Persönlichkeitseigenschaft erfassen.

Eine fundierte methodische Entwicklung eines Auswahlverfahrens, das Rückschlüsse auf interkulturelle Kompetenz zulässt, gehört zu den wichtigsten Aufgaben der nächsten Zeit.

Meiner Meinung nach wird es auch bei einem sorgfältigen Auswahlverfahren nur Aussagen mit Wahrscheinlichkeitscharakter geben. Aus meiner eigenen Arbeit, der Vorbereitung von Expatriates auf ihre Tätigkeit in Asien, kenne ich dieses Lotteriespiel. Da es meist höchst zufällige Gründe sind, warum sich ein Mitarbeiter für eine Auslandstätigkeit entschließt (gute Verdienstmöglichkeit, Karrieresprung, seine fachliche Eignung, Abenteuerlust bis hin zu Flucht), muss ich mir jedes Mal vor dem Treffen mit den Kunden die Frage stellen, ob ich den Kandidaten als kulturkompetent einschätzen werde. Es gibt wenige Mitarbeiter, bei denen ich aufgrund der Art ihres Umganges mit den Informationen sofort weiß, dass sie mit überdurchschnittlicher Wahrscheinlichkeit eine erfolgreiche Arbeit liefern werden, an der sie selbst viel Freude haben und wachsen werden. Im Normalfall erkenne ich gute Chancen, die sicher durch ein begleitendes Coaching erhöht werden könnten. Glücklicherweise sind die Fälle selten, bei denen ich bereits in der Vorbereitung weiß, dass die Menschen für ihre Tätigkeit nicht geeignet sind. Leider hat sich dieser Eindruck jedes Mal bestätigt. Nicht billig für Unternehmen und nicht karrierefördernd für die Expatriates. Da es gegenwärtig noch kein seriöses Instrument zur Messung von interkultureller Kompetenz gibt, wäre zumindest die Einbeziehung eines Experten für interkulturelles Training bereits bei der Auswahl der zu entsendenden Mitarbeiter hilfreich.

Coachingmaßnahmen

Für die Arbeit auf fremdkulturellen Märkten sind begleitende Coachingmaßnahmen oder punktuelle Beratung höchst hilfreich für die betroffenen Mitarbeiter. Auch unter idealen Bedingungen – der individuellen Eigenschaft interkulturelle Kompetenz plus länderspezifische Vorbereitung inklusive Sprachkenntnissen – stellt die Tätigkeit in einem anderskulturellen Kontext höchste Anforderungen an die Psyche und damit die Leistungsfähigkeit der Mitarbeiter. Die Betroffenen wissen, dass ihnen diese Unterstützung in den allerseltensten Fällen gewährt wird. Oft tröstet man sie damit, sie könnten sich doch bei Fragen an erfahrene Kollegen (vielleicht sogar Kollegen aus dem Zielland) wenden. Selbstverständlich unterstellt man eine interkulturelle Kompetenz und ein länderspezifisches Wissen, das mit dem Aufenthalt in einer Region entsteht und mit den Jahren wächst. Unterstellt wird eine Reflexions-, Analyse- und Kommunikationsfähigkeit, die sich anscheinend automatisch mit einem Auslandsaufenthalt entwickelt. Dies ist jedoch eher die Ausnahme als die Regel. Und ich habe oft erlebt, dass von den Erfahrenen dann nur Stereotype oder Halbwahrheiten weitergegeben werden, was ich für mich immer mit dem Satz „the blind leading the blind" beschreibe.

Wenn sich Unternehmen einmal die Gefahren des Kulturschocks, dem modernen Berufsrisiko international tätiger Mitarbeiter ansehen würden, gehörten prozessbegleitende Coachingmaßnahmen wohl schnell zum Standardangebot internationaler Personalarbeit.

Wie entstehen kulturelle Konflikte und Kulturschock?

Wenn sich Menschen nur in (sub)kulturell homogenen Gruppen bewegen, so teilen sie mit anderen Gruppenmitgliedern den Großteil ihrer Werte. Der Inhalt dieser Werte wird selbstverständlich und unbewusst als normal und universell gültig angesehen.

Zu Irritationen, nein, zu einem „... Sturmangriff auf unsere kostbaren Werte und unerschütterlichen Grundüberzeugen" (Lewis, 38) kommt es allerdings, wenn wir mit Menschen aus anderen Gesellschaften und Kulturen zusammentreffen, deren Glaubenssätze und Werte von unseren abweichen. Nun sind wir plötzlich damit konfrontiert, dass ein Verhalten, das wir als offen und ehrlich definieren, von unserem Gegenüber als respektlos und unhöflich interpretiert wird. Das kann Ihnen zum Beispiel in asiatischen Ländern passieren, wenn Sie frank und frei und geradeheraus ihre Meinung sagen.

Wir sind verunsichert. Und bei uns taucht dann als Nächstes die kulturspezifische Frage auf: wer hat Recht? Ist es richtig, dass ich meinem Chef die schlechten Quartalszahlen vorlege, oder soll ich diese negativen Nachrichten lieber verschweigen, wie es zum Beispiel ein thailändischer oder indonesischer Angestellter machen würde, um die Harmonie nicht zu stören?

Im geschäftlichen Alltag international tätiger Menschen häufen sich diese Erfahrungen in manchmal radikaler Weise. Die Handlungs- und Verhaltensweisen, die sie zum Beispiel in Asien erleben, irritieren und verunsichern sie. Warum sieht mir mein japanischer Geschäftspartner nicht offen in die Augen? Hat er etwas zu verbergen? Warum können mir die Kunden in Thailand nie direkt sagen, was sie wirklich wollen? Warum immer dieses „um den Brei herumreden"? Das kostet doch einfach nur Zeit!

Unser sicherer Rahmen, mit dessen Hilfe wir uns in unserer eigenen Kultur bewegen können, ist nicht mehr vorhanden. Wir sind desorientiert, verunsichert und fühlen uns ganz schlicht verloren. Dies alles sind Symptome des Kulturschocks. Dieser tritt nicht nur auf, wenn wir dauerhaft in einem anderen kulturellen Umfeld leben, sondern auch bei (längeren) Auslandsreisen.

Das, was die Psyche eines Menschen in einer solchen Situation zu bewältigen hat, vergleiche ich mit dem Vorgang in einer Schneekugel: Wird sie auf den Kopf gestellt, wirbeln die Flocken wild umher, die Ordnung scheint aufgelöst, es herrscht Chaos.

Nie werde ich meine Gefühle anlässlich meiner ersten eigenen Erfahrungen in Asien vergessen. Tagelang waren neue Eindrücke, Gerüche, Bilder auf mich eingestürmt, hatten mich stumm und staunend gemacht. In meinem Kopf wirbelten Fragen durcheinander. Alles war anders, fremd und neu. Und als ich dann eines abends noch die Sichel des Mondes in der horizontalen (ich befand mich auf der Höhe des Äquators) statt in der bekannten vertikalen Position sah, war ich völlig fassungslos. Nicht einmal der Mond hielt sich noch an bekannte Gesetze!

Sehen wir uns die Auswirkungen des Kulturschockes näher an (in Anlehnung an Marx, 22 f.):

- Wir verspüren einen Verlust an sicheren Werten und Orientierungen.
- Wir sind verwirrt hinsichtlich der eigenen Rolle und Werte.
- Es kann zu einer regelrechten Identitätskrise kommen, weil wir uns fragen: „Wer bin ich?", „Wo gehöre ich hin?", „Was ist nun richtig?".
- Es dominiert ein Gefühl der Hilflosigkeit.
- Wir verspüren Angst und sind eventuell sogar vor Angst gelähmt.
- Wir sind in unserer Handlungsfähigkeit eingeschränkt, erleben ein Leistungsdefizit.
- Dieses Leistungsdefizit erklären wir als individuelles Versagen.

Ausmaß und Dauer dieses Kulturschocks oder der kulturschockähnlichen Gefühle hängen davon ab, wie sehr sich die fremde Kultur von der eigenen unterscheidet. In Asien finden wir oft sehr starke Abweichungen von dem, was wir aus unserer europäischen Kultur kennen, so dass viele hier den Kulturschock vehement erleben.

Wie können wir einen Kulturschock bewältigen beziehungsweise möglicherweise sogar verhindern? Wie schaffen wir es, unser emotionales Gleichgewicht wieder herzustellen?

Umgang mit fremdkulturellen Werten

Wenn wir in unseren internationalen Kontakten mit anderen Überzeugungen und Werten, anderen Weltanschauungen konfrontiert werden, droht Gefahr für unsere psychische Stabilität. Interpretation und Einordnung von Ereignissen, die unser Handeln in der eigenen Kultur stabilisieren und uns Sicherheit verleihen, werden plötzlich in Frage gestellt. Wir verlieren unsere Handlungssouveränität und erleben Stress. Das ist eine normale Reaktion!

Schwierigkeiten oder gar ein Versagen in geschäftlichen Kontakten führen viele jedoch auf ihre individuelle Unfähigkeit zurück. Dies ist ein Grund dafür, warum das Thema der Kulturkompetenz bisher noch so wenig oder nur sehr begrenzt diskutiert wird. Der weltläufige Geschäftsmensch von heute, der regelmäßig den Erdball umkreist, hat solche Probleme nicht zu haben, sonst wäre er ja ungeeignet für seinen Job. Und die Kollegen scheinen ja auch alles bestens zu bewältigen, denn auch sie sprechen über diese Dinge nicht – oder allenfalls auf dem Niveau der abenteuerlichen und wunderlichen Anekdoten.

Die meisten Geschäftsleute sind bei der Bewältigung dieser Probleme auf sich alleine gestellt. Wie versuchen sie, sich zu helfen?

- ▶ Die anderen Weltanschauungen werden systematisch auf Ähnlichkeiten zur eigenen abgesucht: Die asiatischen Kollegen lieben deutsche Autos und wissen genau über die Bundesliga Bescheid. Sie tragen westliche Anzüge und sprechen Englisch. Die Kinder stehen auf amerikanische und europäische Popmusik und gehen zu McDonald's. Alles wie bei uns! Wir müssen uns keine großen Gedanken um ein kulturangepasstes Verhalten machen. Konsequenz: Wir durchlaufen eine gründliche Fettnäpfchenrallye. Die Ähnlichkeitsfalle ist zugeschnappt.

▶ Die anderen Überzeugungen werden als defizitär zur eigenen Kultur betrachtet. Unterentwickelt und vormodern seien diese Länder eben. Es bedarf nur einer weiteren wirtschaftlichen und gesellschaftlich-politischen Entwicklung, bis sich weltweit die Überzeugungen angleichen werden. Alles eine Frage der Zeit! Natürlich hängt es vom jeweiligen Charakter ab, ob man dies dann aggressiv-abfällig oder milde-mitleidig formuliert. Das Grundprinzip jedoch ist gleich: Die anderen müssen sich in unsere Richtung bewegen, um ernst genommen zu werden.

▶ Die erfolgreichste Bewältigung schafft der „Internationalist" (Elisabeth Marx), indem er seine eigene und die fremden Kulturen parallel anerkennt und beiden Gültigkeit zuspricht. Solche Menschen eignen sich viel Wissen über die anderen Normen und Werte an, um dann die Märkte jeweils kulturangepasst bearbeiten zu können. Andere kulturelle Überzeugungen stellen für sie eine interessante, neue Welterklärung dar; oft sprechen diese Menschen von einer Bewusstseinserweiterung, die sie im Umgang mit anderen Anschauungen erleben.

Reaktionen auf den Kulturschock sind individuell verschieden

Wie Menschen auf die Begegnung mit fremdkulturellen Regeln reagieren, hängt natürlich von ihrem individuellen Charakter und ihrer Biographie ab. So ist es für Menschen, die in mehreren kulturellen Bezügen aufwuchsen, selbstverständlich, dass jede Region ihre spezifische Eigenheit besitzt, auf die sie sich einstellen müssen, um erfolgreich agieren zu können. Ich beobachte immer wieder, dass Mitarbeiter, die bereits im Rahmen eines geschäftlichen Auslandsaufenthaltes den Kulturschocks und den nachfolgenden Prozess der Bewältigung erfolgreich erlebt haben, selbstverständlich die Notwendigkeit der Vorbereitung auf andere Kulturen erkennen.

Darüber hinaus scheint aber bereits durch die Logik der jeweiligen Kultur selbst definiert zu sein, *wie* auf andere Kulturen reagiert werden kann. Gesellschaften, deren Grundwerte stark von einer monotheistischen Religion (Christentum, Islam) geprägt wurden, antworten mit größerer Abwehrhaltung und Ablehnung auf andere Weltdeutungen als zum Beispiel Kulturen, die in ihren philosophischen Wurzeln Toleranz in Bezug auf Welterklärungen oder Weltdeutungen fordern (Hinduismus, Buddhismus, siehe auch Kapitel „Reise zu den geistesgeschichtlichen Wurzeln").

Das zeigt sich dann auch im Alltagshandeln, in für uns neuen Situationen. Elisabeth Marx verweist darauf, dass es große Unterschiede im Umgang mit „Mehrdeutigkeiten" gibt:

> „Je nach kulturellem Hintergrund reagieren Menschen sehr unterschiedlich in nicht eindeutigen Situationen. Am einen Ende der Skala steht die deutsche Kultur, die sich durch Intoleranz gegenüber Mehrdeutigkeiten auszeichnet (…) die Deutschen mögen Unvorhersehbares nicht (…) Am anderen Ende der Skala steht Brasilien, wo Planung keine besondere Rolle spielt … ." (Marx, 75)

Wenn Mitarbeiter andere Kulturen nur auf den Geschäftsreisen erleben, kehren sie regelmäßig in ihre vertraute Welt zurück. Sie entwickeln vielleicht eine Abneigung gegenüber bestimmten Ländern und Handelspartnern, aber sie können sich auch immer wieder in vertrauter, kultureller Umgebung erholen.

Besondere Anforderungen für Expatriates

Anders ist es mit den Firmenangehörigen, die als Expatriates in einer fremdkulturellen Umgebung leben müssen. Wenn sie nicht zur Gruppe der Internationalisten gehören, weichen sie dem psychischen Druck auch dadurch aus, dass sie sich auf die Inseln ihrer eigenen kulturellen Gruppe zurückziehen. Man sucht nur Kontakt zu Landsleuten oder Europäern vor Ort, igelt sich im Kreise der Ausländer ein und versucht so, wieder Sicherheit zu gewinnen. Gegenseitig bestätigt man sich, wie komisch die Menschen des Landes sind, indem man notgedrungen leben muss. Alle sind sich einig, dass man selbst normal und richtig denkt und die anderen demzufolge unnormal sind.

Vergegenwärtigt man sich, welche großen Chancen für die Persönlichkeitsentwicklung eines Menschen der Kontakt und Austausch mit anderen Kulturen birgt, so ist es einfach schade, wenn im Ausland tätige Mitarbeiter dies nicht erleben können.

Interkulturelles Coaching schützt Mitarbeiter und Unternehmen

Damit die betroffenen Mitarbeiter die Chancen im Auslandsgeschäft optimal nutzen können und dabei noch für die eigene Persönlichkeitsentwicklung profitieren, ist eine Unterstützung in Form eines individuellen Coachings empfehlenswert. In Ergänzung zum vorbereitenden interkulturellen Training begleiten Coaching oder auch Mediation den Prozess vor Ort. Die Unterstützung kann sich dabei auf unterschiedliche Themen erstrecken. Da ist zum einen die punktuelle Beratung, in der man zum Beispiel mit einem externen Experten besprechen kann, wie die Reaktion eines Kollegen richtig zu interpretieren ist oder wie man sich im Falle eines Konfliktes mit einem Kunden kulturangepasst richtig verhält. Stellen Sie sich folgende Situation vor:

> Sie sind als Geschäftsführer in einem Tochterunternehmen in Südkorea tätig. Eines Morgens bitten Sie Ihre Sekretärin, Ihnen eine Fotokopie zu machen. Ihre Sekretärin sagt „ja", lächelt und verlässt das Zimmer, ohne das Original mitzunehmen. Zunächst glauben Sie, sie hätte es vergessen, und weisen sie noch einmal darauf hin. Aber auch dann macht Ihre Sekretärin keinerlei Anstalten, Ihre Arbeitsanweisung auszuführen.

Wie werten Sie nun dieses Verhalten? Sie sind auf jeden Fall irritiert und verärgert. Sie haben einer Angestellten einen Arbeitsauftrag gegeben, den diese nicht ausführt. In unserem Verständnis ist das Arbeitsverweigerung. Arbeitsrechtlich könnten Sie mit einer Abmahnung oder einer Kündigung antworten. Wenn ich Anrufe von ratlosen Kunden erhalte, so bitte ich die Betroffenen, zunächst einmal nachzuforschen, was der Grund für dieses Verhalten sein könnte. Erkundigen Sie sich zum Beispiel bei einem anderen Mitarbeiter, ob er sich das Verhalten der Sekretärin erklären kann. Vielleicht erhalten Sie dann die Auskunft, dass der Kopierer kaputt sei, Ihre Sekretärin deswegen überhaupt keine Kopien anfertigen kann. Der kulturelle Code Koreas schreibt jedoch vor, das Wort „nein" nicht so oft und direkt zu benutzen, wie wir das im Westen tun. Zudem vermeidet man, dem Chef schlechte Nachrichten zu übermitteln. Die Metaebene dieses Codes bildet der Imperativ der Harmoniewahrung im menschlichen Miteinander, wobei Harmonie eher mit „Einhaltung von kontextuellen Regeln" zu übersetzen wäre. Ihre Sekretärin handelt also in der Logik ihres eigenen kulturellen Systems absolut richtig. Nur Angehörige aus anderen Kulturen verstehen das unter Umständen nicht und reagieren dann falsch. Wenn Sie in dieser oben geschilderten Situation vielleicht spontan und unreflektiert Ihre Sekretärin zur Rede stellen oder maßregeln, rauben Sie ihr das Gesicht. Sie fühlt sich tief gedemütigt und verletzt. Ihr Verhältnis ist emotional belastet und Sie verlieren vielleicht sogar eine fachlich qualifizierte Angestellte. Solche Missverständnisse mit entsprechend negativen Folgen für beide Betroffene kann man vermeiden, wenn man sich in dieser Frage an einen Experten wenden kann.

Eine zweite Ebene bezieht sich auf die Begleitung in Fragen der Identitätsbedrohung und Persönlichkeitsentwicklung. Wie ich in den Ausführungen zum Kulturschock gezeigt habe, können Erlebnisse mit anderskulturellen Wirklichkeitskonzepten die Identität bedrohen. In asiatischen Gesellschaften haben westliche Menschen oft das Gefühl, ständig belogen und ausgetrickst zu werden. Dies kann zu einer grundsätzlichen Verunsicherung führen bis hin zu einer Abneigung gegenüber „der" Kultur schlechthin. Beides beeinträchtigt die Leistungsfähigkeit. Auch hierzu ein Beispiel:

> Eine deutsche Ingenieurin wurde als Qualitätsmanagerin nach China entsandt. Sie entschied sich aus verschiedenen Gründen nicht in einem teuren Expatriateviertel zu wohnen, sondern in einem rein chinesischen Stadtteil eine Wohnung zu suchen. Deren Standard beschrieb sie zwar mit dem deutscher Wohnungen aus den fünfziger Jahren, aber für sich als akzeptabel. Allerdings wünschte sie sich von der chinesischen Vermieterin noch ein Paar grundsätzliche Reinigungs- und Reparaturleistungen. Meine Kundin lebte bereits in der Wohnung, als die Vermieterin nach wiederholten Aufforderungen endlich die dienstbaren Geister ankündigte. Als die deutsche Ingenieurin am Abend kurz vor 18.00 Uhr nach Hause kam, stellte sie zwar fest, dass einige Mängel beseitigt waren, andere jedoch noch nicht. Sie wies die Vermieterin deshalb darauf hin mit der Bitte, die heute noch zu beheben. Dies sicherte die Chinesin zu, um gleich darauf zu fragen: „Haben Sie heute schon gegessen? Haben Sie schon die köstlichen djiau dsi (eine Art gefüllte Maultaschen) im Restaurant um die Ecke probiert?" Für den weiteren Verlauf zitiere ich die Schilderung meiner Kundin: „Nachdem ich morgens um 9.00 Uhr das letzte Mal etwas gegessen hatte, stimmte ich erfreut und naiv dem Vorschlag zu. Als ich vom Restaurant zurückkam, begegnete mir auf der Straße das Personal der Reinigungsfirma. Die Vermieterin hatte meine Abwesenheit dazu genutzt, die Mitarbeiter aufzufordern, die Arbeiten abzuschließen und zu gehen. Tatsächlich stellte ich auch nach einer kurzen Prüfung in der Wohnung fest, dass noch einiges hätte gemacht werden sollen. Nun hatte ich wieder etwas gelernt. Vorsicht vor gut klingenden Vorschlägen!"

Wenn dies die endgültige Beurteilung des Erlebnisses gewesen wäre, hätte die deutsche Ingenieurin eine falsche Interpretation abgespeichert, wäre freundlichen Ratschlägen wohl grundsätzlich misstrauisch begegnet, hätte vielen Chinesen Unrecht getan und sich wohl insgesamt nicht sehr wohl gefühlt. Natürlich spielt bei der Interpretation von Ereignissen (und deren Sedimentierung als „Erfahrung") in einer anderskulturellen Umgebung nicht nur die eigenkulturelle Brille eine Rolle, sondern auch unsere Persönlichkeitsdisposition. Diese individuelle Art der Weltdeutung entscheidet darüber, ob wir ein Verhalten als neugierig oder an uns interessiert wahrnehmen. Und in einem Coachingprozess können dann andere Sichtweisen angeboten, vielleicht sogar verankert werden, die entlastend wirken. Allerdings zeigt das zitierte Beispiel auch die Grenzen auf.

Wenn in dem oben geschilderten Fall nun eine Erklärung für das Verhalten der Vermieterin erfolgt (Chinesen fühlen sich gegenüber Ausländern oft unterlegen, wähnen sie als reich. Sich denen gegenüber dann den größtmöglichen Vorteil zu verschaffen, gilt oft als „natürlich" und richtig im Sinne einer ausgleichenden Gerechtigkeit), so wirkt dies nur auf der rationalen Ebene entlastend. Wenn ich etwas erklären kann, muss ich es noch lange nicht akzeptieren, geschweige denn mögen. Sehen wir uns an, wie die Geschichte weiterging.

Ich fragte meine Kundin, was sie sich wünsche, was ihr konkret in ihrer Situation helfen würde. „Ganz einfach, ich will, dass die Wohnung endlich geputzt wird. Und das bald und nicht erst in zwei Monaten!" Ich empfahl ein chinesisch-inspiriertes Vorgehen. So rief die deutsche Ingenieurin am nächsten Tag die Chinesin an, um ihr mitzuteilen, sie würde noch einige Expatriates kennen, die ebenfalls an einem Apartment im Haus der Vermieterin interessiert wären. Die möchten sich aber gerne erst ihre Wohnung ansehen und man kenne doch den Sauberkeitsfimmel der Ausländer. Es wäre deshalb gut, wenn die Wohnung noch einmal gründlich gereinigt werde, damit man sie den kritischen westlichen Besuchern präsentieren könne – die im Anschluss dann sicher auch im Haus wohnen möchten. Diese Information führte dazu, dass die Putztruppe umgehend wieder auftauchte. Als mir meine Kundin dies berichtete, fragte ich sie, ob sie nun mit dem Ergebnis ihres kulturangepassten Vorgehens (die eigenen Ziele erreichen, indem man auf den Vorteil für den anderen hinweist und im vorliegenden Fall auf die Geschäftstüchtigkeit der Vermieterin setzen) zufrieden wäre. „Ja, das war gut, aber es ist doch ein Scheißspiel!"

Rationale Erklärung und die daraus abgeleitete Taktik erhalten also oft die Handlungssouveränität. Man ist nicht Spielball des Gegenübers, sondern ebenbürtiger Partner. Ob man allerdings die Vorgehensweise an sich als zulässig wertet und akzeptiert, ist damit nicht selbstverständlich. Dies wird von Person zu Person unterschiedlich sein, ebenso wie die Veränderungsbereitschaft mit Hilfe eines Coachings.

Expatriates nach der Rückkehr: „Im Ausland ein Fürstchen, zu Hause ein Würstchen"?

International tätige Unternehmen verfügen über einen Schatz, den sie oft nicht erkennen, geschweige denn systematisch nutzen. Es ist das Wissen ihrer Mitarbeiter, die als Expatriates in anderen Kulturen wertvolle Erfahrungen und Kenntnisse sammeln konnten. Auch das systematische Managen von Auslandsentsendungen gehört noch nicht zum Standardprogramm westlicher Unternehmen.

Betrachtet man die Kosten und den organisatorischen Aufwand für eine Auslandsentsendung, so erstaunt die Konzeptlosigkeit. Für die Firmen entstehen oft drei Mal höhere Personalkosten als im Inland, wobei man von einem durchschnittlichen Jahresbetrag von 240.000 Euro pro Mitarbeiter ausgeht. Wurden die Mitarbeiter vor ihrer Entsendung oft auch mit dem Hinweis gewonnen, ein Auslandsaufenthalt wirke sich karrierefördernd aus, sei in Zeiten der Globalisierung vor allem für junge Mitarbeiter ein unabdingbarer Bestandteil für eine spätere Führungsfunktion, so erleben die Rückkehrer oft das Gegenteil. 45 Prozent nehmen die gleiche Position im Stammhaus ein wie vor ihrer Entsendung. 25 Prozent erhalten einen Posten, der dem im Ausland entspricht oder höher ist (managerSeminare, 2002, 94). Noch eindrucksvoller ist die Fluktuationsrate der Rückkehrer. Verschiedene Studien belegen, dass bis zum zweiten Jahr nach der Rückkehr bis zu 60 Prozent der Expatriates den Arbeitgeber wechseln. Die Unternehmen leisten sich also oft eine teure Qualifizierung, von denen letztlich die Mitbewerber profitieren.

Was sind die Gründe, die zu diesem Sachverhalt führen? Als wichtigste Ursache für die hohe Fluktuationsrate gilt das Problem, dass die Firmen den Mitarbeitern keine adäquate Anschlussaufgabe anbieten können. Aufgrund der meist leitenden Funktionen im Ausland, erwartet man eine solche Hierarchiestufe auch zurück im Mutterhaus. Mittlerweile übersteigen jedoch in vielen, vor allem mittelständischen Betrieben, die Zahl der Expatriates die der Aufstiegsmöglichkeiten. Und von Seiten der Firmen wird der Auslandseinsatz noch nicht als Bestandteil der Karriereplanung mit entsprechenden strategischen Maßnahmen betrachtet.

Reverse Culture Shock

Ich habe bereits beschrieben, welchen Kulturschock Expatriates bewältigen müssen, wenn sie in eine fremdkulturelle Umgebung entsandt werden. Aber nach ihrer Rückkehr erleben sie ebenfalls große Irritationen, die oft als schlimmer empfunden werden als die Integrationsprobleme im Ausland. Denn unbewusst geht man ja davon aus, in bekannte Strukturen zurückkehren zu können. Dass man sich auch selbst im Ausland verändert hat, neue Erfahrungen gewonnen und Sichtweisen kennen gelernt – vielleicht sogar praktiziert – wird erst nach der Rückkehr klar. Nun empfindet man vielleicht die Methoden und Arbeitskonzepte als fremd; viele Verhaltensweisen in der eigenen Gesellschaft versteht man nicht mehr. Umgekehrt zeigen die Kollegen oder Vorgesetzten weder Interesse noch Verständnis für die Auslandserfahrungen. Man unterstellt den Rückkehrern Realitätsferne oder Arroganz.

Oft genug stimmen die qualitativen Aspekte des Arbeitsstiles nicht mehr überein. Die Aufgaben der Expatriates waren im Ausland notgedrungen umfang- und facettenreich. Sie entwickelten sich zu Generalisten und häufig auch Individualisten. Zurück finden sie nun begrenzte Strukturen und Tätigkeiten, die Spezialisten fordern. Stellenprofil und Mitarbeiterpotential haben sich auseinander entwickelt. Expatriates, die in verschiedenen Ländern der Welt tätig waren, wie zum Beispiel Dieter Hierner, fragen sich deshalb, ob temporäre Entsendungen überhaupt Sinn haben und bei den Strukturen in der Muttergesellschaft und den Problemen der Wiedereingliederung effizient sind: „Vielleicht ist es besser, wenn man eine Art International Staff hat, also Mitarbeiter, die dauerhaft im Ausland eingesetzt werden. Sie können dann ihre Arbeitsweise zum Vorteil des Mutterhauses in unterschiedlichen Ländern oder Kulturen einsetzen", sagt der Mitarbeiter der Deutschen Bank, der in Südafrika, Nigeria und China lebte.

Die Reintegrationsprobleme betreffen nicht nur die Entsandten selbst, sondern auch deren Familienmitglieder. Die Kinder müssen sich an ein anderes Schulsystem gewöhnen. Ehepartner erkennen, dass sie ihre Berufsqualifikationen auffrischen müssen. Expatriatefamilien erleben Stress, den sie im Ausland nicht vermutet hätten.

Maßnahmen zur Nutzung des Rückkehrerpotentials

Ich habe bereits angedeutet, dass auch Auslandsentsendungen systematisch gemanagt werden müssen, Bestandteil einer internationalen Personalpolitik und damit des Cultural Intelligence Konzeptes sind. Folgende Maßnahmen sind sinnvoll:

- Vor der Auslandsentsendung sollte der Expatriate bereits über Tätigkeitsmöglichkeiten nach seiner Rückkehr informiert werden. Für die Unternehmen bedeutet dies auch zu bedenken, dass sich die Anschlussfunktion auf einem höheren Niveau als die bisherige Tätigkeit bewegen muss. Falls diese Möglichkeit nicht besteht, sollte das dem Beschäftigten auch so mitgeteilt werden, damit er eine klare Entscheidungsgrundlage hat. Thomas Dippold, der mit seiner Familie als Expatriate in Singapur lebte, bezweifelt allerdings, dass solche Vorabzusagen in einer schnelllebigen Welt überhaupt möglich sind. „Ein wichtiger Punkt ist ein großes Vertrauensverhältnis zwischen Unternehmen und Expat – Vertrauen, dass man mit all seinen Erfahrungen auch nach der Rückkehr geschätzt wird."
- Dass die Expatriates eine sorgfältige Vorbereitung auf ihre Aufgabe erhalten müssen, habe ich bereits dargestellt. Einige Unternehmen wie Daimler, Bosch oder Degussa plädieren für die Begleitung durch einen Mentor für den Expatriate. Dieser sollte selbst über Auslandserfahrungen verfügen und in der Firmenhierarchie über dem entsandten Mitarbeiter stehen. Er fungiert als eine Art Brücke zwischen dem Expatriate und der Zentrale. Für Fragen, die im Aufgabenfeld der Auslandstätigkeit auftauchen, ist er beratend tätig und vermittelt gleichzeitig die Entwicklungen in der Mutterfirma. Katja Dippold, die mit ihrem Mann und ihren Kindern in Singapur lebte, betont die Notwendigkeit, dass auch die Ehefrauen in die Vorbereitung einbezogen werden. „Die Frauen müssen oft ihr Leben völlig umstellen, denn im Ausland lastet die Familienarbeit komplett auf ihnen. Ihre Hauptaufgabe ist es, dem Mann den Rücken frei zu halten. Funktioniert dies nicht, so ist der Auslandsaufenthalt eine Qual für alle Beteiligten und die Rückkehr ein Desaster."

▶ Damit die Aus-den-Augen-aus-dem-Sinn-Gefahr gemindert wird, gleichzeitig die Verbindung des Expatriates nach Hause nicht abbricht, sind regelmäßige Heimatflüge erforderlich. Wenn allerdings empfohlen wird, dass die Entsandten im Ausland vorwiegend deutsche Fernsehprogramme und Zeitungen konsumieren sollen (managerSeminare, 2002, 95), dann stellt sich mir die Frage nach dem Sinn solcher Aussagen. Es ist ja zunächst einmal wichtig für den Erfolg, dass die Mitarbeiter in die neue Kultur eintauchen, um deren innere Logik zu verstehen und in ihren geschäftlichen Entscheidungen zu berücksichtigen. Dass dies in vielen Fällen nicht geschieht, weil Expatriates in ihren Ghettos leben und vielleicht tatsächlich nur die Medien ihrer Herkunftsländer konsumieren, zusammen mit anderen westlichen Entsandten eine Expatriatecommunity bilden, ist ja gerade der Grund für einen Auslandsaufenthalt light, der dann aber auch nicht zur Entwicklung von interkultureller Kompetenz oder landesspezifischen Kenntnissen führt.

▶ Die Unterstützung der Rücksiedelung durch eine Relocationagentur sind Maßnahmen, die auf der organisatorischen Ebene Erleichterungen schaffen. Manche Firmen bieten auch Unterstützung für die Ehepartner zum Beispiel bei der Suche einer neuen Arbeitsstelle an.

▶ Rückkehrerworkshops sind der erste Schritt, damit die Expatriates ihre Erfahrungen verarbeiten und eine Neuorientierung im Unternehmen entwickeln können. Darüber hinaus sollten die Firmen jedoch dafür Sorge tragen, dass eine systematische Erfassung, Auswertung und Dokumentation der Expatriateerfahrungen erfolgt, damit deren individuelles Wissen die firmeninterne Kompetenz vergrößert. Damit sind andere Kollegen in der Lage, im Bedarfsfall auf Informationen zurückzugreifen; in größeren Firmen kann man dies auch in Form eines Expatriate-Intranetpools nutzen. Ich bin immer wieder erstaunt, wie wenig dieses firmeneigene Wissen genutzt wird, wie wenig ausgeprägt auch die Kommunikation zwischen Unternehmensbereichen ist. Es sind oft sehr profane Dinge, über die man sich nicht austauscht. Ich erinnere mich an einen Fall, in dem ein chinesischer Angestellter die deutsche Firma betrügen konnte, weil er zu hohe Lohnzahlungen für die Mitarbeiter in der Produktion vortäuschte. Hätten sich die Deutschen der verschiedenen Niederlassungen in China über das Lohniveau in den jeweiligen Regionen ausgetauscht, wären sie sicher eher auf diesen Sachverhalt aufmerksam geworden. Aber auch für weitere Strategieentscheidungen, der Einschätzung der Marktentwicklung oder die Entwicklung von Werbemaßnahmen ist dieses Wissen hilfreich. Ich weiß, dass es bei BMW viele asienerfahrene Führungskräfte gibt. Umso mehr erstaunt dann zum Beispiel eine Werbung von BMW in China, in der schwitzende Läufer neben einer Luxuslimousine her rannten. Körperlicher Schweiß und Nobelauto sind Bilder, die sich im Wertesystem der Chinesen ausschließen. Dass die Werbung ein Flop war, muss nicht erwähnt werden.

▶ Expatriates werden in manchen Firmen auch als Länderreferenten oder Trainer im Rahmen von interkulturellen Trainings eingesetzt. Hier möchte ich noch einmal darauf hinweisen, dass ein Auslandsaufenthalt nicht automatisch mit der Entwicklung von Kulturkompetenz einhergeht. Es gibt Expatriates, die sich intensiv mit einer anderen Kultur auseinandersetzen, sich viel Landeswissen aneignen, ihre eigenen kulturellen Prägungen reflektieren. Aber es gibt auch die Fälle, in denen das nicht der Fall ist. Egal, ob man in der Expatriate-Community von Brasilien, Indien oder der Türkei lebt. Man pflegt in einer internationalen Gemeinschaft seinen internationalen Lebens- und Konsumstil und das einzige, was stört, sind die Einheimischen. Über die schimpfen dann die Ehefrauen, wenn sie sich über ihre Haushaltshilfen austauschen. Und die berufstätigen Ehemänner klagen gemeinsam über die Unfähigkeit der einheimischen Mitarbeiter. Im Gepäck haben solche Menschen nach ihrer Rückkehr Vorurteile und Halbwahrheiten. Es ist fatal, wenn solche Informationen dann die Basis für zukünftige Expatriates oder firmeninterne Strategieentscheidungen darstellen. Die Verantwortlichen in den Unternehmen müssen also sehr genau prüfen, mit welcher Art Rückkehrer sie es zu tun haben. Und dass nicht jeder Expatriate automatisch ein guter Trainer oder Vermittler ist, sollte ebenfalls klar sein. Als ich einmal einen profunden Asienexperten in einer Firma fragte, warum er nicht selbst die Vorbereitung der Mitarbeiter übernähme und ich (dankenswerter Weise) einen entsprechenden Auftrag erhielt, antwortete er: „Etwas gut zu können, heißt noch lange nicht, es auch gut vermitteln zu können". Eine sinnvolle Kombination – bei entsprechenden Voraussetzungen – ist die Einbindung des Expatriate-Wissens bei einem interkulturellen Training zusammen mit einem externen Trainer. Hier ergänzen die firmenrelevanten und -spezifischen Länderkenntnisse die grundsätzlichen Informationen über die andere Kultur. So wird nicht nur die Entwicklung konkreten Handlungswissens unterstützt. Die betroffenen Mitarbeiter kennen auch den Kollegen, an den sie sich für zukünftige Fragen wenden können.

Hol- und Bringschuld

Grundsätzlich gehört ein (pro)aktives Management von Auslandsentsendungen zum Aufgabengebiet internationaler Personalarbeit. Die Firmen haben hier eine Bringschuld. Allerdings ist auch die Holschuld der Expatriates gefordert. Sie sind es, die vor Ort erleben, welche unterstützenden Maßnahmen ihre Arbeit erleichtern würde. Den Personalverantwortlichen, die oft genug nur im Mutterhaus verbleiben, sind die Probleme häufig gar nicht bewusst. Deshalb gehört es zur Aufgabe der Expatriates, entsprechende Unterstützung – auch mit Hilfe eines eventuellen Mentors – anzufordern. Und natürlich müssen sie aktiv in der Formulierung eigener, zukünftiger Tätigkeiten sein. Das kann dann unter Umständen zur Schaffung einer neuen Funktion führen. Wenn zum Beispiel der Auslandsentsandte einer deutschen Bank in China erkennt, wie wichtig es ist, Informationen koordiniert an die Kundenbetreuer in Deutschland weiterzugeben, damit diese fachkundig und tagesaktuell ihre Unternehmenskunden beraten können, dann endet dies in der Etablierung eines Center of Competence for China. Aufgrund der Initiative des Rückkehrers gewinnt die Bank einen Wettbewerbsvorteil. Dieses Beispiel macht klar, dass es zur produktiven Nutzung von Auslandserfahrung zwei Seiten bedarf. Einen aktiven Expatriate und aufgeschlossene Vorgesetzte.

Cultural Diversity

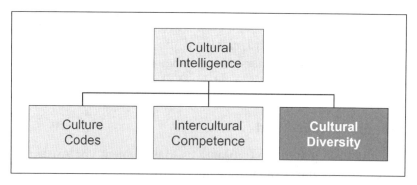

Die dritte Komponente des Cultural Intelligence Instruments ist Cultural Diversity. Durch sie sollen die Chancen genutzt werden, die sich durch die (erzwungene oder freiwillige) internationale Zusammenarbeit von Menschen ergeben. Dass auch hier die Praxis etwas diffiziler ist, als dies in Sonntagsreden über Synergieeffekte und ähnlichem dargestellt wird, möchte ich im Folgenden aufzeigen.

Cultural Diversity: die geleugnete Realität

Deutschland hat sich lange geweigert, Zuwanderer (und damit kulturelle Vielfalt) als Teil der gesellschaftlichen Realität zu akzeptieren. Als man nach dem Zweiten Weltkrieg Arbeitnehmer aus den südlichen europäischen Ländern anwarb, deutete bereits die Bezeichnung für sie darauf hin, wie man sie sah: Sie waren Gastarbeiter. Wie es der Name schon sagt, erwartet man von Gästen einen zeitlich begrenzten Aufenthalt. Nachdem der wirtschaftliche Nutzen für beide Teile erfüllt ist – für die Betriebe die Arbeitskräftefrage, für die Gastarbeiter die Einkommensquelle – sollen sie in ihre Heimat zurückkehren. So lebte die erste Generation ausländischer Arbeitnehmer weitgehend unter sich in ihren jeweiligen Herkunftsmilieus. Ihre Tätigkeit beschränkte sich zumeist auf un- und angelernte Tätigkeiten. Den Kollegen Giuseppe, Ali oder Demetrios traf man auf der Arbeit, wunderte sich vielleicht über sein exotisches Pausengericht. Der Mulitkulturalismus Deutschlands fand auf dem Teller statt. Der Besuch italienischer, griechischer, spanischer oder türkischer Restaurants stellte den Gipfel der Annäherung an das Fremde dar.

Die Kohl-Jahre in der Bundesrepublik waren in diesen Themen geprägt durch die Diskussion über eine deutsche Leitkultur sowie die Bedrohung des Abendlandes durch den Islam. Hatten sich Zuwanderer christlichen Glaubens äußerlich unauffällig in die deutsche Gesellschaft eingewebt, so war dies mit muslimischen Arbeitnehmern aus der Türkei, dem Iran oder Tunesien anders. Vor allem die Forderung nach dem Bau von Moscheen, dem Tragen eines Kopftuches im Schuldienst zeigte die Grenzen deutscher Toleranzbereitschaft auf. „Für die Konservativen war damals die Wahrnehmung Deutschlands als multikulturelle Gesellschaft gleichbedeutend mit der Einwilligung in eine Islamisierung und der Aufgabe christlicher Werte.", stellt die türkischstämmige Juristin Seyran Ates in ihrem Buch „Der Multikulti-Irrtum" fest (Ates, 13).

Parallel dazu wurde die multikulturelle Gesellschaft von linken oder alternativen gesellschaftlichen und politischen Gruppen gefeiert. Wähnte man bei den konservativen Kräften zuallererst Bedrohung und Überfremdung, so neigten die Anderen zu einer unkritischen Euphorie gegenüber allem, was anders war als die deutsche Leitkultur. Du Ausländer – du gut! Die multikulturelle Vision feierte sich in Stadtteilfesten, Trommel- und Bauchtanzkursen. Seyran Ates sieht diese Ideologisierung des Gedankens einer multikulturellen Gesellschaft als einen Grund dafür, dass unterschiedliche Ethnien in Deutschland nach wie vor nebeneinander her und somit aneinander vorbei lebten. Auch hier gäbe es keine produktive Lösung für die Frage, wie man ohne Assimilierung oder der Aufgabe eigener Identität zusammen leben und arbeiten könne. Als Multikulti-Fanatiker bezeichnet sie deshalb diese Vertreter.

> „Sie vertreten sie (Anm: Idee der multikulturellen Gesellschaft) mit missionarischem Eifer, sind blind gegenüber der Realität und reagieren auf Zweifel und abweichende Meinung mit rüder Intoleranz." (Ates, 14)

Bis heute können wir festhalten: Deutschland hat sich als eines der wenigen westlichen europäischen Länder nicht mit einer qualifizierten Einwanderung beschäftigt oder beschäftigen müssen. In deutschen Vorstandsetagen, Rechtsanwaltsbüros oder Arztpraxen sind Menschen mit Migrationshintergrund die Ausnahme. Anders ist dies in Frankreich, England oder den skandinavischen Ländern. Aber auch dort flammen immer wieder fremdenfeindliche und rassistische Bewegungen auf. Morde und Anschläge islamischer Terroristen tragen ebenfalls nicht zu einer Entspannung der Debatte bei.

Lange Zeit prägte eine paradoxe Situation viele europäische Länder. In der Gesellschaft, in Fußballvereinen oder in den Unternehmen gehörte kulturelle Vielfalt zur Normalität. Allerdings wurden die Konsequenzen dieser Tatsache für das Individuum meist ausgeblendet. Denn die meisten Menschen nahmen die Mannigfaltigkeit als Fremd-Artigkeit wahr, die ihnen Angst machte. Vor allem fehlten Maßnahmen und Konzepte, die bei den betroffenen Menschen die Entwicklung eines notwendigen Identitätsmanagements unterstützte. Vereinfacht ausgedrückt: wie schafft es ein im christlichen Abendland sozialisierter Mensch, dass er nicht nur im Entweder-Oder-Denken des Christentums Sinn und Sicherheit findet, sondern die Vorteile eines Sowohl-Als-Auch-Konzeptes erkennt?

Diese Aufgabe stellte sich nicht nur für die internationale Zusammenarbeit in Unternehmen. Auch in den (Grund- und Haupt-) Schulen oder in Vereinen fordert die Realität eine Anpassung der Definition des eigenen Selbst in einer globalen Welt.

Fremdheitserfahrungen multiplizieren sich

In den 80er und 90er Jahren erweiterten sich die Fremdheitserfahrungen vor allem im Geschäftsleben. Nun rückten mit den asiatischen Ländern, allen voran Japan, Taiwan und Südkorea, später auch China und Indien, Kulturen in den Erfahrungsalltag, denen man den Status der Exotik zuerkannte. Nicht nur aufgrund der völlig anderen (Zeichen-)Sprache, sondern auch im äußeren Verhalten der neuen Geschäftspartner wurde klar: Die sind wirklich anders!

Die Auseinandersetzung mit diesem Fremden reichte von Faszination der Exotik, dem Berauschen an dem Geheimnisvollen, der Übernahme von Design- oder Ernährungsstilen bis hin zum Bedrohungsaspekt der gelben Gefahr. Wie ich bereits erläuterte, versuchte man die zunehmende Komplexität im Rahmen der Globalisierung auch mit Begriffen wie dem des „globalen Dorfes" zu neutralisieren (siehe Kapitel 2).

Die westlichen europäischen Gesellschaften mussten erkennen, dass auch für sie das Zeitalter der nationalen, ethnisch und kulturell homogenen Gesellschaften vorbei war. Vor allem das Begriffspaar Ethnie und Nation wurde aufgrund zunehmender Wanderungsprozesse faktisch entkoppelt. In Deutschland haben 45 Prozent der Muslime auch die deutsche Staatsbürgerschaft.

Die Politik bot je nach Coleur mit Migrations- oder Integrationsbeauftragen ein Programm für innergesellschaftliche Fragen. In den Unternehmen versuchte man mit dem Konzept des Diversity Managements auf die zunehmende Vielfalt der Belegschaft zu reagieren.

Die Charta der Vielfalt

Über 600 bundesdeutsche Unternehmen (Stand 6/2009) haben sich mittlerweile durch die Unterzeichnung der Charta der Vielfalt verpflichtet, die Nutzung geschlechtlicher, ethnischer oder religiöser Diversität im Unternehmen zur Managementaufgabe zu machen.

> „Die ‚Charta der Vielfalt' ist ein grundlegendes Bekenntnis zu Fairness und Wertschätzung von Menschen in Unternehmen. Durch die Unterzeichnung verpflichten sich Unternehmen ein Arbeitsumfeld zu schaffen, das frei von Vorurteilen und Ausgrenzung ist. Es soll eine offene Unternehmenskultur etabliert werden, die auf Einbeziehung und gegenseitigem Respekt basiert. Und es geht darum, unterschiedliche Talente in der Belegschaft und im Arbeitsfeld zu erkennen und einzubeziehen, um letztlich die Kundschaft optimal bedienen zu können."
> (siehe www.charta-der-vielfalt.de)

Deutlich wird: es geht – zumindest vom Anspruch her – nicht mehr nur um die Reduktion von Konflikten zwischen Mitarbeitern oder um ein friedliches Arbeitsklima. Es geht auch darum, die in den Unternehmen vorhandene Verschiedenartigkeit als Reichtum zu begreifen und wirtschaftlich zu nutzen. Sei es im Kampf um die besten Köpfe bei den Mitarbeitern oder bei der Sicherung neuer Absatzchancen. Die auch kulturell bedingten, mannigfaltigen Bedürfnisse der Kunden sollen ebenso bedient werden wie die von Geschäftspartnern.

Wie die Firmen ihr Diversity Management gestalten, entscheiden sie selbst. Diversity Beauftragte entwickeln Prozesse zur Gleichstellung von weiblichen und männlichen Arbeitnehmern, initiieren Mediationsmaßnahmen bei Konflikten in gemischt-kulturellen Arbeitsgruppen etwa in der Produktion oder die Entwicklung neuer Produkte und Dienstleistungen. Ursula Schwarzenbart, Diversity Beauftragte des Daimler Konzerns, betont in einem Interview, man sähe die Unterschiedlichkeit und Vielfalt der Belegschaft im Konzern mit 120 Nationalitäten als großes Potential und wolle weg vom alten, kulturell-vorurteilsbeladenen Schubladendenken.

> „Das Ziel lautet, noch schneller dafür zu sorgen, dass wir die Vielfalt bekommen, die wir brauchen, um unsere Wettbewerbsfähigkeit langfristig abzusichern. Bei uns im Unternehmen gibt es einen regelrechten Hype: Diversity Management wird als wichtiges Instrument angesehen, um den notwendigen Kulturwandel zu beschleunigen." (Süddeutsche Zeitung, 6.10.08).

Der Fokus ist neu. Man konzentriert sich nicht mehr nur auf die die Beseitigung von Defiziten (zum Beispiel mangelnde Harmonie oder Loyalität in gemischt-kulturellen Teams). Es geht nun nicht mehr um die edel-menschlichen Forderungen nach Offenheit und gegenseitigem Respekt. Deutlich weisen die Unternehmen auf die wirtschaftlichen Chancen hin, die eine Anerkennung der multikulturellen Realität in ihren Büros und Fabrikationshallen beinhaltet. Vielfalt schlägt Einfalt. Dies ist nicht nur ein Wortspiel, sondern vor dem Hintergrund einer globalen Wirtschaft ein betriebswirtschaftlich messbarer Leverage-Effekt.

Diversity Management – praktische Beispiele

Um zu zeigen, wie Unternehmen Diversity-Prozesse umsetzen, veröffentlichte die Bertelsmann Stiftung im Jahr 2008 ausgewählte Praxisbeispiele.

Noch einmal muss betont werden, dass sich kulturelle Diversität nicht alleine auf die unterschiedliche ethnische oder nationale Herkunft bezieht, sondern auch die Komponenten Geschlecht, Religion, Alter oder sexuelle Orientierung umfasst. Demzufolge ist es sehr unterschiedlich, welchen Aspekt die Unternehmen gezielt verfolgen. Interessant sind auch die Vergleichszahlen zur praktischen Umsetzung von Cultural Diversity und deren Verankerung in den Unternehmensstrukturen. Demnach würden nur 44 Prozent der deutschen Unternehmen diese Möglichkeiten nutzen, 75 Prozent der europäischen Firmen und 92 Prozent der US-amerikanischen Betriebe. (31)

Antidiskriminierungs-Commitments

Für viele Firmen gehört es zur Unternehmenskultur, dass sich die Mitarbeiter gegen Diskriminierungen aller Art aussprechen und sich zu gegenseitiger Toleranz und Offenheit auffordern. Dies kann dann praktisch dazu führen, dass man zum Beispiel Tarifverträge hinsichtlich versteckter Benachteiligung durchforstet und diese öffentlich macht.

Nutzung von Mitarbeiterwissen – Ethnomarketing

Hier wird das Wissen von Menschen mit Migrationshintergrund genutzt, um zielgruppenspezifische Produkte oder Dienstleistungen zu entwickeln.

- Das Catering Unternehmen *Aramark* zitierte als Beispiel für die Realisierung von Cultural Diversity, dass man eine thailändische Mitarbeiterin einstellte, die für das Kundenangebot eine authentische Soße entwickelte.
- In Deutschland ist die größte Konsumentengruppe die der türkischen Bewohner. Deren Ernährungsgewohnheiten und Speisetabus berücksichtigte man zum Beispiel in einem Angebot für Kantinenessen, was nach Auskunft von *Aramark* zu einer Umsatzsteigerung von 10 Prozent führte.
- E-Plus hat mit *Ay Yildiz* ein Mobilfunkangebot mit spezieller Ausrichtung auf die Nutzungsgewohnheiten türkischer Konsumenten entwickelt. Von Philosophie, über Marketing- und Handelsaktivitäten bis hin zum Mitarbeiterstamm sei alles „türkisch geprägt". Mit den potentiellen Kunden kommuniziert man bilingual, berücksichtigt in der Werbung türkischen Humor und erzielt mit speziellen Tarifangeboten eine hohe Kundenbindung.
- Auch die Deutsche Bank möchte mit ihrem Angebot Bankamiz kundennahe Dienstleistungen anbieten, deren Produkte auf die Bedürfnisse der türkischen Kunden zugeschnitten sind. Eine spezielle Hotline soll die Fragen türkischer Interessenten beantworten. Als Bank nimmt man an kulturspezifischen Veranstaltungen und Feiertagen der türkischen Bewohner teil. Mit ihrem Arbeitsplatzangebot speziell für türkische Mitarbeiter möchte die Deutsche Bank auch ein Signal setzen zum Zwecke der Eingliederung „Wir sind angekommen in Deutschland".

Antidiskriminierung und Gleichstellung

Die Deutsche Telekom möchte in ausländischen Niederlassungen zum Abbau von Rassendiskriminierung und Chancengleichheit von Frauen beitragen. Deshalb förderte sie in Südafrika ein IT – Unternehmen, das schwarze Frauen führen. Sie können auch Anteilseignerinnen werden.

Es ließen sich noch eine Vielzahl von Maßnahmen zitieren, die im Rahmen von Cultural-Diversity-Programmen in den Unternehmen durchgeführt werden. In vielen Projekten dominieren die Themen Alter und Geschlecht. In Bezug auf die Projekte, die das Thema internationalen Teams fokussieren, erstaunt mich, wie lange es dauerte, bis die Firmen ihr internes Potential erkannten. Eine ethnische Identität zwischen einer Konsumenten-Zielgruppe und den sie betreuenden Mitarbeitern oder ein multilingualer Service sollte eigentlich eine Selbstverständlichkeit sein. Allzu oft wird das Managementkonzept wohl auch unverbunden praktiziert.

> „Diversity lässt sich indes nicht als Insellösung realisieren. Erst wenn der Grundgedanke in allen Personalprozessen und der Unternehmenskultur integriert ist, gelingt es, die Leistungen aller Beschäftigten bestmöglich einzubinden und alle Marktpotenziale erfolgreich zu nutzen.", heißt es richtigerweise auch im Bericht der Telekom (Bertelsmann 2008, 40).

Dass dem nicht so war und auch heute in vielen Fällen noch nicht so ist, verweist auf die Qualität, mit der auch das Thema Cultural Diversity bisher bearbeitet wurde.

Beyond Multiculturalism?

Wir leben zwar in einer Gesellschaft, in der viele Milieus multikulturell geprägt sind, aber wir sind uns der Konsequenzen nicht bewusst. „Beyond Multiculturalism? Fragen an die Einwanderungsgesellschaft" war der Titel eines internationalen Kongresses, der im Haus der Kulturen in Berlin vom 4. bis 6. Juni 2009 stattfand. Yasemin Soysal äußerte hier die These, dass in Europa Mulitkulti keine Herzensangelegenheit sei. In Europas Schulbüchern, die sie untersucht hatte, werde zwar durchgängig eine offene, vielfältige, kosmopolitische Gesellschaft gepredigt, aber den Alltag beherrschen Debatten über die christliche Identität und die Leitkultur. Gemeinsamkeiten würden im Rahmen einer transnationalen

Normativität durch die EU Organe oktroyiert, kämen also nicht aus dem Inneren der jeweiligen Gesellschaften. Eine konsequente Beschäftigung müsse sich den Spannungen stellen, die das Zusammenleben von Menschen mit unterschiedlichem kulturellem Hintergrund beinhalte. Stattdessen herrsche weiterhin ein struktureller Rassismus sowie eine soziale Ordnung, die auf die Herrschaft einer bestimmten Ethnie ausgerichtet sei.

Steven Vertovec prägte den Begriff der Super Diversity. Seiner Meinung nach erfasst der Terminus „multikulturell" nicht mehr die Komplexität der heutigen Zuwanderungsgesellschaften. Er gehöre in den Migrationsprozess der fünfziger und sechziger Jahre. Heute kämen Einwanderer aus den unterschiedlichsten Gründen (Flüchtlinge, Studenten, Arbeitnehmer). Es gäbe eine Vielzahl von Aufenthaltsgenehmigungen und Arbeitsberechtigungen. Super Diversity beinhalte zudem, dass Ethnie nur eine von vielen Variablen sei, mit Hilfe derer man die Menschen beschreiben könne. Auch in der Gruppe der Zuwanderer existierten völlig unterschiedliche Milieus aufgrund von Wertvorstellungen, Traditionsbewusstsein, Kosmopolitismus oder Konsumverhalten. Diese Milieus unterminierten oftmals die Kategorie der Ethnie und wären für die Identität weitaus wichtiger als die eigentliche Herkunft. Der Begriff der Super Diversity drücke aus, dass es sich um viele unterschiedliche Individuen unter einem großen Dach handele.

Eine traurige Bestätigung dieser Thesen stellt die Ermordung der 31jährigen ägyptischen Apothekerin Marwa el-Sherbini durch einen 28jährigen arbeitslosen Russlanddeutschen am 1. Juli 2009 in Dresden dar. In Ägypten wertete man diese Tat als Ausdruck des Bruchs zwischen dem Westen und der islamischen Welt, es kam zu Demonstrationen. Das Opfer wurde im Volksmund zur „Kopftuchmärtyrerin" erklärt. Der ägyptische Schriftsteller und Zahnarzt Alaa Al-Aswani fragte in seinem Beitrag in der Süddeutschen Zeitung am 10.7.09 „Hasst der Westen den Islam?" Dass diese Tragödie differenziert betrachtet auf ein vielschichtigeres Problem hinweist, machte der Journalist Adrian Kreye in seinem Bericht am 14.7.09 deutlich:

> „Es ist ein Kampf ganz anderer Kulturen, der in Europa noch kaum beachtet wird, und der doch die Debatten um den Multikulturalismus auch in Frage stellen kann." (SZ, 14.7.09, 9)

Bei genauerem Hinsehen finden wir nämlich genau die von Vertovec getroffenen Milieu-Unterschiede, die sich auch innerhalb jeweiliger kultureller Gruppen bilden. Marwa el-Sherbini und ihr Mann, ein Genforscher, waren keine Einwanderer, sondern Vertreter einer internationalen Wissenschaftsszene in Dresden. Ihr Mörder, ein Russlanddeutscher, lebte erst seit sechs Jahren in Deutschland, verbrachte also den Großteil seines Lebens in der Nähe des Ural in Russland.

> Er „... verdankt seine deutsche Staatsangehörigkeit einem Historismus, der der Eingemeindung von Russlanddeutschen seit fünfzig Jahren in der Immigrationsfrage eine Ausnahmestellung gewährt, die aber keineswegs einen Platz im deutschen Wohlstand garantiert." (Kreye, 9)

In vielerlei Hinsicht treffen also „vollkommen fremde Kulturen" auf einem Spielplatz in Dresden aufeinander. Die beiden Menschen gehören nicht nur unterschiedlichen Ethnien an, sondern eben auch aufgrund ihrer Bildungs- und Einkommensverhältnisse unterschiedlichen Milieus. Sozialneid und dumpfer Antiislamismus bildeten ein explosives Gemisch. Nachdem Marwa el-Sherbini Axel W. gebeten hatte, eine Schaukel für ihren Sohn freizugeben

> „... beschimpfte der Russlanddeutsche die junge Frau als Islamistin, Terroristin und Schlampe, weil sie nach islamischem Brauch ein Kopftuch trug. Marwa el Sherbini zeigte Axel W. an, der in erster Instanz zu 780 Euro Geldstrafe verurteilt wurde. Am 1. Juli ging der Fall in Berufung. Während der Verhandlung zog Axel W. ein Messer, stach 18 Mal auf die Frau ein. Als ihr Mann versuchte, dazwischen zu gehen, wurde er mit drei Stichen lebensgefährlich verletzt."

In ägyptischen Medien und damit der Öffentlichkeit bleibt die Schlagzeile hängen: „Ägyptische Moslemin von einem Deutschen im Gerichtssaal erstochen". Man wertet den Vorfall als Beweis des blinden Hasses auf die moslemische und arabische Welt. Wir können uns nur fragen, wie viele andere Beispiele es bereits gab, die in umgekehrter Weise vom Westen falsch interpretiert wurden und zu entsprechenden Vorurteilen führten. Alaa Al-Aswani ist der Überzeugung:

> „Selbst wenn die Politik und die Medien des Westens von Vorurteilen gegen uns bestimmt werden, gibt es Millionen ganz normaler Westler, die den Islam weder mögen noch hassen, ganz einfach, weil sie nichts über ihn wissen." (SZ, 10.7.09, 10)

Wenn in Unternehmen Menschen aus unterschiedlichen Kulturen aufeinander treffen, dann müssen Geschichten wie die von Marwa el-Sherbini erzählt werden, um die Bilder, die wir im Kopf über „die" andere Kultur haben, zu relativieren. Nur so können wir bei uns selbst störende Vorurteile aufbrechen.

Folgen für das Cultural-Diversity-Instrument

Diese Bestandsaufnahme macht deutlich, dass die praktische Umsetzung eines Cultural-Diversity-Managements nicht einfach ist. Die kulturelle Vielfalt – und nur auf diesen Aspekt möchte ich mich im Nachfolgenden konzentrieren – bedeutet ja nicht, dass sich klar abgrenzbare und homogene Entitäten in einer Arbeitsgruppe gegenüberstehen. Die kulturellen Unterschiede differenzieren sich zusätzlich in individuelle, höchst heterogene Melangen aus. Darin können sehr wertvolle, ungewöhnliche Potentiale enthalten sein. Hauptaufgabe eines gelungenen Diversity Managements ist es deshalb, Bedingungen zu schaffen, unter denen alle Beschäftigten ihre Leistungsfähigkeit, aber auch -bereitschaft, entfalten können. Oder anders ausgedrückt: die Beteiligten müssen die Chance erhalten, dass sie ihr Leistungspotential demonstrieren können. Cox Taylor, ein Pionier in Sachen Cultural Diversity, antwortet auf die Frage, wie dies möglich sein könne

> „… I believe the key is to create a team environment in which the potential problems of diversity are minimized while the potential benefits are unleashed." (Bertelsmann 2008, 24)

So richtig, so schwierig.

In seiner viel beachteten und preisgekrönten Dissertation mit dem Titel „Training für multikulturelle Teams" wertete Jonas F. Puck auch viele wissenschaftliche Studien aus, die sich mit den Rahmen- und Erfolgsbedingungen multikultureller Teams beschäftigen. Er zeigt auf, wie viele Variablen abgestimmt sein müssen, damit sich diese Ressource für die Unternehmen oder Projekte gewinnbringend auswirkt. Einige von diesen Faktoren werden in meine späteren Überlegungen einfließen. Relativierend stellt Puck grundsätzlich fest:

> „Interkulturalität im Team kann bei einigen Aufgabentypen von Vorteil, bei anderen eher ein Nachteil sein." (32)

So würde sich eine Teamheterogenität positiv auf die Leistung bei Kreativitäts- und Entscheidungsfindungsaufgaben sowie bei vielschichtigen und komplexen Projekten auswirken. Negative Wirkungen beobachte man hingegen bei Produktionsteams und stark strukturierten Aufgaben (32). Und natürlich hänge es von vielen äußeren Bedingungen ab, die Synergieeffekte hemmen oder fördern könnten (30 ff.).

Grundsätzlich müssen wir uns fragen, ob viele der bisherigen Projekte im Rahmen eines Vielfaltsmanagements wirklich Diversity konsequent umsetzten. Denn dies, so meint Wolf Lotter, stelle alles in Frage: „Hierarchien, Privilegien und simple, alte Denkmuster" (Lotter, 2009, 15). In der Praxis würden die dann aber meist geschützt werden. Man fordere von den Beteiligten Anpassungsleistungen an die Organisation.

Maßnahmen und Projekte, die sich auf multikulturelle Zusammenarbeit beziehen, müssen sich meiner Meinung nach folgende Fragen stellen:

▷ Gibt es tatsächlich das Bewusstsein von gleichberechtigten kulturellen Konzepten oder wirkt unausgesprochen ein Dominanzanspruch? Yasemin Soysal weist mit ihrem Begriff des strukturellen Rassismus auf diese Gefahr hin.
▷ Soll sich ein Miteinander nach unseren Vorstellungen der Kooperation entwickeln?
▷ Entsprechen die Inhalte unserer Firmenkultur den Vorstellungen unserer anderskulturellen Mitarbeiter? Oder erwarten wir, dass sie sich als Angestellte diesen Grundsätzen unter zu ordnen haben?
▷ Oder noch schärfer formuliert: bieten die Cultural-Diversity-Projekte wirklich die Chance, dass alle Mitglieder in internationalen Teams über eine Lösung (in Bezug auf Arbeitsorganisation, Produktentwicklung, Marketingmaßnahmen) verhandeln können oder kann dies nur in einem implizit vorbestimmten Rahmen erfolgen?

Inhalte eines Cultural-Diversity-Konzeptes als Bestandteil von Cultural Intelligence

Wenn ich im Folgenden meine Vorschläge für die Umsetzung eines Cultural-Diversity-Konzeptes als Bestandteil des Cultural Intelligence Instrumentes darstelle, dann resultieren diese Anforderungen vor allem aus meinen praktischen Erfahrungen in der Firmenarbeit. Wir wissen, dass Papier geduldig ist und auch die Präsentation eines Diversity-Konzeptes den Anforderungen einer geschickten Public-Relation Kampagne entsprechen kann – weniger der Firmenrealität. Auch wenn es nach der Lektüre fachlicher Publikationen zum Thema internationale Teambildung oder Nutzung von Synergieeffekten in multikulturellen Gruppen scheint, als seien manche der nachfolgenden Aussagen Selbstverständlichkeiten, möchte ich betonen: wir befinden uns auf der Ebene der Unternehmenspraxis noch am Anfang eines Prozesses, der die Chancen multikultureller Manpower in den Betrieben nutzt! Welche Bedingungen müssen Unternehmen also schaffen, damit sie wirklich ihre innewohnenden Kapazitäten aktivieren können?

Anforderung 1: Die Existenz unterschiedlicher Stärken anerkennen!

Auch wenn jede Sonntagsrede und jede Publikation zum Thema die unterschiedlichen Stärken unterschiedlicher kultureller Konzepte preist – oft genug bleibt schon dieses Bekenntnis Theorie.

Ich möchte dies konkret an einem Beispiel illustrieren. Internationale Arbeitsgruppen finden sich ja nicht aufgrund des Gedankens von Völkerverständigung zusammen, sondern aus wirtschaftlichen Gründen im Rahmen der Globalisierung, der internationalen Arbeitsteilung oder Forschungsprojekten. Eine zentrale und grundsätzliche Frage ist die des Arbeitsstils, den man als erfolgsversprechend für das Ziel betrachtet. Westliche Menschen glauben aufgrund ihrer erfolgreichen wirtschaftlichen und technischen

Leistungen in den letzten zwei Jahrhunderten selbstverständlich an eine nahezu natürliche Überlegenheit ihres Denkens, Arbeitsstils, ihrer Unternehmensorganisation, ganz zu schweigen von den Werten, denen sich westliche Unternehmen verschrieben haben. Aber auch, wenn es zu Firmenfusionen zwischen westlichen Firmen kommt, scheitern diese manchmal aufgrund von Machtkämpfen, die man dann in den Terminus „nicht kompatible Unternehmenskulturen" verkleidet. Es gibt bekannte Beispiele wie BMW und Rover, Daimler und Chrysler und viele andere, die es nicht in die Schlagzeilen der Wirtschaftsmagazine geschafft haben. Bei Daimler und Mitsubishi gingen die deutschen Manager selbstverständlich davon aus, dass sie ihre Unternehmenskultur erfolgreich übertragen können. In manchen Interviews zeigten sich die Topmanager des Projektes sogar überzeugt, dass die Japaner im Grunde nur auf den westlichen Stil gewartet haben.

Grundsätzlich praktizieren die Vertreter der Mutterfirma das Motto: wer zahlt, schafft an. Die bewährten und bekannten Strategien werden fortgeschrieben. Nun ist es ein Unterschied, welches Selbstverständnis in den jeweiligen Kulturen existiert, welche Ausprägung der Kulturdimension „Eigenpräsentation" vorhanden ist. Die Vertreter in westlichen Ländern teilen ein – zwar ein graduell unterschiedliches, aber doch gemeinsames – kulturelles Grundverständnis. In solchen Gruppen wird es deshalb eher zu offenen Auseinandersetzungen über den richtigen Weg kommen, als dies in Gruppen der Fall ist, deren Mitglieder aus kulturellen Kontexten mit einem verhaltenen oder weniger stark ausgeprägten Dominanzanspruch kommen.

Dazu ein Beispiel: Probleme der Zusammenarbeit zwischen westlichen und chinesischen oder japanischen Teams werden oft erst auf den zweiten Blick erkennbar. In dieser Konstellation stellen die westlichen Mitarbeiter völlig selbstverständlich den Anspruch, ihre Arbeitsmodelle, Verkaufsstrategien, Organigramme einbringen zu können. Diese Tendenz korreliert natürlich stark mit dem eigenen Selbstbewusstsein eines westlichen Global Players. Chinesische Mitarbeiter werden aus vielen Gründen diesen Anspruch nicht offen zurückweisen. Zum einen begreifen sie sich als Lernende, akzeptieren auch die größere Erfahrung ihrer Kollegen in bestimmten Fragen. Zum anderen gehört es zum Persönlichkeitskonzept asiatischer Kulturen, dass sich der Einzelne nicht sofort und offensiv als Individuum präsentiert, sondern eher den Erfordernissen entspricht, die eine Gruppenharmonie fordert. Einem Gegenüber offen zu widersprechen, gilt als unhöflich und grob. Die westlichen Kollegen im Team wiederum werten dieses Verhalten, als hätten asiatische Kollegen keine eigene Meinung oder wollten nichts Qualifiziertes beitragen. Damit bestätigt sich ihrer Grundannahme von der Überlegenheit eigener Lösungen. Wenn dann in einem fortgeschrittenen Stadium die Chinesen finden, bestimmte Vorgehensweisen seien nicht geeignet für die Bearbeitung des chinesischen Marktes, können sie ihre Vorstellungen (so sie diese denn zu entwickeln oder zu kommunizieren wagen), nur noch schwer durchsetzen. (siehe dazu Seelmann-Holzmann, 2006). Man spricht den neuen Vorschlägen einfach die Effizienz ab.

Erste Stufe einer gelungenen Teamarbeit ist es also, explizit die Relativität bisheriger Konzepte und Vorgehensweisen zu erklären und an die grundsätzliche Bereitschaft zu appellieren, andere Anschauungen als gleichberechtigt und legitim zuzulassen. Andere Kulturen sind nicht besser oder schlechter, sondern anders. Im ersten Schritt geht es nicht vorrangig darum, die jeweiligen Werte und Ziele zu harmonisieren, sondern zu zuerst einmal zu respektieren. Werkzeuge, die bisher gute Dienste leisteten, können in einem anderskulturellen Kontext stumpf werden. Ich vergleiche diese Leistung immer mit dem Bild von Bergen und Meer. Waren westliche Firmen bisher erfolgreich in den Bergen, so müssen sie jetzt lernen zu schwimmen und zu angeln, um ihre Chancen in einer maritimen Umgebung nutzen zu können.

Diese Bereitschaft wird leicht verbal formuliert werden können. Geht es aber um die konkrete Umsetzung, zum Beispiel in Form eines anderen Arbeitsablaufes oder einer Kundenbetreuung, dann tauchen schnell Widerstände von Seiten deutscher Ingenieure oder Verkäufer auf.

Anforderung 2: Bedingungen schaffen, damit Stärken sichtbar werden können!

Worin bestehen die Aufgaben einer multikulturellen Gruppe? Zunächst einmal werden wie in jedem Team Ideen entwickelt und diskutiert, Vorschläge geprüft, Vorgehensweisen abgestimmt, Ziele realisiert. Zusätzlich müssen jedoch nun kulturell unterschiedliche Vorstellungen hinsichtlich der sinnvollen Ausgestaltung dieser Prozesse integriert werden. Ungewohnte Verhaltensweisen können Teammitglieder jedoch als bedrohlich empfinden. Mit Rückgriff auf Stereotypen entzieht man sich eventuell sogar einer ernsthaften Prüfung von Vorschlägen („Amerikaner reden einfach gern").

Es ist offensichtlich, dass internationale Gruppen nicht nur Leistungen auf der kognitiven Ebene erbringen, sondern ebenso große emotionale Anforderungen bewältigen müssen. Von daher sind interkulturelle Trainings für alle Teammitglieder eine unabdingbare Voraussetzung und eine Begleitung durch externe Coaches eine essentielle Bedingung. Eine Schlüsselrolle für den Erfolg spielt auch die jeweilige Teamleitung.

Und hier lauert bereits auf der Methodenebene die zweite Gefahr. Auch die Teambildungskonzepte oder -modelle müssen hinsichtlich ihrer impliziten, kulturellen Annahmen überprüft werden. Zwar mögen die Teambildungsstationen (Formation, Anfangsphase, Übergangsphase, Arbeits- und Endphase) unabhängig vom kulturellen Kontext weltweit gleich verlaufen. Große kulturell bedingte Unterschiede gibt es jedoch hinsichtlich ihrer inhaltlichen Gestaltung. Hier einige der wichtigsten Fallstricke.

Menschenbild der Coachingmaßnahmen

Immer wieder stelle ich fest, dass die Coachingmaßnahmen unreflektiert vom Bild des westlichen Individuums ausgehen, einem Identitätskonzept, das den Einzelnen als eigenverantwortlichen und initiativen Menschen sieht, der unverblümt seine Sicht der Dinge präsentiert. Dies alles drückt sich dann methodisch zum Beispiel in Gruppendiskussionen aus, in denen man von den Beteiligten eine offene oder ehrliche Meinung fordert. Ebenso unterstellt man eine weltweit gleiche Art der Konfliktbewältigung. Es mag theoretische Modelle von Coachingmaßnahmen geben, die nicht von einem euro- oder ethnozentrischen Ansatz ausgehen. In der Praxis ist mir noch keines begegnet.

Auch hier müsste man zunächst die grundsätzlichen Unterschiede kultureller Konzepte in Bezug auf Hierarchieverständnis, Erwartungen an die Führungskräfte, Arbeitsstil und Arbeitsweise, Kommunikationsstil oder Erwartungen an ein gutes Arbeitsklima in einem internationalen Team festhalten. Es wurde schon mehrfach darauf hingewiesen, dass man dabei nicht stehen bleiben kann. Vielleicht versammelt sich in der Gruppe ja tatsächlich die neue Spezies der globalen Nomaden, die sich aufgrund ähnlicher Erziehung, eines gleichen Berufes und einer gleichen Unternehmenszugehörigkeit auch in ihren Werten entsprechen. Ansonsten sollten wir jedoch sicherheitshalber davon ausgehen, dass es die nationale Herkunft ist, welche die Gruppenmitglieder am stärksten in Bezug auf Kommunikation, Interaktionsstile sowie ihre Wesens- und Charakterzüge prägt (Puck, 2007, 21 f.). Brodbeck relativiert auch Aussagen über die kulturell nivellierende Wirkung einer gemeinsam geteilten Unternehmenskultur („die Siemens Mitarbeiter weltweit").

> „Der Gesellschaftskultur (kommt) eine zehnmal stärkere Vorhersagekraft für Organisations- und Führungskultur zu (…), als dem Business Kontext." (Brodbeck, 2008, 20)

Da es mittlerweile genügend Wissen gibt, in welcher Weise sich die Kulturdimensionen in Bezug auf gruppenrelevante Bereiche unterscheiden, müssen diese auch für die inhaltliche Gestaltung eines internationalen Teambildungsprozesses berücksichtigt werden.

Elemente kultursensibler Teambildungs- und Coachingkonzepte

Was sind die wichtigsten Elemente in der Zusammenarbeit von Menschen? Es ist zunächst die Art und Weise, wie man sein Verhältnis zu anderen definiert. Begreift sich der Einzelne als autonomes Einzelwesen, das mit ebenbürtigen anderen Individuen agiert oder begreift man sich als Teil einer Gruppe, weswegen die eigenen Bedürfnisse oft zweitrangig sind? Dieses Selbstbild hat Konsequenzen für die Inszenierung der Eigenpräsentation zum Beispiel in Gruppen.

Kulturen unterscheiden sich auch in ihren Hierarchiekonzepten. Wir kennen die Forderung nach Gleichberechtigung und flachen Hierarchien, die eher in westlichen Ländern zu finden sind. Andere Gesellschaften hingegen sind stark hierarchisch geprägt (asiatische Länder, Osteuropa, Afrika). Und natürlich gibt es viele Grautöne zwischen diesen beiden Polen. Diese Kulturdimension wird sich auf viele Bereiche in der Zusammenarbeit einer Gruppe auswirken.

▶ Mitglieder mit einem hohen Hierarchiebewusstsein (Kulturdimension „hohe Machtakzeptanz") erwarten von der Teamleitung eine stark strukturierende und führende Rolle. Sie sind zurückhaltend in Bezug auf Eigeninitiative und dem Formulieren eigener Ideen. Ihre Meinung behalten sie entweder für sich oder teilen dies ihren Kollegen indirekt mit. Anderskulturell geprägte Mitarbeiter können deshalb nicht einmal den Informationsgehalt oder die Bedeutung von Aussagen erkennen. Und es besteht die Gefahr, dass sich Teilnehmer mit anderskultureller Prägung zu dominanten Subgruppen formieren, die es noch schwieriger machen, eigene Ideen zu entwickeln und zu präsentieren.

▶ Mitarbeiter aus stark hierarchisch geprägten Gesellschaften sehen als wichtigste Aufgabe eines Teamleiters, dass er sowohl die Existenz von Konflikten erkennt wie auch deren Lösung herbeiführt. Der Chef weiß, was gut ist für die Mitarbeiter. Eine harmonische Stimmung zu schaffen und zu erhalten, ist seine Kernaufgabe. Nur – was ist ein gutes Arbeitsklima?

▶ Viele Deutsche legen keinen großen Wert auf die Pflege einer Beziehungsebene in ihrem Arbeitsumfeld. Ihnen geht es um die Sache und ihre Aufgaben. Persönliche Gespräche mit ihren Kollegen, Kontakte, die über das beruflich bedingte Zusammensein hinausgehen, empfinden sie als lästig und überflüssig. So kann es schon einmal passieren, dass sie das Urlaubsmitbringsel eines brasilianischen Kollegen zurückweisen, weil sie dafür keinen Anlass sehen oder nicht in die Verpflichtung eines Gegengeschenkes kommen wollen.

▶ Wie plant man Arbeitsabläufe oder Projekte? Vertraut man einer detaillierten Planung oder der Improvisation? Welche Methoden in der Informationssuche und -verarbeitung empfindet man zum Beispiel in internationalen Forschungsteams als verlässlich?

▶ Wie werden Konflikte gelöst? Sagt man sich gegenseitig kräftig die Meinung, um nach dem reinigenden Gewitter zusammen ein Bier zu trinken? Diese Vorgehensweise kann bei asiatischen Mitarbeitern zu einer tiefen Beleidigung, dem gefürchteten Gesichtsverlust, führen. Sie können sich so verletzt und gedemütigt fühlen, dass sie sich via innere Kündigung von der Gruppe verabschieden oder diese sogar offen verlassen.

Raum für unterschiedliche Kulturkonzepte im Teambildungs- und Coachingprozess

Die in einer Gruppe vorhandenen Überzeugungen in Bezug auf diese gruppenrelevanten Themen müssen in einem kultursensiblen Teambildungskonzept oder den Coachingmethoden Raum finden. Auch wenn Informationen über diese unterschiedliche Denk- und Handlungsweise bereits Thema im interkulturellen Training sein wird (das übrigens zunächst einmal getrennt für die Teammitglieder durchgeführt werden sollte), so müssen sie jetzt in der tagtäglichen Arbeit konkret gelebt und angewandt werden.

So darf sich die Kommunikationsstruktur nicht ausschließlich an einem Kommunikationsmuster orientieren. Menschen, die es nicht gewohnt sind, ihre Meinung offen zu präsentieren, sollten kulturangepasste Kommunikationsmöglichkeiten angeboten bekommen. Konkret könnte sich die Teamleitung alleine mit diesen Mitarbeitern unterhalten, statt sie der für sie bedrohlichen Situation einer Gruppendiskussion auszusetzen. Allerdings muss auch die Gesprächsführung anders strukturiert und aufgebaut sein, als dies im Westen praktiziert wird (siehe dazu Seelmann-Holzmann, 2003, 121 ff.). Anders reden, anders zuhören, anders kritisieren, anders loben – das sind die kommunikativen Grundsätze eines kulturangepassten Führungsstils in einer kulturell gemischten Gruppe. Es wird klar, dass damit der Leitung einer Arbeitsgruppe oder einem Coach hohe Verantwortung zufällt. Er muss das Handlungsrepertoire der Teammitglieder kennen, erkennen, richtig interpretieren und im Sinne gemeinschaftsstärkender Maßnahmen nutzen.

Ähnliches gilt für die Frage, wie Entscheidungen getroffen werden: bestimmt und angeordnet durch die Gruppenführung oder unter Beteiligung und im Konsens mit den Gruppenmitgliedern? Immer wieder wird klar, dass die Wahl der Methoden einem Teil der Gruppe entsprechen kann, den Erwartungen eines anderen

Teils aber zuwiderlaufen wird. Es sind nun ständige Balance- und Verhandlungsleistungen gefragt und zwar zwischen allen Teamteilnehmern. Damit multipliziert sich die schon grundsätzlich vorhandene Dynamik in den Interaktionen. Eine Kunst für sich ist nun, dies alles zusammen mit den Arbeitsaufgaben der Gruppe im Alltag zu bewältigen. Diese Leistungen sind jedoch nötig, wenn man die Berechtigung unterschiedlicher Konzepte in der Arbeitsorganisation, in Arbeitsablauf, Problemlösung oder Umsetzung von Entscheidungen anerkennt. Nur so kann das Potential genutzt werden, das Vielfalt bietet.

Hinweis: Integrationsmanager

Bei jeder Firmenfusion treffen unterschiedliche Firmenkulturen aufeinander und können auch in kulturähnlichen Räumen zu großen Problemen führen. Noch größer sind die Schwierigkeiten, wenn Unternehmenszusammenschlüsse zwischen Firmen aus unterschiedlichen kulturellen Kontexten stattfinden. Am Beispiel von Direktinvestitionen chinesischer Firmen in Deutschland wird dies deutlich. Es gilt nicht nur, Ängste der deutschen Belegschaft aufzufangen. Die unterschiedliche Praxis in der täglichen Führungs-, Verwaltungs- und Produktionsarbeit muss aufeinander abgestimmt werden.

Als die Werkzeugmaschinenfabrik Adolf Waldrich Coburg GmbH & Co KG 2005 von der Beijing No.1 Machine Tool Plant übernommen wurde, kamen ein fränkischer Mittelständler und ein chinesischer Staatskonzern zusammen. Größere Unterschiede in der Unternehmenskultur in jeder Hinsicht konnte es wohl kaum geben. Jade Wang, Executive Director bei Baron International Consulting Services in Hongkong, fungierte in diesem Fall als Integrationsmanagerin. Über ihre Aufgaben sagt sie:

> „Aufgabe des Integrationsmanagers ist, zu verhindern, dass die kulturellen Unterschiede zwischen beiden Unternehmen die

Zusammenführung zum Scheitern bringen. Er ist am gesamten Akquisitionsprozess beteiligt, um potentielle Probleme und Störfaktoren zu identifizieren, die sich negativ auf den Integrationsprozess auswirken können. (…) Der Integrationsmanager identifiziert Unterschiede im Führungsstil sowie in der Unternehmenskultur und Organisationsstruktur der beiden Unternehmen, führt diese Strukturen zusammen und implementiert geeignete Berichtslinien sowie eine externe und interne Kommunikationsstrategie." (Sohn/Linke/Klossek, 2008, 55)

Die Anforderungen, die an ein kulturangepasstes Teamentwicklungs- oder Coachingkonzept gestellt wurden, müssen auch in diesem Prozess erfüllt werden. Andernfalls werden sich unter der Hand Parallelkulturen im Unternehmen bilden, die vor allem im Krisenfall oder bei schwierigen Entscheidungen sofort zu Tage treten werden.

Verbale und nichtverbale Kommunikation

Gelungene Kommunikation ist Voraussetzung für erfolgreiche Teambildung und den entsprechenden Arbeitserfolg. Kommunikation ist dann erfolgreich, wenn man sich versteht. Dies setzt nicht nur (Fremd-)Sprachenkenntnis voraus. Zusätzlich müssen Sender und Empfänger die gleiche Interpretation von Begriffen oder nonverbalen Zeichen teilen. Auch was man als Kommunikationsfähigkeit definiert, kann unterschiedlich sein. Im Westen bedeutet dies sich gut ausdrücken, rhetorisch brillieren, eloquent sprechen zu können. In asiatischen Gesellschaften bedeutet es, gut zuhören zu können.

Sprachfertigkeit

Die erste Aufgabe in einer internationalen Gruppe ist es, eine gemeinsame Sprache zu finden. Dies ist im Regelfall Englisch – oder was man dafür hält. Je nach Land oder auch Businesskontext haben sich viele Sonderformen des Englischen gebildet (Japlish, Chinglish). Englisch reden heißt aber noch lange nicht Englisch denken. Es gibt Gruppen, in denen für alle Beteiligten Englisch eine Fremdsprache ist. Meist wird die Struktur und Logik der Muttersprache ins Englische übertragen. Resultate sind deshalb nicht nur die bekannten „false friends" (Handy statt Mobile), sondern eine Reihe von Missverständnissen.

Sprache ist Kulturträger

Das linguistische Relativitätsprinzip verweist darauf, dass auch die Sprache in ein kulturspezifisches Schema eingebettet ist und somit soziale und natürliche Verhältnisse widerspiegelt. Wenn in einem Land kein Schnee fällt, gibt es dafür auch kein Wort. Wenn eine Sprache eine hohe Differenziertheit in den Bezeichnungen für Verwandte oder Verwandtschaftsgrade ausweist, dann ist dies ein Hinweis auf die hohe Bedeutung von Familie und hierarchischen Beziehungen in ihr. Sprache symbolisiert und transportiert das Selbstverständnis einer Kultur. In China findet sich eine starke Abgrenzung zwischen dem eigenen Land oder der eigenen Ethnie und dem Anderen: „nei" bezeichnet das „innen". Andere Länder oder Menschen sind „wai", also außen. Waiguoren sind die Ausländer, ein lao wai ist ein alter Ausländer; gwailo sind die fremden Teufel und fanquie bedeutet „Aubergine der Barbaren" und ist eine Tomate.

Sprache lässt auch Rückschlüsse auf das Selbstverständnis des Einzelnen zu. So zeigen viele Untersuchungen, dass im Westen das Wort „ich" viel häufiger verwendet wird als etwas in Asien. Erzählungen weisen im Westen einen hohen Eigenbezug auf:

> „American children made twice as many references to their own internal states, such as preferences and emotions, as did the Chinese children. In short for American kids: 'Well, enough about you; let's talk about me." (Nisbett, 2003, 88)

Viele Begriffe können aufgrund der kulturellen Konzepte nicht äquivalent übersetzt werden. „A friend" ist in den USA oder in England etwas anderes als in Deutschland, wo man noch zwischen Bekannten und Freunden unterscheidet. Für den chinesischen Begriff „guanxi" ist eine Übersetzung in „Beziehungen" viel zu ungenügend, da dies weder die mannigfachen Verflechtungen noch die gegenseitigen Verpflichtungen ausdrückt.

Die Deutung von Begriffen kann Missverständnisse erzeugen

Sprache und Worte erzeugen innere Bilder. Und diese Bilder entstammen wiederum einem bestimmten historischen, kulturellen und sozialen Umfeld. Wenn Westler mit leuchtenden Augen von „freedom" sprechen, dann hören asiatische Menschen „sich Freiheiten nehmen", sprich seine Verpflichtungen gegenüber der Gemeinschaft nicht erfüllen, asozial sein. „Help yourself" als Aufforderung, sich beim Essen zu bedienen, klingt für japanische Ohren wie: „Hilf dir selbst, ich werde es nicht tun!"

Kulturspezifische Sprachroutinen

Auf eine Gefälligkeit antwortet man in vielen Ländern mit einem Dank, in Japan mit einer Entschuldigung – denn man hat ja den anderen mit seinem Bedürfnis belästigt, ist schuld an dessen Bemühungen. In Indien benutzt man das Wort „danke" viel seltener als bei uns, noch dazu im Umgang mit Menschen, die einem nahe stehen. Es ist selbstverständliche Aufgabe einer Mutter, dass sie ihrem Kind etwas zu essen gibt. Sie erwartet keinen verbalen Dank dafür. Sie können sich vorstellen, was passieren wird, wenn in einer Gruppe über dieses Thema unterschiedliche Erwartungen existieren. Wenn man seinem indischen Teamkollegen mehrfach einen Gefallen tat, ihm vielleicht einen Kaffee mitbrachte oder ihn bei der Kopie eines interessanten Artikels bedachte, ohne eine Reaktion zu erhalten, dann werden diese Freundlichkeiten schnell beendet sein. Man wertet sein Verhalten als unhöflich und unerzogen. Umgekehrt wird der indische Kollege überhaupt nicht verstehen, warum er nun nicht mehr in den Genuss solcher Zuwendungen kommt, und den deutschen Partner für hartherzig und unberechenbar halten.

Auch der Sprachstil wird in einer multikulturellen Gruppe unterschiedlich ausgeprägt sein. Wir werden wortreiche und wortkarge Teilnehmer finden. Informationen können vage und indirekt mit Hilfe von Metaphern, Sprichwörtern, Redewendungen vermittelt werden oder aber direkt, exakt und offen. Schwierigkeiten werden diejenigen Teammitglieder haben, die es nicht gewohnt sind, zwischen den Zeilen zu lesen oder die impliziten Mitteilungen zum Beispiel eines asiatischen Kollegen zu erfassen. Gelten Sprechpausen zum Beispiel in Japan als Respekt gegenüber der Aussage des Partners, dem man eine würdige Antwort geben will und deshalb lange über die Formulierung nachdenkt, so werden westliche Gruppenmitglieder aufgrund der Zeitverschwendung unruhig und füllen die als unangenehm empfundene Stille.

Ich habe bereits mehrfach darauf hingewiesen, dass vor allem unterschiedliche Sprachroutinen in Bezug auf Offenheit und Direktheit zu Fehlinterpretationen und entsprechend falschen Rückschlüssen auf die Persönlichkeit des Kollegen führen können. Die größten Unterschiede in diesem Kommunikationsmuster gibt es zwischen asiatischen und westlichen Partnern. In Japan müssen Äußerungen und Verhalten so gestaltet werden, dass die Harmonie in der Beziehung zwischen den Handelnden erhalten wird. Orientierungsrahmen für das Handeln sind die vermuteten und zu dechiffrierenden Wünsche oder Erwartungen der anderen. Deutsche titulieren so ein Verhalten oft mit „falscher Bescheidenheit" (Rez/Kraemer/Kobayashi-Weinszichr, 2008, 42).

Auch das Phänomen der kontextuellen Wahrheit ist westlichen Menschen mit einer christlich geprägten Kultur nicht einsichtig.

Das Gebot, dass es vom jeweiligen Kontext abhängt, welche Informationen ich wem in welcher Form geben darf, ist für sie einfach Schmeicheln, Unehrlichkeit und Lügen. Ich habe bereits auf die praktischen Konsequenzen für die Gesprächsführung in einer internationalen Gruppe hingewiesen.

Vorteile für englische Native Speaker?

Da Englisch gemeinsame Arbeitssprache internationaler Gruppen ist, glaubt man oft an einen natürlichen Vorteil der Native Speakers. Dieser Vorteil kann sich aber in einer internationalen Gruppe nachteilig auswirken, wenn die anderen Gruppenmitglieder einen Dialekt oder eine zu hohe Sprechgeschwindigkeit als Beweis kolonialer Arroganz deuten.

> „Language is another problem. Although it might appear that the use of English as the common working language of the international teleco community favours native English-speakers, this can turn into a disadvantage when one of them is unaware of the problems that a regional accent or rapid speech might create, and how linguistic confidence can be perceived as a manifestation of quasi-colonial arrogance. Non-conformity with what might be termed the "industry pidgin" can also generate unexpected tensions." (Burman, 2008, 3)

Auf der anderen Seite können die individuell als unzulänglich empfundenen Sprachkenntnisse eine kulturell bedingte Zurückhaltung noch verstärken. Japanische oder koreanische Mitarbeiter stellen an sich hohe Ansprüche und schweigen eher in einer Gruppe. Sie fürchten, sich mit sprachlichen Fehlern zu blamieren.

Struktur der Sprache und Logik

Die Syntax einer Sprache hat Einfluss auf die Art des Denkens und generiert eine bestimmte Logik, mit der wir Welt wahrnehmen und erklären. Der Psychologe Richard Nisbett, der in kulturvergleichenden Studien das unterschiedliche Denken zwischen Asien und dem Westen untersucht hat, sagt dazu:

> „… differences in linguistic structure between languages are reflected in people's habitual thinking process." (159). Und er stellt die Frage „…how many of the cognitive differences documented in this book are produced by language?" (155)

80 Prozent aller Sprachen verwenden ein Subjekt-Prädikat-Objekt (SPO) Satzbildungsmuster. Die Sätze müssen ein (Phantom-)Subjekt haben. Das Verb legt nahe, dass etwas von einem Subjekt getan wird (Täter-Tun-Schema): „Ich gehe einkaufen." Und auch wenn offensichtlich keine Notwendigkeit besteht, statten wir Sätze mit einem Phantomsubjekt aus: „es regnet", „es gibt frische Brötchen".

> „Most Western languages are ‚agentic' in the sense that the language conveys that the self has operated on the world." (Nisbett, 2003, 158)

Dies hat Folgen für unsere Denkstruktur und Logik. Im kausalen Denken suchen wir nach den Ursachen eines Ereignisses. Anders ist es in Asien.

> „Eastern languages are in general relatively nonagentic: ‚it fell from him', or just ‚fell'." (Nisbett, 158)

Ein weiterer Unterschied ist für die Gruppenarbeit und eine erfolgreiche Kommunikation bedeutsam. Das asiatische Denken schreibt weder Begriffen noch Dingen eine isolierte Existenz zu, sondern spezifiziert sie erst durch ihre wechselseitigen Beziehungen zu andern Dingen oder Personen.

> „East Asian languages are highly ‚contextual'. Words (or phonemes) typically have multiple meanings, so to be understood they require the context of sentences (…) Japanese sentence starts with context and topic rather than jumping immediately to a subject as is frequently the case in English." (157 f.)

Unterschiedliche Argumentationsweise: induktiv oder deduktiv

In multikulturellen Gruppen müssen Informationen ausgetauscht werden, um zum Beispiel einen gleichen Wissenstand für ein zu lösendes Problem oder einen Arbeitsablauf zu haben. Und auch hier kann die Art der Vermittlung zu Unverständnis führen. Dies wiederum verzögert die Zielerreichung und kann Konflikte auslösen.

Wir haben gesehen, dass die Struktur einer Sprache die Art prägt, wie wir denken. Damit wird durch die Denkstruktur auch der Aufbau der Informationsvermittlung beeinflusst. Je nachdem, ob wir analytisch-deduktiv (Westen) oder aber synthetisch-induktiv (Afrika, Asien, arabische Länder) denken, werden wir auch unsere Informationsvermittlung gestalten: im ersten Fall rasch auf den Punkt kommen und daraus Folgen ableiten, im zweiten Fall das Problem langsam einkreisen, die Gründe nennen, die uns zu bestimmten Folgerungen führen, und die Hauptaussage an den Schluss unserer Ausführungen stellen.

Unsere Art der Kommunikation erscheint uns effektiver und besser (wir kommen rasch auf den Punkt). Die asiatische Kommunikationsform kommt uns hingegen umständlich und langwierig vor, denn für uns reden die anderen um den heißen Brei herum".

Asiaten hingegen ist unsere Kommunikationsart schwer verständlich. Für sie ist es nicht nur unhöflich, mit der Tür ins Haus zu fallen, sondern wir lassen ihrer Meinung nach unser Gegenüber auch nicht an den Gründen teilhaben, die dann letztlich zu unserer Kernaussage führten. Damit tappt unser asiatischer Partner zunächst im Nebel. Mühsam sucht er sich nun die Gründe für unser Anliegen zusammen – um sie nachvollziehen und verstehen zu können. Eine zeitraubende Angelegenheit, aber für ihn unabdingbar. Er muss unsere Darstellungsweise quasi in ihre Puzzlestückchen zerlegen und nach seiner Logik neu zusammensetzen, um den Inhalt vollends zu verstehen.

Von dieser zeit- und nervenraubenden Prozedur (für alle Beteiligten) wissen diejenigen ein Lied zu singen, die in Asien zum Beispiel technische Informationen, Produkterklärungen oder organisatorische Logistik vermitteln sollen. Ihre – für sie klaren – Aussagen werden von den Asiaten so lange zerpflückt und neu kombiniert, bis sie in der Sprach- und Denkstruktur einen Sinn ergeben. „Am dritten Tag wiederholen die asiatischen Partner dann die Aussage, die ich am ersten Tag machte ...!" erzählte mir ein entsprechend genervter Kunde von einem solchen Erlebnis.

Am Beispiel eines Geschichtsunterrichts illustriert Nisbett unterschiedliche Methoden:

> „Japanese teachers begin with setting the context of a given set of events in some details. They then proceed through the important events in chronological order, linking each event to its successor. Teachers encourage their students to imagine the mental and emotional states of historical figures by thinking about the analogy between their situations and situations of the students' everyday lives. (...) American teachers spend less time setting the context than Japanese teachers do. They begin with the outcome, rather than with the initial event or catalyst." (Nisbett, 127 f.)

In Japan dominierten die „wie"-Fragen, im amerikanischen Unterricht hingegen „warum" (Nisbett, 128).

Diese Hinweise zu berücksichtigen, wenn zum Beispiel Gruppenmitglieder mit entsprechendem sprachlogischen Hintergrund vorhanden sind, kann die Verständigung in einem Team enorm verbessern. Bleiben diese Unterschiede unbeachtet, so kommt es schnell von Seiten der westlichen Kollegen zur abwertenden Feststellung, „Die kapieren wirklich gar nichts! So viel zum Thema Bildung in Indien oder China ...".

Struktur der Sprachzeichen hat Einfluss auf Gehirnentwicklung

Sehen wir uns nun noch den Einfluss von Sprachzeichen, also der Schrift, auf die Art zu denken sowie die Ausbildung von Gehirnregionen an. Im Westen bestehen Schriftzeichen aus abstrakten Zeichen. Buchstaben- und Silbenschriften sind Lautschriften: mit ihnen kann ein Klang festgehalten werden. Das Bild von Geld hat keine Ähnlichkeit mit dem Gegenstand. Wir müssen das Wort mit dem Gehör analytisch in die entsprechende Folge von Lauten zerlegt haben, um ein Bild zu erzeugen.

In asiatischen oder der arabischen Sprache besteht die Schrift aus Bildzeichen oder Piktogrammen. Von der Abbildung kann auf die Bedeutung geschlossen werden.

Die stilisierten Bildzeichen in der chinesischen oder japanischen Schrift bilden eine synthetische und synoptische Ganzheit (Schroeder, 2008). Das Erlernen von Lesen und Schreiben erfordert deshalb unterschiedliche kognitive Prozesse. Für die Buchstaben- und Silbenschrift benötigt man analytisches Denken, für eine piktogrammbasierte Schrift synthetisches Denken.

Dies hat Folgen für die Ausbildung von Gehirnregionen. In der linken Gehirnhälfte werden überwiegend analytische, abstrakte Prozesse und Sprache verarbeitet. Sie ist bei westlichen Menschen stärker ausgebildet. In der rechten Gehirnhälfte werden vorwiegend synthetische Prozesse und Bilder verarbeitet. Sie ist bei

Menschen stärker ausgebildet, deren geschriebene Sprache aus Bildzeichen besteht.

Auch diese Unterschiede wirken sich für die Informationsvermittlung in der Teambildung aus. Viele westliche Ingenieure, Techniker, aber auch Wissenschaftler benutzen eine abstrakte Sprache. Asiatische oder arabische Menschen verstehen jedoch eher eine Darstellung, die unterstützt wird von Bildern, anschaulichen Grafiken, Filmen oder insgesamt einer bildhaften Sprache. Es ist der Kanal, auf dem sie am schnellsten verstehen. Oft erlebe ich in meiner Firmenarbeit verzweifelte deutsche Techniker, die sich Haare raufend fragen, was sie tun sollen, damit die chinesische oder indische Kollegengruppe endlich die Anweisungen richtig ausführt. Es ist für alle Beteiligten jedes Mal eine Erleichterung, wenn sie nach Veränderung ihrer technischen oder kaufmännischen Informationen einen Erfolg sehen.

Nonverbale Kommunikation

Auch die nonverbale Kommunikation unterliegt kulturellen Normen und Standards. So unterscheiden sich Kulturen darin, ob und wie Gefühle gezeigt werden dürfen. Zahlreiche Gesten unterliegen sozialen Konventionen und sind ambivalent.

Wie interpretieren wir das ständige Lächeln unserer asiatischen Kollegen? Amüsieren die sich ständig über uns? Oder ist das ihre Maske, die ihre wahren Gefühle verbergen soll? Und warum lachen die so dumm, wenn mir das Reagenzglas mit einer wichtigen Flüssigkeit kaputt geht? Umgekehrt fragt sich vielleicht eine Kollegin aus Indonesien, was sie falsch gemacht hat, weil ihre deutschen Kolleginnen immer so ernst – das heißt für sie grimmig oder böse – dreinblicken.

Ähnlich verhält es sich mit der Deutung von Gestik, wie zum Beispiel dem Kopfnicken. Wenn unser indischer Kollege seitlich mit dem Kopf wackelt, nachdem er unsere Frage verbal bejahte, irritiert uns. Denn ein Kopfschütteln und eine Zustimmung passen für unsere Wahrnehmung erst einmal nicht zusammen. Es gibt eine Vielzahl von Gesten, die in ihrer Bedeutung kulturspezifisch variiert (der nach oben gerichtete Daumen, ein Victory-Zeichen oder ein O geformt aus Daumen und Zeigefinger).

Der kulturell zulässige Blickkontakt kann ebenfalls Irritationen auslösen. Wenn Sie Ihrer japanischen Kollegin zu intensiv in die Augen sehen, empfindet diese das als unbotmäßige Nähe und vielleicht als Flirtversuch eines männlichen Teammitglieds. Und wenn ein amerikanischer Mann einer indischen Kollegin freundschaftlich den Arm um die Schulter legt, dann hat er damit die Grenzen des zulässigen Körperkontaktes eindeutig überschritten.

Auch mit Hilfe von kognitivem Wissen über die jeweilige kulturspezifische Bedeutung von Mimik etc. werden wir unsere Wahrnehmung und entsprechende Interpretation nur schwer verändern können. Diese Erfahrung habe ich selbst in meiner Arbeit in gemischt-kulturellen Forschungsgruppen gemacht. Zu nachhaltig ist unsere kulturelle Prägung in diesen Bereichen, als dass wir ein ständiges Rülpsen oder Schniefen nicht als störend empfinden. Und oftmals erfolgen Wahrnehmung und Interpretation einfach unbewusst oder werden überlagert von der Aufmerksamkeit, die eine Arbeitsaufgabe fordert.

Wenn dann eine spontane Reaktion beim Kollegen eine Kränkung auslöst („Kannst du mal aufhören zu schniefen und dir einfach die Nase putzen?!"), dann muss diese ebenfalls wieder auf kulturangepasstem Wege repariert werden. Ansonsten droht in bestimmten kulturellen Konstellationen das Ende des akzeptablen Miteinanders.

Fremdsprachenkenntnis bedeutet nicht interkulturelle Kompetenz

Oftmals wird Fremdsprachenkenntnis gleichgesetzt mit der Fähigkeit zu interkultureller Kompetenz. Dies ist unzulässig, weil sich ein Sprachenstudium beschränken kann auf das Wissen über Geschichte, Landeskunde und Etikette. Nicht selbstverständlich werden auch sozio-kulturelle Eigenheiten reflektiert oder analysiert. Sprachfertigkeit kann die Distanz zwischen unterschiedlichen Kulturangehörigen sogar vergrößern, da man den Sprachkundigen unterstellt, sie müssten auch die Kulturstandards kennen.

Reichtum und Schubkraft der Diversität nutzen

... „Wenn das so einfach wäre", haben Sie sich vielleicht bei der Lektüre der bisherigen Ausführungen gedacht. Vor allem diejenigen, die um die Schwierigkeiten im Teambildungsprozess in einer kulturell homogenen Gruppe wissen, werden zuweilen gestöhnt haben. Was macht mich – auch aufgrund eigener Erfahrungen in gemischt-kulturellen Gruppen – so optimistisch, dass die kulturübergreifende Zusammenarbeit erfolgreich sein kann?

Diversity aktiv managen

Zum einen ist dies die Tatsache, dass Unterschiede (und die daraus resultierenden Fragen oder Probleme) nur abgebaut werden können, wenn man sie aktiv managt. Was man nicht kennt oder kann, kann man nicht managen. Ich habe schon mehrfach darauf verwiesen, dass man in vielen Fällen bisher latent und selbstverständlich davon ausging, dass sich eine One-World-Culture entwickeln wird bzw. schon entwickelt hat. Damit richtete man den Fokus auf scheinbare Angleichung und Ähnlichkeiten, die es auf der Oberfläche in Kleidung, Konsum oder Verhalten sicher gab. Akzeptiert man hingegen, dass kulturelle Überzeugungen nicht wie Nescafe verdampfen, so ist der erste Schritt in Richtung Sensibilisierung erfolgt.

„For while business is already global, management remains culture-bound." (Burman, 2003, 4)

Mehrere Studien wiesen nach, dass Teams, die ihre kulturellen Unterschiede nicht reflektierten oder thematisierten, schlechtere Arbeitsergebnisse zeigten, als Vergleichsgruppen, in denen dies erfolgt war (u. a. Taylor 2008, Puck 2007).

Die Auseinandersetzung mit Fremdheit als dynamischer, interdependenter Prozess

Wenn Menschen in interkulturellen Gruppen die persönlichen Eigenschaften besitzen, interkulturelle Kompetenz entwickeln zu können (siehe Seite 91 ff.), zudem die Bereitschaft zeigen, sich dem Prozess einer Teamentwicklung auszusetzen, dann wird ein dynamischer Prozess in Gang gesetzt. Wie ich schon gezeigt habe, hinterlässt jede Erfahrung aus einer Interaktion Spuren bei den Beteiligten. So werden auch im Verlauf der Gruppenbildung Veränderungen in der Einstellung der Beteiligten erfolgen. Auch intrakulturell möchten Menschen ihre persönliche und soziale Identität wahren und neigen zu selbstwertstützenden Verzerrungen: Für einen geizigen Menschen ist ein großzügiger Mensch oft verschwenderisch, für einen großzügigen Menschen ein sparsamer Mensch geizig. Interkulturell zeigen sich selbstwertstützende Verzerrungen darin, dass wir andere Kulturen abwerten. Aus der Sozialpsychologie wissen wir, dass fern stehende Positionen und Fremdgruppen als schlechter bewertet werden als sie in Wirklichkeit sind (Rez/Kraemer/Kobayashi-Weinszichr, 2008, 33). Im Teambildungsprozess werden nun diese latent oder offen vorhandenen Erwartungen ständig relativiert und durch neue Erfahrungen ersetzt. Alle Beteiligten müssen ihr Fremdbild revidieren. Erklärungen zum Hintergrund für die anderen Denk- und Handlungsstrukturen beschleunigen diesen Vorgang und vermindern den psychischen Stress, der auftreten kann, wenn man mit anderen

Einstellungen und Verhaltensweisen konfrontiert wird. Die unerklärliche, geheimnisvolle Exotik wird entzaubert. Die andere Verhaltensweise des Kollegen erscheint in diesem Licht als *eine* mögliche Denk- und Handlungsweise unter vielen, mit einer eigenen und nachvollziehbaren Logik. Nun können sich Schnittmengen bilden in einer kontextspezifischen Melange. Die Erfahrungen aus dieser Schnittmenge mögen in anderen Gruppen nicht mehr gelten. Allerdings haben dann die Betroffenen bereits die ermutigende Erfahrung gemacht, dass sie Unterschiede bewältigen und sogar nutzen können für eine Problemlösung oder Arbeitsaufgabe. Dies erhöhte die Souveränität und das Selbstbild des Mitarbeiters und zeigt somit positive Auswirkungen auf die Persönlichkeitsentwicklung.

Multikulturelle Teams unter Erfolgszwang

Aus verschiedenen Gründen werden internationale Gruppen in Zukunft eher die Regel denn die Ausnahme darstellen. Um ihre globale Wettbewerbsfähigkeit zu sichern, werden viele Unternehmungen in internationalen Teams Produktinnovationen, Dienstleistungen oder Forschungsprojekte realisieren müssen. In gewisser Weise sind interkulturelle Teams zum Erfolg verdammt. Auch dieser Zwang wird dazu führen, dass sich auf der individuellen Ebene die Bereitschaft zur Kooperation und zur Ambiguitätstoleranz erhöhen muss. Klar ist, dass es immer wieder Fälle geben wird, in denen Menschen diese Anforderungen emotional nicht bewältigen können und internationale Teams auseinander brechen. Ansonsten werden sich die Arbeitnehmer weltweit an diesen Aspekt der Globalisierung gewöhnen müssen. Viele Chinesen haben zum Beispiel Vorbehalte gegen farbige Menschen und es gibt durchaus auch rassistische Tendenzen. Wenn nun chinesische Ingenieure, Techniker, Händler neue wirtschaftliche Chancen in einigen afrikanischen Ländern nutzen wollen, so werden ihre Vorurteile in der täglichen Praxis zumindest relativiert. Sie werden fleißige, erfolgreiche und ehrliche Menschen treffen ebenso wie lethargische, korrupte und kriminelle. Umgekehrt werden Afrikaner diese Erfahrungen mit Chinesen machen.

Nutzung von Cultural Diversity ist ein kontinuierlicher Prozess

Für international operierende Unternehmen wird deshalb das Cultural Intelligence Instrument als strategisches Werkzeug unabdingbar werden. Die Betriebe haben eine Verpflichtung, die Prozesse, die für den wirtschaftlichen Erfolg, manchmal sogar das wirtschaftliche Überleben erforderlich sind, mit dem richtigen Rahmen zu unterstützen. Für das Konzept sind das begleitende Maßnahmen wie interkulturelles Training, Beratung oder auch Coaching. Angebote in diesem Bereich können keine punktuellen Aktionen mehr bleiben, sondern müssen integrativer Bestandteil einer Personalpolitik sein, die auf die interkulturelle Realität des Unternehmensalltages angemessene Antworten gibt. Die Entwicklung von Cultural Intelligence ist ein fortdauernder Prozess. Cox Taylor sagt dazu:

> „One needs an ongoing education plan for the workforce for continuous learning about diversity dynamics and how to build diversity competence." (Taylor, 2008, 24)

Inhalte und unterstützende Maßnahmen müssen ständig beobachtet, analysiert, angepasst werden, damit die Produkte dieser Dynamik erkannt und genutzt werden.

Flexibilität hinsichtlich der Inhalte begleitender Maßnahmen

Menschen, die bereits in mehreren interkulturellen Gruppen gearbeitet oder vielleicht sogar einen internationalen biografischen Hintergrund haben, befinden sich auf einer anderen Stufe als Mitarbeiter, die bisher in homogenen kulturellen Gruppen arbeiteten und auch insgesamt wenig Erfahrung mit Menschen aus anderen Ländern haben.

Nehmen wir zwei Abiturienten des Jahres 2009. Beide haben mit derselben Note abgeschlossen. Der eine stammt aus einer bikulturellen Ehe, wuchs im Ausland auf, spricht zwei Muttersprachen sowie zwei Fremdsprachen. In seiner Klasse hatten alle Kinder Eltern aus unterschiedlichen Ländern. Die Klassenzusammensetzung veränderte sich aufgrund der hohen, berufsbedingten Mobilität der Eltern jedes Jahr. Der andere Abiturient kommt aus einem schwäbischen Dorf. Er besuchte ein gutes Gymnasium in der deutschen Provinz. Seine Eltern sind beide Deutsche, stammen sogar aus der gleichen Gegend. Seine Erfahrungen mit anderen Ländern resultieren aus Reisen in europäische Länder. Beide sind begabt, leistungswillig und sozial kompetent. Es ist offensichtlich, dass beide mit Fremdheitserfahrung unterschiedlich umgehen werden. Für ihren Einsatz in einer multikulturellen Arbeits- oder Forschungsgruppe benötigen sie völlig unterschiedliche Unterstützung.

Gruppen-Kartographie, Map of Super Diversity

Dies führt uns zum Thema der Konzeption von Inhalten in einem Teambildungsprozess. Personalverantwortliche werden oft erleben, dass sie die Mitglieder eines Teams nicht auswählen und in diesem Zusammenhang so etwas wie interkulturelle Kompetenz berücksichtigen konnten. Bevor entsprechende begleitende Maßnahmen entwickelt werden, muss in einem ersten Schritt eine Art „Kartographie" der Mitglieder erstellt werden. In dieser Landkarte soll dann die Super Diversity abgebildet werden, von der Steven Vertovec spricht. Dies hat nichts zu tun mit einem Soziogramm, sondern geht weit darüber hinaus. Neben dem Versuch, die persönlichen Eigenschaften des Einzelnen annähernd zu erfassen, gehören dazu auch Sozialisationskontext oder internationale Erfahrung (und ihre Verarbeitung). So sind zum Beispiel die Bewohner Singapurs sehr stolz darauf, dass ihre Arbeitnehmer quasi über eine natürliche interkulturelle Kompetenz verfügen. Sie wachsen in einer multi-ethnischen Gesellschaft auf, in der Beschäftigung mit anderskulturellen Werten ein ständiger Begleiter ist. Zum Hintergrund: In Singapur leben circa 77 Prozent Chinesen, 14 Prozent Malaien, überwiegend moslemischen Glaubens, und 8 Prozent Inder. Offizielle Sprachen sind Englisch, Malaiisch, Mandarin und Tamil. Im Stadtbild finden sich christliche Kirchen, konfuzianische und hinduistische Tempel nebeneinander und in der Arab Town glänzt die Kuppel der Moschee. „I'm o.k, you're o.k. Together Singapore is o.k." heißt es auf Plakaten, die überall im Stadtstaat zu finden sind. Asiatische Mitarbeiter mit diesem Hintergrund bringen andere Voraussetzungen in eine internationale Gruppe, als dies Mitarbeiter aus Japan oder dem Iran tun.

Unsicherheit und Fremdheit als Notwendigkeit für Fortschritt

Erinnern wir uns noch einmal daran, welche Leistung die Mitglieder internationaler Teams erbringen müssen. Sie haben eine konkrete Arbeitsaufgabe zu erledigen, sie müssen die eventuell vorhandenen unterschiedlichen kulturellen Überzeugungen zumindest in deren Kernaussagen kennen. Und sie sind tagtäglich dazu gezwungen, ihre Identität in einem Prozess des Aushandelns und Ausbalancierens zu definieren. Auch wenn wir es uns als Idealfall wünschen, dass alle Beteiligte in einem Gruppenprozess zu einer gemeinsamen, wenn auch gruppenspezifischen, kulturübergreifenden Identität finden werden – in der Realität werden wir oft genug damit zufrieden sein müssen, dass wir uns darauf nicht einigen können. In manchen Gruppen ist bereits die Akzeptanz einer solchen Einsicht ein Erfolg, noch dazu, wenn sie dann die Erreichung fachlicher Ziele nicht gefährdet. Sich darauf zu einigen, dass man keine über den beruflichen Kontakt hinausgehenden Sozialkontakte haben möchte, wird besonders für diejenigen Teammitglieder schwierig sein, für die solche Beziehungen zu einem guten Arbeitsklima gehören. Ohne emotionale Blessuren dann trotzdem mit dem anders denkenden Kollegen das Projekt erfolgreich abzuschließen, ist eine große Leistung. Wenn Petra Köppel in der Bertelsmann Studie schreibt „... andererseits bedeutet Vielfalt auch, dass MitarbeiterInnen Gemeinsamkeiten verspüren und darüber Identität zu ihren KollegInnen und zum Unternehmen aufbauen ..." (Bertelsmann, 2008, 10), so ist das eine wohlmeinende Annahme. Im Alltag wird es darum gehen, Unsicherheit und Unterschiede zu *ertragen*.

Aus der kulturvergleichenden Forschung wissen wir, dass sich Kulturen in Bezug auf die Dimension „Unsicherheitsvermeidung" unterscheiden. Und wir sollten bedenken, dass es ja gerade die Unterschiede sind, mit Hilfe derer Fortschritt und Weiterentwicklung ermöglicht werden. Deshalb ist eine Nivellierung und Harmonisierung sogar kontraproduktiv. Der Philosoph Bernhard Waldenfels erinnert daran, dass Fremdes stimulierend und beunruhigend zugleich ist.

> „Natürlich kann man das Fremde sehr gezielt strategisch einsetzen. Und etwa als Unternehmer sagen: Es hilft, wenn wir ein paar mehr Mitarbeiter aus dem Ausland haben. Meiner Überzeugung nach schwindet dann allerdings der stimulierende Effekt des Fremden. Denn dann hat man sich das Fremde bereits angeeignet. Die Stimulation entsteht nur, wenn man die Überraschung durch das Fremde zulässt. Auch wenn das zu Missverständnissen und Streitigkeiten führen kann."
> (Waldenfels, 2009, 85)

Eine Offenheit gegenüber dem Fremden mache aber auch verletzlich und würde auch unangenehme Überraschungen bringen. Nur Ich-starke Menschen könnten diese Unsicherheit und Fremdheit aushalten.

> „Das Aushaltenkönnen steht für eine Form, die nicht immer die Sicherheit sucht. Und nur durch sie entsteht Neues. Man kann in keinem Bereich etwas erfinden, wenn man das Fremde nicht zulässt." (Waldenfels, 85).

Gleichzeitig würde dies Erfolg bedrohen. Unternehmen brauchten aber Normalität, nicht die ständige Gefahr von Überraschungen. Dies zwingt dazu, in einem Balanceakt zum Beispiel die Überraschungen und Irritationen anderskultureller Lösungsvorschläge zuzulassen, gleichzeitig die Normalität zu sichern, die einfach nötig ist, um ein Arbeitsziel zu erreichen. Waldenfels empfiehlt als Lösung, Regeln nicht zu starr anzuwenden.

> „Offene Regeln gestatten einen produktiven Umgang mit Regeln: Sie erlauben mir nämlich, nicht nur das zu tun, was ich tun muss, sie erlauben mir auch andere Möglichkeiten zu nutzen und auch welche zu erfinden." (87)

Erfahrungen in der interkulturellen Gruppenarbeit zwingen uns, die Komfortzone unserer kulturellen Überzeugungen zu verlassen, uns der Irritation zu stellen. Wenn deutsche Mitarbeiter erleben, dass auch ohne einen detailliert festgelegten Arbeitsplan das angestrebte Ziel erreicht wird, dann hat sich im wahrsten Sinne des Wortes ihr Erfahrungshorizont erweitert. Im Folgenden werden sie deshalb nicht von vornherein einem anderen Ablauf die Erfolgsaussichten absprechen, sondern ihn (wenn auch immer noch skeptisch) zulassen. Umgekehrt werden vielleicht die Organisationsjongleure erkennen, wie zeitsparend ein abgestimmter Arbeitsplan sein kann. Und damit nutzen alle Beteiligten die Entstehung von neuen Lösungen, eine eigene und organisatorische Weiterentwicklung, die durch Fremdheit ermöglicht wird. Wir befinden uns mitten im Prozess, der Entwicklung von Cultural Intelligence heißt.

Zusammenfassung: Implementierungsschritte von Cultural Intelligence

Die Welt ist bunt und mit dieser Buntheit und Vielfalt sind Unternehmen in vielerlei Art konfrontiert. Ob es um Kundenbeziehungen, den Kontakt zu ausländischen Niederlassungen und Töchtern, um die Arbeit in internationalen Produktions-, Vertriebs- oder Forschungsgruppen geht – wir haben es mit höchst heterogenen Erwartungen und Bedürfnissen zu tun. Unternehmen geben häufig viel Geld aus, um in Innovations- oder Kreativitätsworkshops Ideen für neue Produkte oder Dienstleistungen zu generieren. Wenn sie das Potential nutzen, das in ihren Mitarbeitern mit unterschiedlichen kulturellen Prägungen vorhanden ist, so greifen sie quasi auf natürliche Ressourcen zurück. Sie müssen keine künstlichen Bedingungen inszenieren, um unterschiedliche oder ungewöhnliche Gedanken zu produzieren. Voraussetzung ist allerdings, dass man diese Unterschiedlichkeit zulässt und nicht in einer One-World-Culture-Vorstellung nivelliert.

Welche Schritte müssen die Verantwortlichen nun unternehmen, damit sich Cultural Intelligence nach der von mir entwickelten Definition – eigene und fremde kulturelle Prägungen kennen und zum Zwecke des Erfolges für die Zusammenarbeit in der Globalisierung nutzen – im Unternehmen entwickeln kann?

- ▶ Cultural Intelligence ist ein Steuerungs- und Führungsinstrument für die Arbeit auf und mit internationalen Märkten. Mit diesem Managementkonzept muss das Thema Kulturdifferenz genau so nachhaltig in der Unternehmenssteuerung verankert werden wie Innovation, Qualitätssicherung oder Marketing.
- ▶ Dies bedeutet, dass Cultural Intelligence einen prozessualen Bestandteil von Personal- und Organisationsentwicklung darstellt. Es geht nicht mehr nur um punktuelle Einzelmaßnahmen, zum Beispiel ein interkulturelles Training im Rahmen einer

Auslandsentsendung. Auf allen betrieblichen Entscheidungsebenen, angefangen von der Formulierung der Corporate Identity, der Produktentwicklung oder dem Marketing, von Verkaufsstrategien und -schulungen, in der Personalpolitik bis hin zur Führungskräfteentwicklung, muss der Parameter Kultur berücksichtigt werden.

▶ Cultural Intelligence ist ein ganzheitlicher Ansatz, der vorhandene Erfahrungen und Ressourcen im Unternehmen offen legt, Potentiale analysiert, unterstützende Maßnahmen zur Optimierung entwickelt und umsetzt.

Cultural Intelligence stellt für die weltweit operierenden Unternehmen einen wesentlichen Wettbewerbsfaktor dar. Nur wer das eigene Innovationspotential kultureller Vielfalt nutzt, stellt sich auf die strukturellen Notwendigkeiten einer hoch interdependenten Weltwirtschaft ein, kann sich weiter entwickeln.

4. Fitness-Check für Cultural Intelligence

Damit mit Hilfe des Cultural Intelligence Instruments für alle Unternehmensbereiche Entscheidungs- und Handlungswissen zur Verfügung gestellt werden kann, müssen diese Unternehmensbereiche einer Ist-Soll-Analyse unterzogen werden. Im Folgenden möchte ich deshalb darstellen, welche Fragen sich vor dem Hintergrund eines interkulturell sensiblen Managements stellen.

Corporate Identity

Zur Corporate Identity, der Unternehmenspersönlichkeit, gehört die visuelle Erscheinung (Corporate Design) ebenso wie eine Unternehmensphilosophie und Handlungsrichtlinien. Sie soll die Sinn- und Werteebene eines Unternehmens abbilden. CI ist also der Versuch, ein gemeinsames Handeln mit vereinbarten Werten und Spielregeln zu ermöglichen, das die Einstellungen, Wünsche und Erwartungen aller Mitarbeiter berücksichtigt.

Aller Mitarbeiter? Oder sind auch hier die Mitarbeiter aus dem Mutterland des Unternehmens gleicher als die anderen? Wer gehört zu den Architekten dieses Selbstbildes? Vor allem bei den Global Playern, die Töchter in allen Kulturkreisen haben, stellt sich die Frage, wie westliche Firmen in der Formulierung ihres gemeinsamen Selbstverständnisses diese Gemeinsamkeit definieren. Aber auch die Hidden Champions des Mittelstandes, die heimlichen Weltmarktführer, wuchsen oft im Zuge ihrer weltweiten Präsenz. Auch sie müssen ihren Mitarbeitern in den anderskulturellen Teilen der Welt eine gemeinsame Basis bieten, die deren Handeln leitet. Beinhalten die CI Konzepte westlicher Unternehmen die Möglichkeit der Veränderung? Und wenn ja: Wo sind dann die Schmerzgrenzen für eine Offenheit oder Modifikation in Bezug auf die eigenen Werte? Auch im Rahmen der Compliance-Management-Diskussion wurde deutlich, dass es nicht nur um die Einhaltung von formalrechtlichen Regelungen, wie Gesetzen, geht. Zusätzlich müssen die unternehmensinternen ethischen Anforderungen eingehalten werden. „Wir achten die Gesetze und respektieren die allgemein anerkannten Gebräuche der Länder, in denen wir tätig sind", lautet zum Beispiel der Grundsatz des Chemiekonzerns BASF im Jahre 2000 (Harvard Businessmanager, 2004).

Aber wie weit geht die Flexibilität, anerkannte Gebräuche in anderen Ländern zu respektieren?

Konkret lässt sich diese Frage an der Diskussion um ein Geschäftsgebaren aufzeigen, das wir im Westen als Korruption bezeichnen. Wir alle kennen die Eruptionen, die in Bezug auf dieses Thema bei der Firma Siemens oder MAN ausgelöst wurden. Völlig klar ist auch, dass Schmiergeldzahlungen oder Under-table-money einen fairen Wettbewerb verzerren. Nur: wie sollen sich westliche Firmenvertreter verhalten, wenn sie in Ländern verkaufen müssen (und diese vielleicht sogar ihre Hauptabnehmer darstellen), in denen die oben zitierten anerkannten Bräuche dieses Thema anders definieren? Was wir als Bestechung betrachten, sehen andere Menschen als Risikoprämie. Aufgrund einer sehr sensiblen und kritischen Presse zum Beispiel in Deutschland wagen Firmenvertreter selten offen über die Bedingungen in ihrem geschäftlichen Alltag zu sprechen. Deshalb haben Aussagen, wie sie in einem Artikel in der Süddeutschen Zeitung am 4. August

2009 publiziert wurden, Seltenheitswert. In Bezug auf die Realität in China zitiert Marcel Grzanna einen Kommentar in der Tageszeitung China Daily: „Viele Funktionäre empfinden es als Affront, wenn man ihnen kein Geld bietet. Sie sehen es als eine Art Aufwandsentschädigung an" (SZ, 4.8.09, 17). International tätige Firmen müssen einen Spagat versuchen zwischen Compliance-Regelungen zur Vermeidung von Korruption und den jeweiligen Landes-Realitäten – wobei sich auch dort oft Gesetz und Praxis widersprechen. In China bekämpft man offiziell die illegalen Zuwendungen. Bis Juli 2009 wurden 9158 Beamte von chinesischen Gerichten schuldig gesprochen (SZ, 4.8.09, 17). Selbst wenn die Vertreter westlicher Firmen gegenüber ihren lokalen Mitarbeitern deutliche Worte zum Thema sagen, erkennen sie die Grenzen der Durchsetzbarkeit ihrer eigenen Ansprüche. So muss auch Thyssen-Krupp in China bei Pressekonferenzen gut 20 Euro (etwa fünf Prozent eines Monatsgehaltes) an Journalisten zahlen, damit diese überhaupt erscheinen. Auf eine Forderung firmeneigener Juristen, diese Praxis sofort zu beenden, antwortet der Thyssen-Krupp China-Chef Alfred Wewers: „Das müssen Sie so machen, wenn Sie in China eine Chance haben wollen, sich mitzuteilen. Sonst kommt niemand" (SZ, 17).

Wie sehr werden Werte aus einer islamischen Kultur in ein westliches, christlich geprägtes Unternehmen Einzug halten? Wie steht es um die Durchsetzung von geschlechtlicher oder ethnischer Gleichberechtigung bei der Besetzung von Führungspositionen in den Ländern, die das verweigern? Ich erinnere mich, wie ein amerikanischer Firmenvertreter erbleichte, als ich ihm erzählte, dass Fragen nach dem Alter oder dem Familienstand in asiatischen Geschäftskontakten zu Selbstverständlichkeiten gehören. Werner Lachmann brandmarkt Kinderarbeit als etwas Unmenschliches. Gleichzeitig gibt er zu bedenken:

> „Der Ökonom und Ethiker muss fragen, welche Alternativen Kinder heute in der Dritten Welt haben. Die armen Kinder der Dritten Welt stehen vor folgenden Alternativen: Verhungern, Arbeiten, Prostitution, Raub und andere kriminelle Handlungen. Betrachtet man diese vier Möglichkeiten dann ist die beste die der Arbeit." (Lachmann, 2008, 4)

Eine Diskussion darüber, wie unter den Bedingungen einer multipolaren Weltökonomie – in die westliche Unternehmen eingebunden und von der sie höchst abhängig sind – eine angemessene Corporate Identity entwickelt werden kann, steht im Westen noch am Anfang. Wie soll sich das Management gegenüber unterschiedlichen Kulturen verhalten? Gibt es überhaupt eine – nach unseren Maßstäben – vernünftige Einheit in der Vielfalt der kulturellen Lebensformen? Und wenn ja, wie kann sie erreicht werden? Zu diesem Thema arbeitete auch der Betriebswirtschaftsprofessor Horst Steinmann. Er stellt fest, dass Politik und Wirtschaft im Westen normative Grundpositionen zeigen, die sie universalisieren wollen (Steinmann, 1998,36). Auf der anderen Seite erinnert er an die relativistischen Aussagen der Anthropologie, dass es keine absoluten Wertestandards gibt, sondern diese im kulturellen Kontext betrachtet werden müssen (Steinmann, 1998, 37). Liegt die Lösung in der Assimilation oder Anpassung? Auch er sieht die Notwendigkeit, diese Frage grundsätzlich zu klären:

> „Relativistische Positionen werden im internationalen Management derzeit häufig faktisch (implizit) gelebt, ohne die (normative) Begründungsfrage überhaupt aufzuwerfen." (Steinmann, 1998, 37)

Diese Frage ist nicht nur auf die Unternehmen beschränkt, sondern betrifft letztlich auch die externen Stakeholder, wie Kunden, Gesellschaft oder Non Governmental Organsiations (NGO). Denn die öffentliche Diskussion in den westlichen Staaten kann – ganz im

Sinn der christlichen Werte – oft nur als verlogen bezeichnet werden. Die USA maßen sich an, die unzulänglichen Menschenrechte und die fehlende Demokratie in China zu beklagen und ließen sich gleichzeitig ihren Lebensstandard durch billige Produkte und ihr Haushaltsdefizit durch Staatsanleihen vom chinesischen Staat finanzieren. In Deutschland brandmarkt man die Firma Siemens und vergisst, dass durch deren Aufträge (die sie mit Hilfe von Bestechungsgeldern erhalten hat) bei uns Arbeitsplätze gesichert werden. Und die wenigsten Konsumenten fragen sich wohl, unter welchen Bedingungen das schicke, aber eben günstige T-Shirt hergestellt werden kann. Jeder international Tätige im Vertrieb weiß um die Spielregeln in Lateinamerika, Afrika, Russland, Osteuropa, dem Nahen Osten und Asien. Gleichzeitig pflegt man im Westen eine Diskussion nach dem Prinzip, dass nicht sein kann, was nicht sein darf. Ich plädiere nicht für eine Übernahme der Geschäftspraktiken aus den oben zitierten Ländern. Ich fordere jedoch eine ehrlichere Diskussion über dieses Problem, die auch zum Ziel haben muss, Lösungen zu finden, wie wir uns auf der Basis unserer Werte in einem neuen multipolaren und multikulturellen Weltwirtschaftsklima behaupten können.

Einkauf und Beschaffung

Diese grundsätzlichen, ethischen und weltanschaulichen Fragen sind natürlich die Basis aller Entscheidungen in den Unternehmensbereichen. So können ethische oder ökologische Forderungen, die in der CI formuliert werden, über die Lieferantenauswahl entscheiden. Zusätzlich ist die Implementierung von Cultural Intelligence an konkrete, operative Erfordernissen im Geschäftsalltag der einzelnen Unternehmensbereiche gekoppelt.

Nach dem Prinzip „Wenn Sie einkaufen, können Sie deutsch sprechen. But if you want to sell, you have to speak English" bewegten sich die Einkäufer in den Unternehmen früher recht unbeschwert in anderskulturellen Beschaffungsmärkten. Lange Zeit mussten sie sich nicht um Etikette oder Befindlichkeiten ihrer Lieferanten kümmern. Das änderte sich in den letzten Jahren aus zwei Gründen:

Zum einen veränderte sich der Kampf um Rohstoffmärkte aufgrund der steigenden Nachfrage vor allem durch die Giganten China und Indien. Manche Einkäufer fanden sich nun in der Rolle von Bittstellern wieder.

Zum zweiten mussten die Einkäufer feststellen, dass die in Aussicht gestellte Qualität der Waren von den Lieferanten oft nicht eingehalten wurde. Dies betraf vor allem Zulieferer aus Ländern wie China oder Indien. Entsprechende Presseberichte oder auch die geschickten Verkäufer aus diesen Ländern hatten wohl nachhaltig den Eindruck vermittelt, dass man die Qualitätsansprüche des Westens selbstverständlich erfüllen könnte – und dies natürlich zu einem Drittel des Produktionspreises, wie er zum Beispiel in Deutschland anfallen würde. Diese Fehleinschätzung kostete viele Betriebe viel Geld und Nerven. Denn die Einkäufer konnten oft genug feststellen, dass sie ihre Lieferanten erst einmal – auf eigene Kosten und mit eigener fachlicher Unterstützung – qualifizieren mussten. Ich erinnere mich an Firmenberatungen, bei denen mir verzweifelte Meister und Techniker gegenüber saßen, die sich die Haare rauften, weil sie schon fünf Mal in die Zuliefererbetriebe nach China oder Indien gereist waren, ohne dass sich dort nennenswerte Qualitätsverbesserungen erzielen ließen. Dass zwei völlig unterschiedliche Welten in gesellschaftlicher, kultureller, politischer, logischer Hinsicht aufeinander trafen, soll folgende wahre Geschichte illustrieren: Als einer meiner Kunden seinem chinesischen Zulieferer erklärte, die Geräte würde der deutsche

TÜV aufgrund der mangelnden Sicherheit nicht zum Verkauf zulassen, erntete er von seinem chinesischen Partner nur fassungsloses Entsetzen und den Ausruf: „Dann müsst ihr euren TÜV eben besser bezahlen!!"

Folgende Fragen stellen sich deshalb im Rahmen eines Cultural-Intelligence-Fitness-Checks der Unternehmen in den Einkaufsabteilungen:

▶ Sind die Mitarbeiter ausreichend mit den Inhalten der Wirtschaftsmentalität ihrer Zielländer vertraut? Wissen sie, unter welchen politischen und gesellschaftlichen Rahmenbedingungen ihre Partner agieren? Der Eindruck, den ein Upper-Class Inder aus einer entsprechenden Kaste gegenüber seinem westlichen Partner vermittelt, ist keine Gewähr für eine bestimmte Kompetenz zum Beispiel der Mitarbeiter in der Produktion.
▶ Kennen sie das Qualitätsverständnis ihrer Lieferanten? In Asien kann man oft wenig mit einer abstrakten und allgemeinen Qualitätsnorm anfangen. Qualität ist gut, wenn sie der Kunde akzeptiert. Zudem stellen Qualitätsprüfungen einen Kostenfaktor dar, den man gerne einspart, nachdem man dem deutschen Kunden den perfekten Ablauf demonstriert hat.
▶ Können die Mitarbeiter in der Beschaffung kulturangepasst argumentieren und erklären? Ich meine damit nicht die Begrüßungsfloskeln oder die Etikette. Wie ich gezeigt habe, hat sich auch aufgrund eines anders strukturierten (Zeichen-)Sprachsystems eine andere Art zu denken und demzufolge zu verstehen entwickelt. Wenn man dies in Aufbau und Struktur der Kommunikation berücksichtigt, wird uns der anderskulturelle Partner eher verstehen. Damit erhöhen sich die Chancen, dass er unsere Wünsche auch umsetzt.
▶ Können die Mitarbeiter mit Konfliktsituationen, also Qualitätsmängeln oder Lieferverzug kulturangepasst umgehen? Kritisieren sie richtig und konstruktiv im anderskulturellen Verständnis?

▶ Existiert eine betriebsinterne, abgestimmte Strategie zu den Fragen, die den Umgang mit Lieferanten betreffen? Oft wird die Position der Einkäufer geschwächt, weil die verantwortlichen Mitarbeiter unterschiedlich agieren. Eine einheitliche Vorgehensweise und Reaktion bei Problemen zeigt dem Lieferanten, dass es keine bequemen Schlupflöcher für ihn mehr gibt.

Hier, wie auch für die nachfolgenden Firmenbereiche gilt: die Initiative zu einem Kompetenz-Update muss von den verantwortlichen Führungskräften ausgehen! Ihre Mitarbeiter, die seit zehn Jahren auf anderskulturellen Märkten einkaufen, werden nicht den Mut haben einzugestehen, dass sich viele Fragen aufgetürmt haben, für die sie gerne einmal grundsätzliche Erklärungen erhalten möchten. Außerdem haben sich die weltwirtschaftlichen Bedingungen verändert. Wir wissen ja bereits: man kann die Probleme von morgen nicht mit den Werkzeugen von gestern lösen.

Verkauf und Vertrieb

Die Vertriebsabteilungen pumpen das Blut durch den Körper der Unternehmen. Und sie sind die Seismographen konjunktureller und struktureller Veränderungen. Ihre erfolgreiche Arbeit entscheidet oft über Wohl und Wehe in den Betrieben. Weltweit kämpfen sie um die Gunst der Kunden. Aber diese Kunden sind in Asien besonders anspruchsvoll. Dort gilt der Kunde als Gott, denn er entscheidet über das Leben des Lieferanten. Dementsprechend selbstbewusst und fordernd treten asiatische Kunden auf.

Ist Ihre Verkaufscrew mit den Besonderheiten der jeweiligen Zielmärkte vertraut? Oder haben Sie ihr ein Verkaufstraining angedeihen lassen, das sie für ihre Arbeit weltweit rüsten soll? Ich stelle diese Fragen, weil ich oft genau gerade dieses in meinen

Beratungen erlebe. Dabei kann ich nur für die asiatischen Märkte festhalten, dass sich dort die Verkaufs- und Verhandlungstaktiken zum Beispiel von denen in Europa oder den USA unterscheiden. Im Einzelnen sollten Sie deshalb die interkulturelle Kompetenz der Mitarbeiter im Vertrieb hinsichtlich folgender Fragen überprüfen:

- Kennen sie das Selbstverständnis der Kunden, die Interessen der Verhandlungspartner, deren Erwartungen an ein Kunden-Lieferantenverhältnis?
- Was muss bei der Angebots- und Preisgestaltung berücksichtigt werden? Wie verhält man sich nach Abgabe des Angebotes?
- Wie verläuft das Verkaufsgespräch? Kennen Ihre Mitarbeiter die Dramaturgie von Verhandlungen? Kennen sie die Zeitstruktur? Können sie die Signale des potentiellen Kunden richtig deuten? Wie fit sind sie in Preisverhandlungen mit mehr als selbstbewussten Kunden?
- Welches Vertragsverständnis habe die anderskulturellen Partner? Welche Konsequenzen hat dies für die eigene Handlungsstrategie? Können Ihre Mitarbeiter die Bedeutung eines Produktschutzes richtig einschätzen?
- Können sich Ihre Mitarbeiter kulturangepasst richtig bei Konflikten oder Verhandlungsstörungen verhalten?
- Welche Rolle spielt das geschäftliche Begleitprogramm für eine gute Kundenbeziehung?

Verkäufer müssen folgende Leistungen erbringen: sie müssen Produkte vertreiben, die in einer Entwicklungsabteilung konzipiert wurden, die sich vielleicht an westlichen Bedürfnissen und Standards orientiert. Ich werde darauf noch gesondert zurückkommen. Zusätzlich sind diese Mitarbeiter eingebunden in die Organisationsstruktur eines Unternehmens, das sich ebenfalls an westlichen Effizienzkriterien orientiert. Ich möchte am Beispiel asiatischer Märkte veranschaulichen, wie dies einen Erfolg gefährden kann.

Personenbeziehungen als Basis im Geschäftsleben

Personenbeziehungen in Asien sind der Schlüssel für neue Geschäftsbeziehungen. Der Aufbau ist zuweilen zeitintensiv (man traut einem Schiff erst, wenn es sich im Sturm erprobt hat), aber dann wirkt eine gute persönliche Beziehung als Garant für Sicherheit und als Beschleunigungsfaktor in vielen Prozessen. Geschäftsbeziehungen, die aufgrund von persönlicher Vermittlung zustande kommen, befinden sich von Anfang an auf einem höheren Niveau. Der Vermittler ist der Gewährsmann für die Verlässlichkeit des neuen Partners, damit besteht von Anfang an ein großes Vertrauensverhältnis. Man weiß, dass ein Netzwerkpartner nur seriöse neue Partner empfiehlt. Er würde sich andernfalls selbst am meisten schaden.

In Ost und West investiert man deshalb in unterschiedlichen Phasen Zeit in eine Geschäftsbeziehung.

Im Westen ist die Aufnahme von Geschäftsbeziehungen oft sachlich bestimmt, genügt funktionalen Überlegungen. Sicherheit bezieht man aus rechtlichen Vereinbarungen, einem juristischen Korsett. Man kommt schnell ins Geschäft oder zur Sache. Treten Probleme oder Schwierigkeiten auf, so folgen entweder langwierige Gespräche (der Aufbau einer persönlichen Ebene muss quasi nachgeholt werden) oder zeitintensive gerichtliche Auseinandersetzungen.

Ich will dies an einem Beispiel erläutern:

Eine Bank möchte Kunden in China gewinnen. Der Zugang zu der chinesischen Firma sowie der Aufbau eines Vertrauensverhältnisses erfolgen über einen chinakundigen Mitarbeiter. Doch die Organisationsstruktur der deutschen Bank sieht für verschiedene Leistungen verschiedene Zuständige vor. Konkret bedeutet dies, dass jeweils unterschiedliche Mitarbeiter die Gespräche über den Aufbau von Konten oder die Zuteilung von Krediten führen. Derjenige, der die Kontakte anbahnte, ist bei keinem weiteren Gespräch mehr anwesend, da nicht mehr sachlich, regional oder produktspezifisch zuständig.

Die Chinesen sind darüber sehr irritiert. Sie fühlen sich nicht gut aufgehoben, nicht ernst genommen. Das Vertrauen in die Schlüsselperson war der Grund für die Entscheidung, mit dieser deutschen Bank zusammen zu arbeiten. Nun müsste zu jedem neuen Zuständigen erst eine Vertrauensbasis erprobt werden. Das ist umständlich und führt zuallererst zu Verunsicherung und Verstimmung. Zusätzlich erfolgte die Betreuung durch die anderen, chinaunkundigen Mitarbeiter nicht mit der gleichen Intensität, Zuverlässigkeit und Kundenorientierung, wie die Chinesen das von der Schlüsselperson gewohnt waren. Die Chinesen suchten immer wieder Kontakt zu dem Bankmitarbeiter, doch der konnte nur mitteilen, dass ihm innerhalb der Bank die Hände gebunden waren. Verärgert kündigten die Chinesen die Zusammenarbeit auf.

Es passiert oft, dass die Organisationsstrukturen der westlichen Firmen nach fachlichen Zuständigkeiten ausgerichtet sind. Begründet wird dies mit einer vorhandenen (und notwendigen) Spezialisierung. Nur so könne man dem Kunden eine optimale Lösung für seine Fragen bieten. Das Konzept One-face-to-the-customer, sei aufgrund der komplexen Fachthemen oder technischen Fragen nicht zu realisieren. Andererseits zeigen Firmenbeispiele wie die von MAN-Druckmaschinen, dass man mit der Berücksichtigung kulturspezifischer Kundenerwartungen gerade mit einem One-face-to-the-customer-Konzept seinen Erfolg in China sichern kann (Seelmann-Holzmann, 2006).

Das Beispiel macht deutlich, wie zwei unterschiedliche Systeme, zwei unterschiedliche Konzepte von effizienter Kundenpolitik aufeinander treffen. Das Angebot der Bank trifft nicht die Erwartungen des chinesischen Kunden. Wenn die Bank darüber keine Informationen hat und schlimmer noch, nicht bereit oder fähig ist, flexibel diese anderen Kundenerwartungen zu erfüllen, drohen Misserfolge. Sie können jetzt entscheiden, was schlimmer ist: mangelndes Wissen oder mangelnde Flexibilität.

Personalpolitik

Geschäfte werden zwischen Menschen gemacht und damit sind die Mitarbeiter eines Unternehmens der Schlüssel für Erfolg auch auf den internationalen oder anderskulturellen Märkten. In der Darstellung des Cultural-Intelligence-Instruments habe ich ausführlich auf die Anforderungen hingewiesen, die sich in der Zusammenarbeit in interkulturellen Arbeitsgruppen ergeben. Deshalb hier nur noch einmal in konzentrierter Form, auf welche Themen Sie im Rahmen eines Fitnesschecks Ihre Aufmerksamkeit richten sollten:

▶ Werden bei der Auswahl von Fach- und Führungskräften für das internationale Geschäft auch deren (vorhandene oder potentielle) Fähigkeiten einer interkulturellen Kompetenz berücksichtigt? Welche Persönlichkeitsdispositionen rüsten die Mitarbeiter am besten für einen bestimmten Markt? Oft zeigt sich, dass Menschen, die in unserer Kultur als zurückhaltend und weniger durchsetzungsfähig gelten, zum Beispiel in asiatischen Märkten sehr erfolgreich arbeiten können.

▶ Werden die Führungskräfte auf einen kulturspezifischen Führungsstil im Zielland vorbereitet? Sind sie bereit, diesen anderen Führungsstil zu praktizieren?

▶ Kennen die verantwortlichen Mitarbeiter kulturangepasste Methoden zur Mitarbeitermotivation und -bindung? Auch wenn in vielen Berichten als Gründe für eine hohe Fluktuationsrate in den wirtschaftlichen Hotspots in China oder Indien die Bezahlung genannt wird, zeigen differenziertere Untersuchungen:

Money is not always king! Für asiatische Mitarbeiter zählt vorrangig ein gutes Betriebsklima (IHK Nürnberg, Schriften und Arbeitspapiere, 2008, 27; Asia Bridge, 2/2008, 16). Aber was unter einem guten Arbeitsklima verstanden wird, ist ebenfalls kulturabhängig.

Human-Resources-Strategien können nicht universell angewandt werden

Die Verantwortlichen in der Personalarbeit müssen ihre Konzepte um den Aspekt der kulturellen Differenz erweitern. In einer Studie der Boston Consulting Group heißt es deshalb, westliche Unternehmen müssen sich „von der Vorstellung lösen, die Planung und Umsetzung der Personalstrategie vom Westen aus nach westlichen Mustern steuern zu wollen" (ChinaKontakt, 4/2008, 47).

Dies hat Konsequenzen für Personalentwicklungskonzepte. Wie schon erwähnt, erwarten asiatische Mitarbeiter oft eine Anleitung zum Beispiel hinsichtlich ihrer Weiterbildungsinhalte. Sie sind es nicht gewohnt, ihre Berufskarriere selbst inhaltlich zu planen. Auch in Bezug auf die Kommunikation in den Mitarbeitergesprächen muss ein anderer Kommunikationsstil berücksichtigt werden.

In manchen Unternehmen gehört es zur Aufgabe einer internationalen Personalarbeit, Befragungen zur Messung von Mitarbeiterzufriedenheit durchzuführen. Auch hier muss davor gewarnt werden, weltweit dieselben Methoden anzuwenden. Dies kann zu falschen und irreführenden Ergebnissen führen. Wenn zum Beispiel ein japanischer Kollege ankreuzt, sein Vorgesetzter ließe ihm großen Freiraum und Unabhängigkeit, so ist das nach seinem Wertekatalog eher eine negative Beurteilung. Auch in der Entwicklung kulturangepasster Methoden zur Messung von Mitarbeiterzufriedenheit befinden wir uns noch am Anfang.

In der Personalpolitik liegt die Verantwortung dafür, dass inländische und ausländische Mitarbeiter interkulturell sensibilisiert und mit entsprechenden Maßnahmen für ihre Arbeit unterstützt werden. Von daher obliegt ihr eine gewisse Initiativfunktion. Ich habe jedoch schon mehrfach darauf verwiesen, dass auch die Verantwortlichen in anderen Unternehmensbereichen die Implikationen interkultureller Ausrichtung beachten müssen.

Produktion im In- und Ausland

Da die Mitarbeiter in der inländischen Produktion keinen direkten Kontakt mit ausländischen Kunden haben, bleiben sie bei der Zielgruppe für interkulturelle Trainings meist außen vor. Die internationale Verflechtung erleben sie höchstens dann, wenn Kollegen aus ausländischen Werken bei ihnen vorübergehend arbeiten, weil sie zum Beispiel mit den Arbeitsabläufen vertraut gemacht werden sollen.

Natürlich gibt es auch im deutschsprachigen Raum multikulturell zusammengesetzte Teams; darauf bin ich in den Ausführungen zum Cultural-Diversity-Instrument eingegangen.

In den Unternehmen würde sich manche Diskussion erübrigen, wenn auch die Mitarbeiter in der Produktion über die Erwartungen ausländischer Kunden informiert werden. So erinnere ich mich an eine Firmenberatung, bei der mir ein aufgebrachter Meister ein Produktionsteil vor die Nase hielt und sich beschwerte, dass der japanische Kunde diese lächerliche Abweichung vom Normalmaß nicht akzeptierte. Im Grunde war er überzeugt, dass seine Kollegen aus dem Vertrieb unangemessen penibel waren und ihn nur ärgern wollten. Das Unternehmen war Zulieferer für den Shinkansen-Zug in Japan. Er ist Inbegriff von perfekter Technik, Zuverlässigkeit und Pünktlichkeit. Ich musste dem Meister sagen, dass die japanischen Käufer Null Prozent Toleranz bei ihren Zulieferteilen akzeptierten.

Produktionsaufbau

Es ist selbstverständlich, dass Mitarbeiter, die mit dem Aufbau von Produktionsstätten im Ausland betreut sind, eine umfangreiche Unterstützung entlang der Themen erhalten, wie ich sie bereits für den Einkauf oder Vertrieb darstellte. Zusätzlich sollten sie punktuelle oder dauerhafte Begleitung durch ein Coaching bekommen. Die Verantwortlichen sollten dafür Sorge tragen, dass die betroffenen Mitarbeiter über kulturangepasstes Wissen zu folgenden Themen verfügen:

- Welche fachlichen Vorkenntnisse haben die ausländischen Kollegen wirklich? Ich erlebe oft, dass man einfach die Erfahrungen eines deutschen, dualen Ausbildungssystems unterstellt, und zusätzlich eine technische Erfahrung, die sich im Westen innerhalb von 150 Jahren entwickelt hat.
- Kann man von einem übereinstimmenden Qualitätsbegriff ausgehen?
- Wie müssen Einweisungen, Arbeitsbeschreibungen, Schulungen aufgebaut sein?
- Welche Vorgehensweise stellt sicher, dass die ausländischen Kollegen die Anweisungen verstehen und umsetzen können? Wie kann überprüft werden, ob sie die Informationen verstanden haben?
- Welcher Arbeitsstil ist gegenüber den Mitarbeiten sinnvoll? Besteht die Möglichkeit der Aufgabendelegation?
- Wie überwache ich die Vorgabe von Arbeitszielen?
- Wie können Qualitätssicherungssystemen (Zertifizierungen) durch- und eingeführt werden?

Produktentwicklung

In Zukunft werden sich westliche Anbieter auch im Rahmen ihrer Produktentwicklung stärker an dem orientieren müssen, was die Abnehmer in ihren Zielmärkten tatsächlich wünschen. Dies gilt für den Konsumbereich ebenso wie auf dem Investitionsgütermarkt. Selbstverständlich wird es weiterhin Nachfrage nach zum Beispiel deutschen Luxusprodukten und technisch hoch entwickelten Industriegütern geben. Angesichts der potentiellen Konsumentenzahlen in China oder Indien, die als Nachfrager eher im unteren und mittleren Preisniveau auftreten, werden sich auch westliche Hersteller auf neue Produkte besinnen müssen. Die Richtung zeigt das Nano Auto des Herstellers Tata in Indien. Wenn bisher eine vierköpfige Familie auf einem Moped fuhr, dann stellt eine Karosserie auf vier Rädern einen Fortschritt dar. Und wenn chinesische Hersteller mit ihren einfachen Produkten auf afrikanischen Märkten so großen Erfolg haben, dann zeigt dies, dass sich hier Kundenprofile und Angebot ergänzen.

Zudem gibt es gerade unter Berücksichtigung kulturbedingter Einstellungen zum Beispiel in vielen asiatischen Staaten neue Absatzmöglichkeiten für deutsche, hochpreisige Produkte. Die enorme Wertschätzung der nicht nur schulischen Bildung in Ländern mit einem konfuzianischen Hintergrund (China, Japan, Korea, Singapur, Vietnam), kann von Schreibgeräte- oder Spielzeugherstellern gezielt genutzt werden. Die Deutschen gelten als High-Tech-Land mit hoher Bildungstradition (Land der Dichter und Denker). Wenn sie ihre Produkte dann noch mit dem Hinweis des pädagogisch wertvollen Nutzens bewerben, sind Eltern auch bereit, einen höheren Preis zu zahlen.

Immer noch dominiert bei westlichen Unternehmen eine Standardisierungsstrategie, das heißt, man bietet weltweit eine einheitliche Produktpalette an. Wenn Ikea auch in Peking mit weißen Wohnlampen handeln will, dann kann es passieren, dass sich die Nicht-Käufer verwundert fragen, ob sich die Westler tatsächlich Friedhofleuchten in ihre Wohnungen stellen. Und BMW hätte wohl bedenken sollen, dass die Zahl vier in einigen asiatischen Ländern als Unglückszahl gilt, bevor sie den Z4 auch in Fernost vertreiben wollten.

Auch für die Mitarbeiter in der Produktentwicklung lohnen sich also Hintergrundinformationen über Werte, Konsumgewohnheiten und Lebensstile, um durch angepasste Waren Marktanteile zu gewinnen. Natürlich gab es auch in der Vergangenheit Zufallserfolge. Eine systematische Berücksichtigung landes- oder kulturtypischer Bedürfnisse ist jedoch eine intelligente Antwort auf die Chancen der Globalisierung.

Marketing und Werbung

Ein Produkt hat auf einem anderskulturellen Markt Erfolg, wenn Wertekonformität vorliegt. Wenn ein Produkt also den Bedürfnissen der Konsumenten entspricht, wenn das Design oder die Farbe den Geschmack trifft, wenn unsere Werbebotschaft den zukünftigen Käufern gefällt. Weshalb gibt es aber immer wieder spektakuläre Misserfolge europäischer Firmen zum Beispiel beim Marketing in Asien? Warum vergessen die Verantwortlichen anscheinend eine Binsenweisheit, die da heißt: Der Wurm muss dem Fisch schmecken, nicht dem Angler? Ich habe oft den Eindruck, dass in den international tätigen Werbeagenturen, vielleicht auch in den Unternehmen selbst, die Eurozentriertheit unreflektiert regiert. Ein Fitnesscheck im Bereich des Marketing und der Werbung muss sich vor allem auf folgende Aspekte beziehen:

- **Farben in Werbebotschaften**: Farben werden schneller wahrgenommen als Text und Bild und sind deshalb ein wirksames Mittel für einen gewünschten Bedeutungs- und Emotionstransfer (Müller/Gelbrich, 2004, 343). Deshalb ist es besonders wichtig zu prüfen, ob auch im jeweiligen Zielland eine Farbe die beabsichtigte Wirkung auslöst. Ein Beispiel dafür ist die Farbe weiß, die in vielen Ländern Reinheit signalisiert, in Asien jedoch für Tod und Trauer steht. Mit der Farbe grün assoziiert man in islamischen Ländern Frömmigkeit, in Brasilien Krankheit, in anderen Ländern Unreife und Neid.
- **Symbole in Werbebotschaften**: Die Wirkung einer Werbebotschaft kann auch misslingen, wenn Symbole nicht kulturadäquat eingesetzt werden. So variiert die Symbolkraft von Tieren ebenso wie die von Märchengestalten. Das Schwein ist in China oder Korea Sinnbild für Reichtum und Glück; bei Juden oder im Islam gilt es als unrein. Generell ist mit der Verwendung von Tieren in buddhistischen Ländern Vorsicht geboten, da sie als gleichwertige Lebewesen gelten. Natürlich sollte man nationale Werte kennen und achten. Auch hier kommt es jedoch immer wieder zu Fehlern. In einem Werbefilm für Nike-Turnschuhe dribbelte ein farbiger US-Basketballstar (Le Bron James) einen Cartoon-Kung-Fu-Meister und mehrere Drachen aus. Die chinesischen Radio-, Film- und TV-Behörden verboten die Reklame, weil sie die nationale Würde verletze. Nike musste sich entschuldigen. Die Empörung lag sicher auch darin begründet, dass sich die Chinesen gegenüber dunkelhäutigen Menschen überlegen fühlen und ihre Helden von ihnen nicht besiegt werden dürfen.
- **Sprache in Produktname und Werbebotschaften**: sprachliche Formulierungen bergen viele Fallstricke. Neben offener Verletzung von Werten oder Tabus kommt es oft auch zu unfreiwilliger Komik. In beiden Fällen führt dies zum Misserfolg der Werbemaßnahme. Auch die Übersetzung von Produkt- oder

Markennamen muss die Codes bestimmter Begriffe berücksichtigen. Besonders schwierig wird es, wenn man die Bezeichnungen in eine Sprache überträgt, die kein Buchstabenalphabet kennt wie zum Beispiel Chinesisch. Man muss dann Begriffe finden, die entweder vom Laut her ähnlich klingen und eine positive Bedeutung haben oder als Ausdruck die Produkte widerspiegelt. Wenig erfolgreich war der US-Konzern Pfizer. Er übersetzte Viagra mit „Wanaike". Dies bedeutet jedoch „Gast, der 10.000 mal Liebe macht" und widersprach den moralischen Vorstellungen der Chinesen. Positive Beispiele sind Pepsi Cola (bai shi ke le = allwissender Mensch), Omo (au miau = geheimnisvoll und wunderbar), Siemens (si men zi = Tor zum Westen), BMW (bao ma = edles Ross) oder auch Ikea (yi jia = angenehme Familie). Aber auch in kulturähnlichen Märkten kann ein Produktname nicht beabsichtigte Irritationen auslösen. Der amerikanische Autohersteller Ford wollte seinen „Pinto" in Brasilien vermarkten. Dort ist „Pinto" jedoch ein Schimpfwort für einen Mann, der ein kleines Geschlechtsteil hat. Die Markteinführung des Mitsubishi „Pajero" in Spanien endete in einem Fiasko. Im Spanischen ist „Pajero" ein obszöner Ausdruck für Selbstbefriedigung.

▶ **Werbeanzeigen – Gestaltung**: Kulturelle Unterschiede existieren auch bei der visuell kognitiven Verarbeitung einer Werbebotschaft. Menschen betrachten Werbeanzeigen unterschiedlich. Mittlerweile konnte in verschiedenen Untersuchungen durch die kulturvergleichende Gehirnforschung nachgewiesen werden, dass Asiaten Bilder anders betrachten. Europäer suchen, wahrscheinlich aufgrund ihres Ursache-Wirkungsdenkens, in einem Bild immer ein Hauptobjekt und vernachlässigen dabei den Hintergrund. In Wahrnehmungs- und Blickverlaufsstudien, wie auch im Hirnscanner, zeigte sich, dass Asiaten das ganze Bild und damit auch den Hintergrund wahrnehmen (Seelmann-Holzmann, 2007, 174). Dies hat Konsequenzen für den grafischen Aufbau einer Werbeanzeige. Zusätzlich ist für asiatische Märkte zu prüfen, ob man sich nicht für Produktdesign, Logo oder Schriftart an Feng-Shui-Richtlinien orientiert. Der Erfolg von Wella-Produkten in Japan oder das Lufthansasymbol des Kranichs soll auch darauf zurückzuführen sein, dass diese Zeichen im Fengshui-Verständnis als positiv gelten.

▶ **Kulturell angepasster Referenzrahmen für Werbebotschaften:** Auch hier muss das jeweilige kulturelle Selbstverständnis der Konsumenten beachtet werden. Wie mehrfach erwähnt, definieren sich asiatische Menschen eher als Mitglieder einer Gruppe denn als Einzelwesen. Die im Westen als Verheißung gepredigte Freiheit, die ein bestimmtes Produkt vermitteln soll, kann deshalb in Asien anders verstanden werden. Freiheit wird dort eher interpretiert im Sinne von „sich Freiheiten nehmen und seine Pflichten gegenüber der Gemeinschaft vernachlässigen", ist eher in der Nähe eines asozialen Gesellschaftsmitglieds angesiedelt. Wenn es im Westen hieß „Rauchen gefährdet Ihre Gesundheit", so warnt man in Singapur mit „smoking harms your family". Der im Westen so beliebte Hinweis, mit einem bestimmten Konsum würde man sich als Individualist beweisen, kann in Asien ebenfalls seine erwünschte, absatzfördernde Wirkung verfehlen, weil es dort unter Umständen darum geht, sich mit dem Kauf als Mitglied einer bestimmten Gruppe zu bestätigen.

„Yes, we can" – because there's no other chance?

Die Welt ist eine erfahrbare Schicksalsgemeinschaft geworden. In ökonomischen und ökologischen Fragen, ebenso wie auf dem Gebiet der Gesundheit (Ausbreitung von Seuchen) oder der globalen Sicherheit (Terrorismus) erleben wir eine zunehmende wechselseitige Abhängigkeit. Die alten Kräfteverhältnisse haben sich verschoben. Die wirtschaftliche Dominanz der westlichen Industriestaaten, allen voran die der Supermacht USA, wurde erschüttert. Einen Klimawandel fürchten wir nicht nur in ökologischer Hinsicht, sondern wir werden uns in der multipolaren Welt auch mit multiplen Deutungsmustern, das heißt kulturellen Konzepten, und unterschiedlichen Rationalitätsmustern auseinander setzen müssen.

Wie sind wir, der Westen, für diese Aufgabe gerüstet? Was folgt auf die „Ruinen des amerikanischen Jahrhunderts" (Ai Weiwei, 2009)? Welche (Anpassungs-)Leistungen müssen wir erbringen, damit wir weiterhin unsere kulturellen Überzeugungen bewahren und unsere materielle Basis sichern können?

Ich möchte die Anforderungen auf zwei Ebenen schildern. Kurze Hinweise werden die sozio-ökonomischen und geopolitischen Aspekte einer multipolaren Welt aufzeigen. Die mikroökonomische Ebene betrifft die international agierenden Unternehmen und insbesondere deren Mitarbeiter. Wie sieht der Homo multipolaris aus?

Wer wird die Weltgemeinschaft führen?

Wenn sich Machtverhältnisse neu definieren, stellt sich zum einen die Frage, wie ein Machtverlust konstruktiv verarbeitet werden kann. Zusätzlich erwachen Spekulationen über mögliche zukünftige Hegemonialkräfte. In wirtschaftlicher Hinsicht geht man davon aus, dass China die USA als größte Volkswirtschaft der Welt ablösen wird. Insgesamt werden sich Länder wie Japan, Indien, Indonesien im Jahr 2040 unter den größten zehn Wirtschaftsmächten befinden und damit eindeutig zeigen, dass das atlantische Zeitalter durch das pazifische abgelöst wird. Kishore Mahbubani weist darauf hin, dass in Zukunft die 12 Prozent der Menschheit im Westen nicht mehr über das Schicksal von 88 Prozent in der restlichen Welt entscheiden werden (Mahbubani, 2008, 14). Die 6,5 Milliarden Erdbewohner sitzen zwar alle im selben Boot, aber es gibt derzeit weder einen Kapitän noch eine Mannschaft. Eine neue Ordnung wird sich auch in der Zusammensetzung internationalen Organisationen wie dem Internationalen Währungsfond oder der UNO zeigen. Dort waren jedoch die Leitungsfunktionen bisher nur von westlichen Vertretern besetzt.

> „Unter den 3,5 Mrd. Asiaten ist seltsamerweise niemand für so einen Job qualifiziert, obwohl sie die am schnellsten wachsenden Ökonomien und die größten Devisenreserven haben! Und dann sehen Sie sich diese G8 Treffen an: Es kommt nie was dabei heraus, und die Begegnungen repräsentieren gerade mal zehn Prozent der Weltbevölkerung. Das ist ein inzestuöser Dialog unter westlichen Intellektuellen und Politikern. (…) Wenn der Westen wirklich an Demokratie glaubt, dann lasst uns doch so etwas wie eine globale Demokratie schaffen und allen Stimmen in dieser Welt Gehör verleihen. Der Westen muss aufhören, Denkmuster von vor 30, 40 Jahren anzuwenden. Die Welt ändert sich, ändert Euch auch!" (Mahbubani, 2008, 204).

Die Länder Asiens haben die Weltordnung nach dem Zweiten Weltkrieg zwar akzeptiert. Nun fordern sie aber eine stärkere Mitbestimmung in den Internationalen Organisationen.

> „Dass der Westen die Macht in diesen Organisationen monopolisiert hat, ist undemokratisch und kontraproduktiv, weil es die Legitimation dieser Institutionen untergräbt und verhindert, dass aufstrebende Länder in ihre Rolle hineinwachsen." (Mahbubani, 2009, 14)

Für die Zukunft spricht Mahbubani den USA und der EU aufgrund ihrer „kulturellen Ignoranz" (Mahbubani 2008, 288) eine zukünftige Führungskompetenz ab. China fungiere zwar als neues Vorbild für viele Entwicklungsländer, zeige aber aufgrund innenpolitischer Herausforderungen keine Neigung, die Führung der Welt zu übernehmen. Ähnlich argumentiert Ai Weiwei, Chinas bekanntester Konzeptkünstler, der nach zwölf Jahren in den USA wieder in Peking lebt. Er glaubt weder, dass China von den Fehlern des Westens lernen, noch schädliche Entwicklungsstufen überspringen kann. Der größte Hemmschuh ist für ihn die Allmacht der kommunistischen Partei:

> „China bietet deshalb keine Alternative zu Amerika. Es fehlt bei uns jegliches Bewusstsein dafür, dass wir mit eigenen Werten und Handlungen der Welt neue Impulse geben können. (…) Wir Chinesen haben nicht den Willen, die Welt anstelle Amerikas zu beherrschen." (Ai Weiwei, 2009)

Wenn sich die multipolare Welt also mit multipolaren Machtzentren organisieren muss, dann werden sich die politischen Vertreter über alte Themen neu einigen müssen.

- Ist Demokratie ein universell gültiges, politisches Modell?
- Wie definieren sich Menschenrechte?

▶ Was ist Freiheit? Politische Freiheit oder die Freiheit von Hunger und Armut?

Von entscheidender Bedeutung ist das Verhältnis der westlichen Staaten mit christlichen Wurzeln zu islamischen Ländern. Denn hier stehen sich zwei monotheistische Religionen mit Absolutheitsanspruch gegenüber. Vor allem die Terrorakte unter dem Mantel moslemischen Glaubens haben das Verhältnis zu Staaten wie Afghanistan, Pakistan, dem Iran und Irak belastet. Insgesamt ist das Verhältnis zu moslemischen Menschen hoch emotionalisiert. Zu panikartigen Abwehrreaktionen kommt es in vielen westlichen Staaten, wenn es um Fragen wie dem Bau von Moscheen, dem Tragen des Kopftuches sowie der Burka durch moslemische Frauen oder gar der Berücksichtigung der Sharia im Rechtssystem geht. Eine Minderheit von Radikalen hat religiösen Ausdrucksformen das Gesicht des Terrors gegeben. Eine differenzierte Auseinandersetzung mit den Inhalten des Islam und seinen diversen Ausprägungen ist oft nicht mehr möglich.

Der zukünftige Frieden, der wichtigste Garant für eine globale Wirtschaftsentwicklung, welche die materielle Situation von immer mehr Menschen verbessert, wird jedoch in hohem Maße davon abhängen, dass sich Länder mit unterschiedlichen Denksystemen, Rationalitätsmustern, aber auch politischen Legitimitätskriterien auf einen kleinen, gemeinsamen Nenner einigen. Professor Harald Müller, Direktor der hessischen Stiftung für Friedens- und Konfliktforschung in Frankfurt, verweist darauf, dass die Forderung nach demokratischer Ordnung weltweit zu Blütenträumen politischer Philosophen gehört:

> „Wir brauchen die Nicht-Demokratien, um die großen, globalen Probleme zu lösen. Wie sollen wir zum Beispiel den Klimawandel angehen, wenn China nicht mit einbezogen ist? Wie sollen wir das Problem des iranischen Nuklearprogramms in

> den Griff bekommen, wenn Russland nicht mitarbeitet? (...) Dass zudem von den westlichen Demokratien noch die westlichen Werte zu den einzig gültigen auf der Welt erklärt werden, schafft außerdem auch anderswo Ressentiments und entsprechenden Widerstand." (Müller, 2009, 4)

Er relativiert das Hohelied der moralischen Überlegenheit der liberalen Menschenrechte, die in der jüdisch-christlichen Lehre fußen, unter Verweis auf deren historische Entwicklung. Er erinnert an den Umgang des Christentums mit Hexen oder Abweichlern, an den Widerstand von katholischer und evangelischer Kirche gegen jeden kleinen Fortschritt in der Entwicklung der Menschenrechte im 18. oder 19. Jahrhundert.

> „Es wäre sehr nützlich, wenn unsere Leitkultur als ersten Zielbegriff die ‚Demut' enthalten würde." (Müller, 2009, 5)

Da auch die Lösungen für die Probleme der Weltgemeinschaft wertgebunden sind, könne man erfolgreich nur mit Anerkennung und Respekt kommunizieren. Man müsse in politischer Hinsicht akzeptieren, dass Führung unterschiedlich legitimiert werde. Als kleinsten gemeinsamen Nenner fordert Müller die Einhaltung des Völkerrechts. Und zukünftig werde sich der Westen damit abfinden müssen, dass man sich in kulturellen oder politischen Fragen eben nicht einigen könne, aber eben friedlich zusammenleben wolle.

Keine leichte Aufgabe für die Menschen der westlichen Hemisphäre oder für einige islamische Länder. Nur müssen wir uns fragen, ob wir noch eine andere Chance in der aktuellen Weltordnung haben.

Auch wenn die USA in wirtschaftlicher und politischer Hinsicht Einfluss verloren haben, so prägen sie dennoch auch aufgrund ihrer militärischen Stärke entscheidend den Ton in der Weltgemeinschaft. Trug Präsident Bush eher zur Polarisierung auf dem Globus bei, so präsentierte Barack Obama bisher andere, versöhnliche Botschaften. Seine eigene Herkunft und Biografie wird oft als wertvollste Voraussetzung für einen konstruktiven Dialog genannt:

> „With his Kenyan father, American mother and Muslim grandfather, Obama speaks to a world in flux. From Malaysia to Mexico, Obama seems somehow familiar. (…) This is important because global hopes are still rested in the American idea. China and India may be rising but their ascendancy has not brought any magnetic new message." (New York Times, 19.1.09)

Yes, we can – because we have no other choice?

Der Homo multipolaris

Die meisten Menschen werden die multipolare Weltwirtschaftsordnung nur indirekt erfahren. Wie erfolgreich sich ihr jeweiliges Land in diesem neuen Gefüge behauptet, erkennen sie in den abstrakten Zahlen von Export- oder Importvolumina, die sich dann auf die jeweiligen inländischen Bruttosozialprodukte und damit auf ihre Lebens- und Einkommensbedingungen niederschlagen.

Es sind die international tätigen Fach- und Führungskräfte in den Unternehmen, ebenso wie ihre Kollegen in Deutschland, die in internationalen Teams arbeiten, deren Arbeitsalltag sich unter neuen Rahmenbedingungen abspielen wird. Sie werden die kulturelle Vielfalt im Denken und Handeln praktisch aushalten und bewältigen müssen.

Damit sind wir schon bei der ersten Leistung, die die betroffenen Menschen für eine erfolgreiche Arbeit auf den internationalen Märkten erbringen müssen. Wie ich in vielen Aspekten deutlich zu machen versuchte, geht es nicht darum, Fremdheit völlig zu reduzieren, Unterschiede einzuebnen, denn das würde ja die kreative Wirkung von Diversität töten, die Vielfalt zu Einfalt kastrieren. Die betroffenen Menschen müssen die Fremdheit und Andersartigkeit *aushalten*, damit einen hohen Grad an Unsicherheit ertragen. Wie sieht der Homo multipolaris aus?

> Ich treffe Maren Müller zu einem Gespräch in Köln, nachdem sie mit mir via Internet in Kontakt trat. Sie lebt mit ihrer Familie in Islamabad, Pakistan, und schreibt gerade an ihrer Masterthesis über die Mitarbeitermotivation in einem islamischen Land im Rahmen eines MBA-Studiums. Daneben arbeitet sie als Beraterin für Unternehmen und Institutionen in Fragen des interkulturellen Managements und Investments in Pakistan und Indien. Das Thema und ihre Erfahrungen sind natürlich sehr interessant für mich. Ihr Mann, Frank Müller, ist Journalist und arbeitet für mehrere europäische Medien.
>
> Er studierte in Deutschland, Schottland und Spanien und absolvierte Sprachkurse in Kairo und Delhi. Er beherrscht neben Deutsch noch Englisch, Russisch, Spanisch und Urdu. Als Korrespondent arbeitete er im Kosovo, in Serbien und in Montenegro, dann im Irak, in Indien und nun in Pakistan.
>
> Auch Frau Müller lebte bereits mit ihm in Indien. Ihre zwei noch schulpflichtigen Kinder verbrachten mehr Zeit im Ausland, als in Deutschland. Sie sprechen Deutsch, Englisch, Französisch und lernen nun aufgrund ihres Schulbesuches Arabisch.
>
> Ich frage die jüngste Tochter, wie es ihr in Pakistan gefalle: „Sehr gut, es ist dort sehr schön!", findet sie. Auch Frau Müller findet das Leben in Islamabad trotz der fragilen Sicherheitssi-

tuation oder der schwankenden Stromversorgung interessant und herausfordernd. Die Menschen seien zwar oftmals zurückhaltend, wenn sie Vertrauen gefasst haben jedoch sehr herzlich und auch offen. Sie wünscht sich nichts mehr als eine Verbesserung der wirtschaftlichen Entwicklung, damit das Land bessere Chancen hat, die derzeitigen Probleme zu überwinden. Frau Müller sagt, auch Afghanistan interessiere sie sehr, da sie über Menschen, Kultur und Natur viel Gutes gehört habe. Aber aufgrund der derzeitigen politischen Situation könnte sie mit ihrer Familie gegenwärtig dort nicht leben.

Angesichts der Tatsache, dass ihre Biografie und Lebensart in Deutschland oft nur Verwunderung auslöse, fragten sie und ihr Mann sich auch öfter, warum sie so anders seien, warum sie gerne neue Erfahrungen in vielen Ländern machen möchten, auch wenn ihnen regelmäßige Aufenthalte in ihrer Heimat wichtig wären.

Sind sie das, die Vertreter der Spezies Homo multipolaris?

Nun kann man einwenden, dass es zu allen Zeiten und auf allen Kontinenten wagemutige Abenteurer gab, die als Forscher oder Journalisten, als Ärzte oder Entwicklungshelfer mehr im Ausland als im eigenen Herkunftsland lebten.

Aber natürlich nimmt aufgrund der wirtschaftlichen Zusammenarbeit die Zahl der Menschen zu, die berufsbedingt in anderskulturellen Räumen Geschäfte machen oder dort leben. Unter meinen Kunden finden sich viele Beispiele von Menschen, die als Folge ihrer Auslandserfahrungen multiethnische Familien gründen. Kinder mit Eltern aus unterschiedlichen Kulturen lernen selbstverständlich unterschiedliche Denkweisen oder Werte kennen. Mehrere Sprachen können sie bei entsprechender Berücksichtigung durch die Eltern natürlich erwerben. Das Bewusstsein solcher Kinder ist von vornherein auf nationale oder kulturelle Unterschiede angelegt. Meine Neffen leben mit einem deutschen Vater und einer portugiesischen Mutter in Lissabon, und besuchen dort die deutsche Schule. Wenn sie neue Kinder kennen lernen, ist ihre erste Frage „woher kommen deine Eltern?". Diese Frage ist aufgrund ihres Lebenskontextes logisch und wichtig. Wenn sie diese Frage bei den deutschen Nachbarskindern meiner Eltern stellen, lösen sie nur Befremden aus. Die Verwandten meiner Neffen leben in Portugal, Dänemark, Deutschland und Australien und die Ferien sind meist zu kurz, um alle Länder zu bereisen.

Dass Menschen mit einem solchen biografischen Hintergrund oft eine natürliche interkulturelle Kompetenz – oder zumindest eine hohe Bereitschaft, diese auszubilden – mitbringen, mag nicht verwundern. Welche Faktoren sind es jedoch, die Individuen in einem Fall an ihr Herkunftsland, oft sogar an ihre Heimatregion, ein Leben lang binden, und andere zu Weltenbummlern machen? Hier geben uns Psychologie und die Hirnforschung einige interessante Einblicke.

Antworten aus der Gehirnforschung

Natürlich liegt es auch an der Persönlichkeit, an der sozialen Herkunft und Ausbildung, in welchem Maße jemand von den beruflichen Mobilitätschancen in der globalen Arbeitswelt profitieren kann. Wenn ich dann jedoch bei meinen Kunden auf Menschen treffe, die noch nie ihr kleines westfälisches Dorf verlassen haben, dann eine berufliche Chance nutzen und als Expatriates mit ihrer Familie nach Hongkong ziehen, wo sich die ganze Familie so wohl fühlt, dass sie überlegt, in welchen Länder sie noch leben möchte, dann weiß ich, dass meine Wissenschaft, die Soziologie, nach Antworten aus anderen Disziplinen suchen muss.

Die emotionale Persönlichkeitsstruktur

Die neuesten Erkenntnisse aus der Gehirnforschung und Neurobiologie zeigen, dass sowohl unsere Persönlichkeit wie auch unser

Handeln vorwiegend durch unsere Emotionen beeinflusst sind. Die Emotionen werden in unserem Gehirn vor allem im sogenannten limbischen System verarbeitet. So hat zum Beispiel Hans-Georg Häusel in seinen Büchern dargelegt, warum und wie das menschliche Handeln auch von unserem limbischen System gesteuert wird, und nicht etwa – wie jahrhundertelang in westlichen Wissenschaften behauptet – alleine vom Großhirn, in dem scheinbar die Rationalität angesiedelt ist. Wir würden zu 70 bis 80 Prozent von unseren meist unbewussten agierenden Emotionsprogrammen geleitet, und das habe sich als wichtigste Erfolgsstrategie seit Jahrmillionen bewährt.

Was genau können wir uns unter dem limbischen System und seiner handlungsleitenden Wirkung vorstellen?

Das menschliche zentrale Verhaltensprogramm besteht nach Häusel aus drei großen Emotionssystemen:

- dem Balance-System, unserem „konservativen Ratgeber", der uns zur Bewahrung von Bestehendem anhält;
- dem Stimulanz-System, unserem Neugier-System im Gehirn, das uns antreibt, Neues auszuprobieren und die Welt zu entdecken;
- dem Dominanz-System, unserem Macht- und Durchsetzungsprogramm, das uns vorgibt, den Anderen zu verdrängen, uns durchzusetzen und Karriere zu machen.

Dominanz und Stimulanz seien die expansiven Kräfte, die uns animieren auch Risiken einzugehen (Häusel, 2002, 25), das Balancestreben sorge dafür, dass wir Ruhe und Sicherheit erreichen wollen, Gefahren und Unsicherheit reduzieren, Stabilität, Klarheit und Übersichtlichkeit establieren (26).

Bei jedem Menschen existiere ein bestimmtes Mischungsverhältnis dieser drei Emotionssysteme, denn Balance, Dominanz oder Stimulanz wirken nie isoliert, sondern arbeiten in einer genialen

Steuerungslogik zusammen. Sie beeinflussen das Verhalten – auch im Berufsleben.

Häusel stellt nun Prototypen, zum Beispiel in Bezug auf die Mitarbeiter eines Unternehmens, dar (Häusel, 131 f.). Wie sieht demnach der ideale Mitarbeiter für die Arbeit auf fremdkulturellen Märkten aus? Zunächst einmal muss er neue und fremde Kulturen nicht als Bedrohung, sondern im Gegenteil als Erlebnis betrachten. Er braucht also eine höhere Ausprägung im Stimulanz-Bereich. Für Menschen mit einer hohen Balance-Ausprägung bedeutet das Fremde dagegen Gefahr, sie lassen sich nicht darauf ein.

Gleichzeitig sollte er aber auch sensibel für die feinen Gefühlsausdrücke in Mimik und Gestik seiner fremdkulturellen Gesprächspartner sein. Hier geraten wir nun in Konflikt mit unserem Ideal einer westlichen Führungskraft. Die ideale Führungskraft ist zielorientiert und durchsetzungsstark, in ihrem Gehirn hat das Dominanz-System das Sagen. Das Problem: Je stärker die Dominanz-Kraft im Gehirn, desto geringer ist die soziale Empathie und Sensibilität für die Gefühle und Gefühlsausdrücke anderer. Management-Ikonen, die im Westen für ihre Härte und ihre Durchsetzungsstärke gefeiert werden, sind in fremdkulturellen Märkten eine Katastrophe. Sie trampeln wie der Elefant durch den Porzellanladen und zerschlagen das Geschirr in großen Mengen. Der Unterschied zum Elefant besteht nur darin:

Der Elefant sieht, dass er etwas zerstört, unser Manager merkt nichts davon, weil ihm jedwede Antenne dafür fehlt. Da er deshalb von seiner Umwelt kein für ihn wahrnehmbares Feedback bekommt, kann er nicht lernen. Der Porzellanladen ist völlig zerstört, er ist aber der Überzeugung, dass er alles richtig gemacht hat.

Aus diesem Grund sind diese „High-Performer" für fremdkulturelle Einsätze nur dann geeignet, wenn sie in Trainings lernen, entsprechende Signale zu deuten und zu verstehen. Ohne Vorbereitung ist die Katastrophe vorprogrammiert. Bis zu einem gewissen Grad kann ein Mensch diese Erkenntnisse aus der Gehirnforschung sogar reflexiv zur Weiterentwicklung seiner Persönlichkeit nutzen. Denn mittlerweile wissen wir auch: unser Gehirn ist plastisch und formbar. Unsere Erfahrungen verändern uns in jeder Sekunde. Bei entsprechender Bereitschaft können also anderskulturelle Weltsichten auch westliche Dogmen und Verhaltensweisen modifizieren.

Ist das Modell des Homo multipolaris menschengerecht?

Es gibt auch Stimmen, die bezweifeln, ob Flexibilität und Unsicherheit überhaupt den Bedürfnissen menschlicher Natur entsprechen. Der amerikanische Soziologe Richard Sennett fürchtet, dass die modernen Nomaden, die durch Jobs und Erdteile jagenden Zeitgenossen, letztlich Orientierungslose und damit Strandgut des hyperflexiblen Kapitalismus sind (Sennett, 2006, 84). Besonders zahlreich findet er diese auf dem jährlichen Weltwirtschaftsgipfel in Davos, weshalb er dort die Spezies des Homo Davosiensis ausgemacht hat. Wer ohne feste Ordnung auskomme, inmitten des Chaos aufblühe, wer sich von der Vergangenheit lösen könne und Fragmentierung begrüße, der sei zu Hause im „Unzuhause" und gehöre zu den Gewinnern der Globalisierung (86). Grundsätzlich ist Sennett jedoch davon überzeugt, dass eine gelungene Identitätsbildung langfristige Verbindlichkeiten und Loyalitäten bedürfe. Das Gewohnheitstier Mensch sei auf Kontinuität sozialer Beziehungen angewiesen, auf wechselseitiges Vertrauen und Verantwortung (87). Die Lebens- und Arbeitsbedingungen der Akteure in einer global vernetzten Wirtschaft hätten „Menschenmaß" verloren (87 f.). Allerdings muss er auch eingestehen, dass er keine Lösung für eine andere soziale und kulturelle Existenzform unter den Bedingungen interkultureller Zusammenarbeit kennt.

Für mich stellt sich die Frage, ob Sennett nicht die individuellen Möglichkeiten einer gelungenen Identitätsbildung auch im Kontext interkultureller Interaktionen unterschätzt. Für ihn stellt ein Arbeitsplatz- oder Wohnortwechsel vorrangig einen Bruch in der Biografie dar. Ebenso zum Beispiel die Notwendigkeit, sich ständig neues Wissen anzueignen. Warum soll ein Mensch im Rahmen der von Sennett geforderten Konstruktion einer Lebensgeschichte diese biografischen Stationen nicht als Wachsen und Bereicherung interpretieren? Sind seine Annahmen nicht vielmehr Ausdruck eines bestimmten, westlichen Kulturkonzeptes, das in den Kategorien entweder-oder und linear denkt?

Der Homo multipolaris wird eine Minderheit bleiben, aus vielfältigen Gründen. Ich kann auch nicht nachvollziehen, warum Sennett Menschen mit einem anderen Lebensmodell als „wachsendes Heer ausgebrannter Verlierer" bezeichnet (89). Natürlich stellt das Identitätsmanagement für die betroffenen Menschen in der Globalisierung eine große Aufgabe dar. Denn die Wahlmöglichkeiten, die sich dem Einzelnen bereits in den multioptionalen Industriegesellschaften bieten, vervielfältigen sich im Rahmen eines weltweiten Marktes. Aber auch unter neuen Bedingungen ist eine gelungene Identitätsbildung im Verständnis von Sennett zu realisieren. Ermöglichen die modernen Medien und Transportsysteme heute weltweit nicht eine Kommunikationsdichte und Beziehungskontinuität, wie sie im Mittelalter nicht einmal zwischen Dörfern mit geringer Entfernung möglich war? Wird der Homo multipolaris sich vielleicht nicht stärker in der Pflege sozialer Beziehungen engagieren, gerade weil die Selbstverständlichkeit der räumlichen Nähe wegfällt? Und wer sagt, dass die globalen Nomaden ein Leben lang durch die Welt ziehen müssen? Vielleicht entschließen sie sich wieder sesshaft zu werden, und ihre international gewonnenen Erfahrungen in ihren Heimatländern einzusetzen. Dass dies in der Weltgeschichte kein neuartiger Vorgang ist, erläutern Ilija

Trojanow und Ranjit Hoskoté in ihrem Buch „Kampfabsage". Sie sagen: Kulturen bekämpfen sich nicht – sie fließen zusammen.

Stärken und Schwächen der homines multipolares

Trojanow und Hoskoté antworten mit ihren Thesen auf Samuel Huntingtons „Kampf der Kulturen". In den 90er Jahren des letzten Jahrtausends wähnten vor allem westliche Wissenschaftler, dass sich mit zunehmender Globalisierung auch eine Auseinandersetzung um kulturelle Werte und Deutungshoheit verschärfen würde. Vor allem im Westen muss sich jedoch die Erkenntnis durchsetzen, dass es nicht mehr darum geht, welche Werte besser oder schlechter sind. Wir müssen akzeptieren, dass andere Kulturkonzepte einfach anders sind. Dass uns dies im Abendland so schwer fällt, ist bereits Kennzeichen unseres kulturellen Erbes. Wenn Sie sich für die Wurzeln, Entwicklung und Inhalte abendländischen und asiatischen Denkens interessieren, so finden Sie eine komprimierte Übersicht im Anhang dieses Buches.

Die Akteure der multipolaren Weltwirtschaft bringen also unterschiedliche kulturelle und persönliche Dispositionen in die Kooperation ein. Erinnern wir uns noch einmal, welche Anforderungen die Fach- und Führungskräfte in der Globalisierung bewältigen müssen:

> „Sie müssen ihre ausländischen Kollegen verstehen, mit ihnen auskommen, sich selbst treu bleiben und gleichzeitig die Stärken der anderen schätzen und anerkennen. Das sind die kulturellen Herausforderungen, vor denen wir heute stehen."
> (Lewis, 2000, 462)

Sind wir im Westen für diese Aufgabe auch richtig gerüstet? Gibt es Unterschiede im Leistungspotential der homines mulitpolares? Was können wir, was können die anderen und wie können wir voneinander lernen?

Die Stärken des Westens ... sind bedroht

Eindrucksvoll und in historisch einmaliger Weise erlebten wir in den letzten beiden Jahrhunderten die Folgen abendländisch-wissenschaftlich-rationalen Denkens. Technische Erfindungen führten zu einer Industrialisierung, deren Segnungen wohl niemand mehr missen möchte, und deren Nachteile (Umweltverschmutzung, Verschwendung von Ressourcen, Ungleichheiten im Zugang zu Einkommen im Rahmen des Nord-Süd-Gefälles) nicht verschwiegen werden dürfen.

Diese westliche Technik hat die Möglichkeiten internationaler wirtschaftlicher Zusammenarbeit und damit die Globalisierung geschaffen. Auch die Rising Stars der multipolaren Welt bewundern den hohen Entwicklungsstand unserer Produkte und sehen uns in dieser Hinsicht als nachahmenswerte Lehrmeister für die eigene wirtschaftliche Entwicklung.

Es gehört zum festen Bestandteil der Diskussionen über die Zukunft der Weltökonomie, dass uns die erfolgreiche, intellektuelle Aufholjagd vor allem von China und Indien warnend vor Augen geführt wird. Ich gehöre nicht zu den Apokalyptikern, die sich in den Chor des Abgesangs westlicher Wirtschafts- oder Wissenschaftskompetenz einreiht. Die absoluten Zahlen über die Millionen Hochschulabgänger, die Indien und China jedes Jahr in den Arbeitsmarkt entlässt (und deren Höhe sich übrigens in unterschiedlichen Quellen unterschiedlich beziffert), müssen genauer analysiert werden.

So stelle beispielsweise nicht nur ich in meiner Firmenberatung fest, dass die 500.000 Ingenieure, die angeblich jedes Jahr ihren Abschluss in China machen, mit ihrem Wissen für westliche Firmen zum großen Teil nicht einsetzbar sind. Da die Ausbildung in China stark theorielastig ist, mangelt es den Absolventen an praktischen Erfahrungen und fachspezifischen Qualifikationen. Die erhalten sie oft erst über eine Tätigkeit in westlichen Firmen. Da wird man dann feststellen müssen, dass die Trainees nicht an selbständiges Arbeiten gewohnt sind und während ihrer Ausbildung nicht in kreativem Denken geübt wurden.

China ist in Bezug auf wissenschaftliche und technologische Entwicklung noch auf den Westen angewiesen. Die Aufsehen erregenden Ergebnisse in chinesischen Forschungslabors entstehen meist unter Leitung von Chinesen, die aus dem westlichen Ausland in ihre Heimat zurückkamen. Seaturtles nennt man diese Landsleute in Fernost. Wenn der chinesische Staat seinen großen Firmen empfiehlt „zou cho qu!", schwärmt aus, dann erfolgt dies auch vor dem Hintergrund eines Talentmangels im eigenen Land und mit dem Ziel, Humanressourcen im westlichen Ausland zu nutzen (Fuchs, 2008, 23).

Der Deutsch-Chinese Martin Guran Djien Chan weist darauf hin, dass neben einsetzbaren Hochschulabsolventen vor allem gut ausgebildete Facharbeiter fehlen, weil der konfuzianische Bildungsbegriff als Ziel die akademische Ausbildung favorisiert (2008, 28). Trotz der hohen Investitionen von Seiten des Staates und der Familien in die Bildung ist für ihn offensichtlich, „dass es noch bis zur Mitte des Jahrtausends dauern wird, bis das chinesische Bildungssystem die Ansprüche erfüllen kann, welche ihm gestellt werden" (30).

Aufgrund meiner praktischen Erfahrung in der Firmenarbeit kann ich Ihnen versichern, dass Sie ähnliche Verhältnisse in Indonesien, Malaysia, Thailand oder Vietnam finden werden. Japan und Südkorea nähern sich in vielen Bereichen dem westlichen Forschungsniveau an. In den Schulen dominiert jedoch weiterhin das konfuzianisch orientierte Lehrmodell, das Disziplin, Auswendiglernen und durch den Lehrer angeleitetes Arbeiten verlangt.

Wie aber steht es um Indien, das sich dem Westen als Soft-Ware-Bude der Welt präsentiert und wo es Unternehmen gibt, die zum Beispiel im Bereich der pharmazeutischen Forschung zu den Besten der Welt gehören? Auch hier muss man genau klären, von wem man spricht. So bestätigen mir meine Kunden durchgängig, dass man zum Beispiel bei Ingenieuren keine den westlichen Vorstellungen vergleichbare Qualifikation unterstellen kann. Auch bei den gelobten IT-Fachleuten sollte man prüfen, für welche Dienstleistung man sie einsetzen möchte. Ansonsten kann es passieren, dass man ähnliche Erfahrungen macht wie ein amerikanischer Kunde von mir. Auch er lagerte Dienstleistungen aus, setzte große Hoffnungen in seine indischen Kooperationspartner und musste dann ernüchtert feststellen: „Coding is fine …". Einfache Programmierarbeiten konnten seine Partner ausführen, aber zu einer differenzierten Projektentwicklung und Durchführung waren die indischen Spezialisten eben nicht fähig. Natürlich gibt es auf dem Subkontinent Elite-Unis, wie etwa die insgesamt sieben Indian Institutes of Technology (IIT). Ihnen wird die schwerste Aufnahmeprüfung der Welt nachgesagt. Wolfgang Hirn, Reporter des Manager Magazins, berichtet:

> „Wer an einem der IITs letztendlich einen Studienplatz ergattert, hat es geschafft. Er braucht sich keine Gedanken mehr um seine berufliche Zukunft zu machen. Er gehört zur indischen Elite – und zeigt es auch. Die IITler sind eine eingeschworene Gemeinschaft, zusammengeschweißt in vier Jahren harten Studiums. Man kann sie auch eine Sekte der klügsten Köpfe nennen" (Hirn, 2008, 141).

Was aber tun die Sektenmitglieder, nachdem sie ihr Examen absolvierten? Sie streben in das gelobte Land USA, promovieren dort und arbeiten an Universitäten oder Unternehmen. Man spricht von 35.000 IITlern, die in den USA leben. Was ist der Grund dafür? Die akademischen Fahnenflüchtigen beklagen sich vor allem über „Apathie, Arroganz, Korruption und Nepotismus in Indien" (Hirn, 142).

Natürlich hat eine technologische Aufholjagd vor allem in asiatischen Ländern begonnen. Der Kampf um die besten Köpfe zeigt sich in attraktiven Angeboten für Nachwuchswissenschaftler. Singapur will seine Bevölkerung von derzeit 4,5 Millionen Menschen durch qualifizierte Zuwanderung auf sechs Millionen aufstocken. Länder wie Kasachstan, ein Mitglied der sogenannten Stan-Staaten (Turkmenistan, Usbekistan etc.), denen man aufgrund ihres Rohstoffreichtums eine prosperierende Zukunft unterstellt, locken westliche Studenten und Arbeitskräfte mit hohen Zuwendungen.

Ich rate meinen Kunden immer: „Überschätzen Sie Ihre asiatischen Mitarbeiter nicht, aber unterschätzen Sie sie auch nicht!" Denn die jungen Menschen in den neuen Zentren der multipolaren Welt sind ehrgeizig, lern- und leistungswillig.

Die Joker des Westens sind immer noch seine technologische Stärke und Innovationskraft. Und diese Faktoren sind an die Qualifikation von Menschen gebunden. Wir müssen dafür sorgen, dass wir auch von den neuen Akteuren der multipolaren Welt noch lange gebraucht werden. Und damit ist bereits ein Problem des Westens angesprochen, dessen Ausprägung ich am besten in Deutschland einschätzen kann. Wir laufen Gefahr, diesen Vorsprung zu verlieren, wenn es uns nicht gelingt, die Leistungsbereitschaft in Schulen und Hochschulen zu erhöhen.

Ohne die Ergebnisse der verschiedenen Pisastudien bemühen zu müssen, erleben wir, dass viele Eltern und Kinder den Wert einer guten Schulausbildung weder erkennen noch schätzen. Diszipliniertes Lernen macht ihnen keinen Spaß und frühzeitiges Lernen zerstört nach Meinung vieler Eltern die Kindheit. Und die Sprösslinge trotz ihrer Abwehr zu kontinuierlichem Pauken anzuhalten, heißt schlicht Stress für die Eltern, dem sich viele entziehen.

Schlechte schulische Ergebnisse von Kindern, mangelnde Kenntnisse in Lesen, Schreiben oder Rechnen nach Abschluss der Hauptschule, werden gerne der unzureichenden Infrastruktur oder schlecht arbeitenden Lehrern angelastet. Warum, so frage ich mich, erzielen unter den gleichen Bedingungen dann zum Beispiel die Kinder asiatischer Zuwanderer die besten Ergebnisse? Am Ostberliner Barnim-Gymnasium lässt sich beobachten:

> „Keine andere Einwanderergruppe in Deutschland hat in der Schule mehr Erfolg als die Vietnamesen: Über 50 Prozent ihrer Schüler schaffen den Sprung aufs Gymnasium. Damit streben mehr vietnamesische Jugendliche zum Abitur als deutsche. Im Vergleich zu ihren Alterskollegen aus türkischen oder italienischen Familien liegt die Gymnasialquote fünfmal so hoch. (…) Zugleich stellt der Schulerfolg der Vietnamesen eine ganze Reihe vermeintlicher Wahrheiten der Integrationsdebatte infrage. Wer etwa meint, dass Bildungsarmut stets soziale Ursachen hätte, sieht sich durch das vietnamesische Beispiel widerlegt. Auch die These, Migranteneltern müssen selbst gut integriert sein, damit ihr Nachwuchs in der Klasse zurechtkomme, trifft auf die ostasiatischen Einwanderer nicht zu" (Die Zeit, 5/09, 31).

Das Phänomen ist in den USA schon länger bekannt, wo chinesische, japanische oder koreanische Schüler und Studenten immer zu den besten Absolventen gehören. Sie stammen aus konfuzianisch geprägten Kulturen, in denen Lernen und eine gute Ausbildung zum höchsten Lebensziel gehören. Die Eltern sehen es als ihre Verpflichtung an, ihre Kinder zu Strebsamkeit und Fleiß anzuhalten – notfalls mit drakonischen körperlichen Strafen. Untersuchungen zeigen zudem, dass asiatische Kinder nicht klüger sind als ihre deutschen und amerikanischen Mitschüler. Sie lernen einfach mehr.

Als die ZDF-Journalistin Marietta Slomka in einem Bericht über Schulleben in China einen 14-Jährigen angesichts seines Lernpensums und Tagesverlaufes fragte, wann er denn spiele, meinte dieser zunächst die Frage aufgrund seiner ungenügenden Englischkenntnisse nicht richtig verstanden zu haben. Spielen? Spielen, das sei etwas für alte Menschen, die hätten dazu Zeit. Er wolle eine gute Ausbildung erreichen, um später viel Geld verdienen zu können.

Auch wenn wir diese Einstellungen und Erziehungsmethoden nicht übernehmen müssen, sollten wir uns daran erinnern: Der Westen kann im globalen Wettstreit nur mit dem Wissen seiner Menschen punkten. Und weltweit wächst die Zahl der Mitbewerber. Wir können ja einmal ausrechnen, wie viele Menschen das sein werden, wenn nur zehn Prozent der 2,5 Milliarden Asiaten High Potentials wären. In China bezeichnet man den internationalen, ökonomischen Wettbewerb als Kampf, sogar als Krieg. Können unsere Kinder, die oft verwöhnt, behütet und geschont werden, sich in so einem Kampf behaupten?

Die Stärken der Anderen ... haben Erfolgspotential

Zu den Stärken in vielen Ländern der Rising Stars gehört der Erfolgswille. Und entgegen allen Unkenrufen von Globalisierungsgegnern hat sich gezeigt, dass ehemals als Entwicklungsländer titulierte Staaten am meisten vom zunehmenden Welthandel profitierten. Vor allem die Jugend nutzen die neuen Chancen mit beiden Händen, um ihre Lebens- und Einkommenssituation zu verbessern.

Eine weitere Stärke sehe ich in der kulturellen Programmierung zum Beispiel asiatischer Menschen. Für eine erfolgreiche interkulturelle Zusammenarbeit ist es unabdingbar – Sie haben es bereits mehrfach gelesen – andere Denkweisen und Rationalitätsmuster zuzulassen. Und die Cultural Codes, die durch Philosophien wie Hinduismus, Buddhismus oder Shintoismus geprägt sind, erleichtern die Toleranz gegenüber anderen Einstellungen. Anders als die monotheistischen Religionen Christentum und Islam erheben sie weder einen Anspruch auf universelle Gültigkeit ihrer Überzeugungen, noch darauf, die Wahrheit bereits gefunden zu haben. „Viele Flüsse fließen ins Meer", sagt man im Hinduismus. Und der Taoismus, philosophisches Element in Fernost, erinnert uns daran „Es gibt deine Wahrheit, es gibt meine Wahrheit und es gibt eine Wahrheit, die wir beide nicht sehen."

Aus dieser Toleranz gegenüber vielen Welterklärungen resultiert auch eine gewisse Pragmatik, die sich exemplarisch an den Aussagen des früheren Premierministers von Singapur, Lee Kuan Yew, zeigen lässt. Auf die Diskussionen in Folge der Thesen über einen möglichen Kampf der Kulturen reagierte er mit Unverständnis. „Wir müssen uns nicht lieben. Wir müssen miteinander Geschäfte machen."

Geschäfte werden zwischen Menschen gemacht. Zur Bewältigung dieser Aufgabe sind Eigenschaften nötig, die im westlichen Geschäftsleben etwas abfällig als Soft Skills tituliert werden. Ich habe bereits zitiert, dass manche Führungskräfte meinen, Softskills seien Skills für Softies. Die Alphatiere der westlichen Hemisphäre setzen auf Hard Facts und Hard Skills. Doch was nutzt meine Hightech-Maschine oder mein ausgeklügeltes Controllingsystem, wenn ich sie meinen anderskulturellen Mitarbeitern nicht erklären kann? Wie erfolgreich wird meine Auslandsinvestition verlaufen, wenn ich meine Mitarbeiter nicht kulturangepasst führen, motivieren, binden kann?

Die Soft Skills werden erfolgsentscheidend sein in der multipolaren Welt. Und in diesem Bereich erscheinen mir Menschen aus nicht-westlichen Kulturkreisen im Vorteil. Wie ich mehrfach erwähnt habe, führt die geringere Individualitätsausprägung und

Gruppenorientierung früh zur Entwicklung von Empathievermögen oder Ambiguitätstoleranz. Dies sind zentrale Erfolgsfaktoren für eine Zusammenarbeit von Menschen mit unterschiedlichen Denksystemen.

Aufgrund ihrer Wissenschaftshistorie sind den westlichen Menschen weiche Faktoren suspekt. Zahlreiche Vertreter der abendländischen Ideengeschichte sprachen Emotionen oder Intuition Legitimation und Existenz ab. Nur die Rationalität akzeptierten sie als Garanten für zielführende Entscheidungen. Und rational getroffene Entscheidungen beanspruchen objektive Gültigkeit.

Das Hilfsmittel der Rationalität im Westen ist lineares, monokausales, analytisches und deduktives Denken. Jede Gesamtheit wird in Einzelteile zerlegt, analysiert und die neue Kombination von Einzelteilen führt zu einem neuen Ergebnis.

Fernöstliches Denken ist durch eine ganzheitliche, synthetische Denkweise geprägt. Ein Einzelteil sieht man immer im Gesamtkontext, in seinen Beziehungen zu anderen Faktoren. Intuition wird hier als eine wertvolle und zulässige Hilfe bei der Lösung von Problemen akzeptiert und eingesetzt.

In ihrem Bericht „How China Transforms an Executive's Mind" werteten Nandani Lynton und Kirsten Hogh Thogersen die Erfahrungen westlicher Expatriates in China aus, um Empfehlungen für eine erfolgreiche Arbeit zu erhalten. Intuition entwickeln und anwenden, beide Gehirnhälften nutzen, sich in Reflexion, Konzentration und Aufmerksamkeit üben – das sind die Kernaussagen der Auskünfte ihrer Interviewpartner.

> „… a new way of approaching the world using both the right and left sides of the brain more fully, paying attention to intuition and soft patterns, picking up on situational details and relating to the whole." (Lynton/Thogersen, 2006, 2)

Aber sie wissen auch:

> „Since intuitive strategy is largely unexplored in the West, there is little direction on how to achieve it." (3)

Die Intuition als eine Form des unbewussten Wissens ist dem westlichen Menschen suspekt. Er will sich nicht auf sein Bauchgefühl oder seinen sechsten Sinn verlassen. Auch bei diesem Thema sollten wir jedoch die neuesten Erkenntnisse der Gehirnforschung beachten. Diese werten die Intuition mittlerweile auf und definieren sie als einen erforderlichen Berater des Gehirns, der nicht auf Einzelteile fixiert ist, sondern schnell Muster und Zusammenhänge herstellt. Zudem nutzen die zum intuitiven Denken erforderlichen Prozesse stärker die Kapazitäten des menschlichen Gehirns. Rüdiger Ilg, Neurologe am Institut für medizinische Psychologie der Universität München, weist darauf hin, dass die im Westen praktizierte deduktive Analyse nur eine Gehirnregion beansprucht, während das intuitive Denken drei unterschiedliche Gehirnregionen aktiviert, die schnell zusammen wirken, um Muster zu erkennen (Ilg, zitiert in Lynton/Thogersen, 7).

Sollten wir unser Wahrnehmungsrepertoire nicht erweitern, um für die Aufgaben mit anderskulturellen Partnern gerüstet zu sein?

Cultural Intelligence – Werkzeug für das Identitätsmanagement für Unternehmen in der multipolaren Welt

Lassen Sie mich die weltwirtschaftliche Situation und ihre Folgen für die westlichen Unternehmen noch einmal mit dem Bild veränderter Lebensbedingungen beschreiben. Wir lebten bisher in den Bergen und benötigten zum Überleben bestimmte Eigenschaften. Wir mussten gut klettern können, vielleicht mit dem Gewehr umgehen. Schwimmen zu können unter solchen Lebensbedingungen war nice-to-have, aber nicht lebensnotwenig. Nun haben sich unsere Lebensbedingungen geändert. Neue Chancen bieten sich uns am Meer. Da benötigen wir jedoch andere Fähigkeiten. Schwimmen zu können gehört hier zu den wichtigsten Dingen, zum must-have.

Ähnlich ist es in Bezug auf die weltwirtschaftlichen Verhältnisse. Unternehmen können in den Rahmenbedingungen einer multipolaren Ökonomie nur erfolgreich bleiben, wenn sie ihr Identitätsmanagement anpassen.

Das Instrument der Cultural Intelligence bietet keine uniforme Lösung. Cultural Intelligence zeigt auf, in welchen Schritten und Prozessen Unternehmen ihre Lösungen in einem neuen weltwirtschaftlichen Kräfteverhältnis finden können, um ihre Erfolge zu sichern.

Es muss integrativer Bestandteil unternehmerischer Entscheidungen sein, dass wir die Inhalte von Andersartigkeit und Vielfalt kennen, sie in unseren Handlungen berücksichtigen und zudem diese Kulturdifferenzen nutzen.

Das Ergebnis ist vielleicht eine Art Kulturhybrid. Der Vergleich der Stärken westlicher und asiatischer Denk- und Handlungskonzepte hat gezeigt, dass es beiden Seiten nützt, wenn sie voneinander lernen.

Die Soft Skills der betroffenen Mitarbeiter, die transnationale und interkulturelle wirtschaftliche Beziehungen leben müssen, sind deshalb die Schlüsselkompetenzen. Weiche Faktoren, wie zum Beispiel Empathievermögen, ermöglichen die Erreichung „harter" Ziele. Wenn ich das Denk- und Wertesystems mein Gegenübers kenne, fähig bin, mich gedanklich in seine Schuhe zu stellen, seine Perspektiven übernehmen kann, dann erreiche ich meine Ziele – auf kulturangepasste Weise. Ich verfüge über einen strategischen Vorteil.

Die neuen Kräfteverhältnisse in der multipolaren Welt dürfen wir weder negieren, noch dämonisieren. Beides würde uns lähmen, unsere Handlungsfähigkeit reduzieren. Viele Erkenntnisse, die wir beispielsweise im asiatischen Denken finden können, sind auch bei uns bekannt. Auch westliche Wissenschaftler, wie der Kybernetiker Heinz von Foerster, erinnern uns an die Relativität von Realität „Die Wahrheit ist die Erfindung eines Lügners".

Es gibt also nicht eine Wahrheit, es gibt nicht nur eine richtige Sichtweise, es gibt viele Rationalitätsmuster. Gerne erzähle ich meinen Kunden, wie ich einen japanischen Gärtner beobachtete, der das Gras aus dem Moos zupfte, während wir oft große Anstrengungen aufwenden, um unseren Rasen moosfrei zu halten. Ein Perspektivenwechsel bedroht unsere Existenz nicht, sondern bereichert unser Denkrepertoire. Alles – außer gewöhnlich – sollte unser neues Lebensmotto sein. Politische Vertreter der USA, wie zum Beispiel Hillary Clinton, präsentierten ihr Land zunehmend als Soft Power, als eine politische Macht, die zuhören und überzeugen will. Auch in den Unternehmen wird die Soft Power in Gestalt von Soft Skills gleichberechtigt neben den Hard Skills berücksichtigt werden müssen. Die strategische Nutzung von Vielfalt bedeutet, dass wir unsere Handlungsmöglichkeiten erweitern, neue Produkte entwickeln, neue Antworten auf Probleme finden können. Damit stärken wir unsere Wettbewerbsfähigkeit, nutzen die neuen Chancen einer multipolaren Welt.

Yes, we can – because there are a lot of new chances!

Reise zu den geistesgeschichtlichen Wurzeln

*„Um die Früchte zu erkennen, achte auf die Wurzeln.
Studiere die Vergangenheit, um die Zukunft zu erkennen."*

Lie tse

Weltsichten als Früchte des kulturellen Erbes

Bei der Beantwortung der Frage, warum uns andere Einstellungen so fremd sind, kann uns die Reflexion auf die Wurzeln unserer eigenen Überzeugungen helfen.

Diese Reflexion ersparen wir uns normalerweise, weil wir unsere eigenen kulturellen Werte als selbstverständlich betrachten. Unser Alltagshandeln wird jedoch gespeist aus dem Saft unserer kulturellen Wurzeln. Mehr noch: Wie wir fremden Phänomenen begegnen, welche Fragen wir stellen, welche Lösungen wir zulassen – all dies ist bereits Folge kultureller Grundüberzeugungen. Wir sehen also normalerweise nur noch die Früchte, ohne uns Gedanken über die Wurzeln des Baumes unserer kulturellen Erbes zu machen.

„Wann werden die anderen endlich wie wir?"

Haben Sie sich auch schon einmal bei dem Gedanken ertappt, sich zu fragen, wann denn Ihre asiatischen Partner „endlich wie wir" werden? In meiner beruflichen Praxis begegnen mir solche Fragen häufig. „Glauben Sie, dass wir hoffen können, dass die jungen Chinesen das westliche Denken übernehmen?"

Andere sind überzeugt, dass dieser Prozess bereits stattgefunden hat, und mit der wirtschaftlichen Globalisierung auch eine einzige Weltkultur mit gleichen Überzeugungen und Werten einhergehen wird: „Also unsere Partner sind ja schon vollkommen westlich. Die haben im Westen studiert, sprechen Englisch und konsumieren nur europäische oder amerikanische Waren."

Umgekehrt habe ich in meinem nunmehr 30jährigen Kontakt mit Menschen aus und in Asien noch nie die Aussage gehört: „Unsere deutschen Partner sind schon ganz japanisch. Bald werden die Menschen in Europa und Amerika unsere Verhaltensweisen übernehmen."

Sie sehen, wir Europäer sind uns der Richtigkeit unserer Überzeugungen, Werte und Normen ziemlich sicher. Auch wenn wir nicht mehr als Territorial-Kolonialisten auftreten, so tragen wir immer noch eine Art Kulturimperialismus vor uns her.

Woher kommt diese Überzeugung?

Ich lade Sie deshalb zu einer Reise ein, an deren Ende wir eine Antwort auf die Frage finden werden, warum wir so denken, wie wir denken. Begleiten Sie mich zu den Wurzeln abendländischen und asiatischen Denkens. In folgenden Etappen werden wir unser Ziel erreichen:

Die Art, wie wir in Europa heute denken, ist das Ergebnis von Einflüssen durch

- die griechisch-römische Philosophie
- die jüdisch-christliche Religion
- Reformation, Protestantismus und Aufklärung.

In Asien wirken sich

- der Buddhismus (Ursprungsland Indien)
- der Hinduismus (Indien)

- der Taoismus (China)
- der Konfuzianismus (China, Japan)
- und der Shintoismus (Japan)

auf das Weltbild der Menschen aus. Während Buddhismus, Hinduismus und Taoismus metaphysische Orientierungen zeigen, ist der Konfuzianismus eine reine Alltagsethik, die sich nur auf das diesseitige Handeln der Menschen bezieht.

Europäisches Denken

Erste Etappe: griechische Philosophie

In philosophischen Werken wird manchmal auf eine faszinierende Tatsache hingewiesen: Im 6. und 5. Jahrhundert vor unserer abendländischen Zeitrechnung (im Folgenden mit v. u. Z. abgekürzt) entstanden in verschiedenen Teilen der Welt neue Ideen und philosophische Strömungen, die bis dahin gültige Überzeugungen in Frage stellten und aufhoben.

- Die milesischen Naturphilosophen Thales, Anaximandros und Anaximenes gelten als Begründer der abendländischen Wissenschaft und Philosophie.
- Lao-tse, der die Annahmen des Taoismus formulierte, lebte circa 600 v. u. Z.
- Das Geburtsjahr Siddhartas oder Buddhas wird mit 560 v. u. Z. datiert.
- Konfuzius lebte zwischen 551 und 500 v. u. Z.

Auch schon in den Jahrhunderten vorher zeigten sich im Abendland Entwicklungen, die auch die antiken griechischen Denker beeinflussten:

- Durch den altbabylonischen Herrscher Hammurabi (1700 v. u. Z.), Moses (1200 v. u. Z.) sowie den spartanischen König Lykurg (800 v. u. Z.) wurde der Glaube an ein unbeugsames gottgegebenes Schicksal durch die Idee des Gesetzes abgelöst.
- Homer (800 v. u. Z.) durchbricht den zyklischen Zeitbegriff, indem er auf die zeitlichen Kategorien von Vergangenheit, Gegenwart und Zukunft verweist. Zudem taucht bei ihm zum ersten Mal die Vorstellung des Individuums auf: Seinen Helden in der Odyssee lässt er sagen: „Ich bin Odysseus".
- Zarathustra (geb. 797 v. u. Z.) proklamiert die Gegensätze von Gut und Böse und legt so das Samenkorn für den Dualismus, eine Denkhaltung, die in der griechischen Antike und im christlichen Glauben einen starken Ast am Baum abendländischer Kultur ausbilden wird.

Gegenseitige Beeinflussung?

Inwieweit sich die philosophischen Strömungen im 6. Jahrhundert v. u. Z. gegenseitig beeinflussten, ist schwer zu beantworten. Immerhin ist denkbar, dass an einem Ort wie Milet, der südlichsten der zwölf ionischen Städte (in der heutigen Türkei), nicht nur Waren aus dem Osten importiert wurden, sondern auch die Ideen asiatischer Völker Eingang nach Europa fanden.

Tatsächlich zeigen sich Parallelen in den Annahmen über die Welt zwischen den griechischen Naturphilosophen und dem Taoismus. Von Thales wird Folgendes berichtet:

> „Nach antiker Überlieferung antwortete er auf die Frage, was am schwersten von allen Dingen sei ‚sich selbst kennen', was am leichtesten sei: ‚anderen Rat geben', was Gott sei: ‚das, welches weder Anfang noch Ende hat'; und wie man völlig tugendhaft leben könne: ‚indem wir niemals das tun, was wir an anderen verurteilen.'" (Störig, 126)

In dieser Antwort finden sich Elemente des Taoismus und Buddhismus, aber auch des Konfuzianismus. Ein Unterschied zwischen abendländischem und asiatischem Denken zeigt sich aber im nächsten Schritt, wenn wir uns ansehen, was die jeweilige Erkenntnisabsicht der Philosophen war.

Unterschiede in der Erkenntnisabsicht

Die griechischen Naturphilosophen wollten die Naturprozesse durch die Beobachtung der Natur selbst zu verstehen. Auf diese Weise befreite die Philosophie sich von der Religion. Die Naturphilosophen machten somit die ersten Schritte in Richtung einer wissenschaftlichen Denkweise.

Sie fragten nach den stofflichen Bedingungen der Natur, nach den Gründen für Veränderungen: Thales suchte nach dem Ursprung aller Dinge und nannte als Antwort das Wasser; Heraklit vermutete hinter allen Bewegungen der Welt eine Art Weltvernunft; Anaxagoras hielt die Sonne für eine Feuerkugel – nicht mehr für einen Gott! – und Demokrit schließlich formulierte als erster die Idee von den Atomen als kleine, unsichtbare Bausteine der Natur.

Solche Fragestellungen sind dem Buddhismus oder Taoismus fremd. Ihr Erkenntniszweck ist das „Begreifen des Unbegreiflichen", um eins mit dem ewigen Sein werden zu können. Die höheren Wahrheiten will man erfühlen – nicht jedoch um naturwissenschaftliche Fragestellungen zu beantworten, sondern um Erlösung aus dem ewigen Rad der Wiedergeburten zu erreichen.

Der Beginn des anthropozentrischen Denkens im Abendland

Auch die Philosophen nach Sokrates unterscheiden sich in ihrer Erkenntnisabsicht von den asiatischen Philosophen. In ihren Überlegungen steht nun der Mensch im Mittelpunkt: die anthropozentrische Sichtweise ist geboren.

„Der Mensch ist das Maß aller Dinge" sagte der Sophist *Protagoras* (ca. 487 – 420 v. u. Z.) und forderte, dass Recht und Unrecht, Gut und Böse immer in Bezug auf die Bedürfnisse des Menschen bewertet werden.

Die Agnostiker zweifelten gar an der Existenz eines Gottes. Sie verwiesen darauf, dass viele gesellschaftliche Werte nicht naturgegeben waren, sondern durch die Wertsetzungen der Gesellschaft geschaffen und damit von deren Sitten und Gebräuchen abhängig. Was eine Gesellschaft als „gut und richtig" einstufe, könne eine andere als „schlecht und verwerflich" definieren.

Sokrates und der Glaube an die Kraft der Vernunft

Besonders einflussreich für das westliche Denken ist *Sokrates* (470 – 399 v. u. Z.), der erste Philosoph (= Liebhaber der Weisheit) des Abendlandes. Er verglich sich selbst mit einer Hebamme, die den anderen Menschen zur Geburt der richtigen Einsichten verhilft. Seiner Meinung nach ist nur die Erkenntnis, die von innen kommt, wirkliche Einsicht, sie kann nicht von außen übergestülpt werden.

Von Sokrates stammt auch der Satz „Ich weiß, dass ich nichts weiß"; er strebte ständig nach mehr Wissen und Einsicht. Die Sophisten hingegen waren davon überzeugt, die Wahrheit gefunden zu haben. Und Sokrates glaubte an die Kraft der menschlichen Vernunft als Grundvoraussetzung, um richtige Erkenntnisse zu finden.

> „Wer wisse, was gut ist, werde auch das Gute tun, meinte er. Er glaubte, die richtige Erkenntnis führe zum richtigen Handeln. Und nur, wer das richtige tut, so Sokrates, wird zum richtigen Menschen. Wenn wir falsch handeln, dann, weil wir es nicht besser wissen. Deshalb ist es so wichtig, unser Wissen zu vermehren. Sokrates ging es gerade darum, ganz klare und

> allgemeingültige Definitionen dafür zu finden, was Recht ist und was Unrecht. Im Gegensatz zu den Sophisten glaubte er nämlich, die Fähigkeit, zwischen Recht und Unrecht zu unterscheiden, liege in der Vernunft und nicht in der Gesellschaft."
> (Gaarder, 83)

Hier finden wir sie wieder, die Frage nach richtig oder falsch, nach gut oder böse. Auch in diesem Punkt sind die griechischen Philosophen Vorgänger (oder Vordenker?) der späteren christlich-abendländischen Religion.

Ein Schüler Sokrates', *Platon* (427 – 347 v. u. Z.), ist ebenfalls von der Vernunft überzeugt, ein Anhänger des Rationalismus. In Platons Ideenlehre finden wir eine Einteilung der Wirklichkeit in die Sinnenwelt und Ideenwelt. Diese Ideenwelt steht für geistige oder abstrakte Musterbilder (die „Idee" als abstrakten Begriff einer bestimmten Form, zum Beispiel eines Tisches), während die Sinnenwelt nur unsicheres Erfühlen vermag. Nach Platons Überzeugung ist der Mensch ein zweigeteiltes Wesen mit einem Körper und einer unsterblichen Seele. Diese Seele ist zugleich Wohnsitz der Vernunft. Die unabhängig vom Körper existierende Seele kennt die vollkommenen Ideen, vergisst diese jedoch, nachdem sie in den menschlichen Körper eingetaucht ist. Indem sie die verschiedenen Formen in der Natur erlebt, erinnert sich der Mensch vage an die Ideen. Damit wird eine Sehnsucht, „Eros" = Liebe, geweckt: die Seele verspürt eine Liebessehnsucht nach ihrem eigenen Ursprung. Durch das berühmte „Höhlengleichnis" visualisiert Platon, wie sich die Menschen mit den Schatten der ideellen Ideen zufrieden geben und nur die Philosophen danach streben, die „wirklichen Bilder" zu sehen.

Die Bedeutung von Gefühlen

Nach der abendländischen Philosophie ist Erkenntnis gekoppelt an die Kraft von Verstand und Vernunft. Richtiges Denken führe zu richtigem Handeln, meinte Platon.

Wie steht es mit dem Gefühl? Den griechischen Philosophen ist Gefühl suspekt, da es als vage gilt. Mathematische Gesetze („die Winkelsumme eines Kreises beträgt 360 Grad") hingegen sind sicher, verlässlich und jederzeit nachprüfbar.

Asiatische Philosophien hingegen kennen diese Abwertung beziehungsweise Nichtbeachtung von Gefühlen nicht. Die Kontemplation, das „betrachtende Versenken" des Menschen in dem Bemühen, das „tao" zu erleben, ist im Gegenteil auf die Aktivierung aller Sinne und damit auch auf die Gefühle angewiesen.

Die Geburt des abendländischen Wissenschaftsbegriffes

Aristoteles (384 – 322 v. u. Z) gilt als der Begründer der abendländischen Wissenschaft. Er ordnet nicht nur vorhandenes Wissen (aus den verschiedensten Disziplinen) in Kategorien und Begriffe, sondern entwickelt die Logik als eigene Wissenschaft, indem er Formen und Methoden benennt, die zum richtigen Denken führen. Damit systematisiert er die Art zu denken.

> „Aristoteles unterteilt die Dinge der Welt in *nicht lebende, tierische und pflanzliche Objekte*. Danach untersuchte er auch den Menschen und erkannte, dass alles, was dieses einzigartige Tier hervorbringt, je nachdem, ob das Objekt seines Denkens in die *Welt der Physik, der Ethik oder der Metaphysik* gehört als *materiell, moralisch und theoretisch* eingestuft werden kann. Das wichtigste Werkzeug seiner Ordnungsmethode war die auf den Syllogismus gegründete *Logik*." (De Crescenzo, 129)

Das abendländische Denken soll folgerichtig und zielgerichtet sein; es wird durch die antiken griechischen Philosophen von Mystik und Magie entkleidet. Dieser „Prozess der Entzauberung", wie ihn der Soziologe Max Weber im 20. Jahrhundert nannte, setzt sich im Mittelalter und in der Neuzeit fort. In Asien gab es keine ähnliche Entwicklung.

Logik und Verstand auch in Asien

Die Grundannahmen asiatischer Religionen und Philosophien werden noch ausführlich dargestellt. Bereits jetzt möchte ich aber darauf hinweisen, dass natürlich auch in Asien Denker existierten, die, wie zum Beispiel *Mo-ti* (um 475 v. u. Z.), versuchten, das systematische Denken und die logische Beweisführung in die chinesische Philosophie einzuführen. Solche Strömungen konnten sich jedoch nicht durchsetzen. Die dominanten Sinnsysteme Buddhismus, Hinduismus und Konfuzianismus bestimmten das Denken in den asiatischen Ländern.

Die neuen Ideen, die fast gleichzeitig in verschiedenen Kulturen um 500 v. u. Z. entstanden, schufen ein neues Bewusstsein und riefen damit eine neuartige Wirklichkeit ins Leben.

> „Das Entscheidende [dieses Prozesses] ist, dass er sich gewissermaßen gleichzeitig in Griechenland, Indien und China abspielte. Aber es dürfte vielleicht offensichtlich geworden sein, dass er in Europa zu radikaleren Konsequenzen führte als in Asien, wo er in Indien und China keine so weitgehende Ablösung aus der magisch-mythischen Grundstruktur bewirkte wie bei uns. (...) Europa und Asien begannen voneinander verschiedene Wege zu gehen. (Gebser, 141)

Verstand contra Magie und Mystik

Magie und Mystik werden in den nachfolgenden Zeiten in Europa misstrauisch beäugt. Sie gehören nicht mehr in den Glaubenskatalog eines abendländischen Denkers. Eine rein mystische Weltsicht ist für Sokrates schlicht Unwissenheit. Im antiken Griechenland ist die Welt zum Objekt geworden, die Wirklichkeit kann mit Hilfe des Verstandes erfasst werden. Zweifel und Kritik sind Ausgangspunkt neuer Ideen und bedrohen die Tradition. Das Denken ist linear und zielgerichtet, nicht mehr zyklisch. Das mythische Bilddenken soll durch Begriffsetzungen und logisches Folgern überwunden werden. Zunehmend tritt der Mensch in den Mittelpunkt aller Betrachtungsweisen und Überlegungen. Die Aufforderung „Erkenne dich selbst" schmückt demzufolge den Apollotempel in Delphi.

Zweite Etappe: christliche Religion

Charakteristisch für die abendländische Religion ist ihr Absolutheitsanspruch, der sich in zweierlei Hinsicht zeigt:

Religion existiert per se nur in Form der abendländisch-christlichen Version

Das ist etwa so, als würden wir den Begriff „Getränk" mit Milch gleichsetzen; Wasser oder Bier gehörten dann schon in die Kategorie „Nicht-Getränk".

> „In Europa ist unter der Herrschaft des Christentums der sogenannte Theismus, der Glaube an einen persönlichen Gott, weitgehend gleichgesetzt worden mit Religion überhaupt. (...) Der Buddhismus und andere Religionen (...) belehren uns, dass diese Fassung des Religionsbegriffes zu eng ist. Sie zeigen, dass es Religionen geben kann und in weiten Gebieten der Erde gibt, die an eine sittliche Weltordnung, an das Ideal

> sittlicher Vollkommenheit, an Wiedergeburt und Erlösung glauben und deshalb echte Religionen sind, die aber die Gottesvorstellung ablehnen und insofern mit Recht atheistisch genannt werden." (Störig, 49)

Universeller Gültigkeitsanspruch

Die Glaubenssätze und Grundannahmen der christlich abendländischen Religion beanspruchen universelle Gültigkeit. Im alten Testament lesen wir, dass Gott dem Volk Israel am Berg Sinai seine Gesetze verkündet, wobei das erste Gebot lautet: „Du sollst keine anderen Götter haben neben mir." Und Jesus gibt seinen Anhängern die Losung „Ich bin der Weg, die Wahrheit und das Leben".

Die jüdisch-christliche Religion unterscheidet klar in richtig oder falsch. Der Glaube an die christlichen Dogmen ist richtig, alle anderen religiösen Überzeugungen sind demzufolge falsch. Auch in jüngster Zeit wurde diese Sichtweise von Papst Johannes Paul II formuliert. Diese Dichotomie ist, wie wir sehen werden, asiatischen Religionen oder Philosophien fremd. Buddhismus, Hinduismus oder Taoismus beschäftigen sich nicht mit der Frage nach Wahrheit, sondern mit der Frage nach dem richtigen Weg, der zur Erlösung führt.

Das Konzept von Erlösung

Wovon oder wozu die Menschen erlöst werden sollen, unterscheidet sich ebenfalls. In der abendländischen Religion ist klar: die Menschen sind schlecht und sündig, weswegen sie auch aus dem Paradies vertrieben wurden. Der Gott des Judentums ist der Herr, die Menschen sind seine Knechte. Gott ist gütig, aber Gott kann auch zornig sein, wenn seine Gesetze missachtet werden. Und nur Gott alleine kann die Menschen von ihren Sünden erlösen.

Hinduismus und Buddhismus kennen keine Gnadenerlösung durch Gott. Im Hinduismus sind die Götter Kräfte und Elemente der Natur. Das Brahman ist kein personalisierter Gott, sondern die große Weltseele. Das Atman ist das menschliche Selbst („im Gegensatz zu dem, was nicht Selbst ist"). Und es besteht eine Identität zwischen Brahman und Atman; das Selbst kann durch Versenkung ins eigene Wesen – durch Kontemplation – das Brahman begreifen. Fasten, Ruhe, Schweigen, strengste Sammlung und Selbstdisziplin sind erforderlich, um diese Weltseele zu erfassen. Denn

> „Nicht durch Studium kommt man zum Atman, auch nicht durch Genie oder viel Bücherwissen (...)." (Störig, 38)

Nur über diesen Weg kann sich der Mensch vom Rad der ewigen Wiedergeburten erlösen. Der Hinduismus kennt also nur die Selbsterlösung vom ewigen Leiden in der Welt.

Im Buddhismus existiert ebenfalls überhaupt kein Gottesbegriff im abendländischen Sinn. Auch für den Buddhismus ist Leiden eine Grundtatsache menschlichen Lebens. Das Ziel der Erlösung ist der Eingang ins Nirwana. Das Nirwana ist dabei der Zustand des „Nichts". Es gleicht dem Zustand der Flamme, wenn sie erloschen ist.

Das Verhältnis zwischen Mensch und höheren Welten

In der abendländisch-christlichen Religion ist der Mensch von den höheren Welten getrennt, nur die Gnade Gottes kann ihn – wenn er die religiösen Gesetze befolgt – im besten Fall in den Himmel befördern. Bei den asiatischen Religionen oder Philosophien hingegen fällt auf, dass der Mensch eins ist mit dem Universum. Werfen wir zur Illustration noch einen Blick auf den Taoismus, der durch Lao-tse circa 600 v. u. Z. verbreitet wurde.

> „Tao ist der unfaßliche Urgrund der Welt. Er ist das Gesetz aller Gesetze, das Maß aller Dinge." (Störig, 94)

Das Tao ist unfassbar, „Erkennen des Nichterkennens ist das Höchste". Die Gesetze des Tao können nur erfühlt werden, indem der Mensch nach der rechten Mitte strebt.

Ist der Mensch Teil dieser natürlichen Ordnung, so wird er von den Kräften dieses Universums unmittelbar beeinflusst. Gleichzeitig beeinflussen seine Handlungen diese Ordnung. Beide befinden sich also in einer wechselseitigen Abhängigkeit, in Interdependenz. Sie können sich im Rhythmus und in Harmonie mit dem Universum befinden, im negativen Fall aber auch dessen Ordnung stören. In dieser Überzeugung liegt zum Beispiel eine Ursache der Handlungsmaxime „Harmoniesicherung" in asiatischen Gesellschaften begründet. Das harmonische Miteinander zwischen den Menschen zu sichern ist auch eine Voraussetzung dafür, die universelle Harmonie zu ermöglichen.

Christentum und andere Weltanschauungen

Bereits jetzt wird deutlich, dass den Grundannahmen der abendländisch-christlichen Religion ein Absolutheitsanspruch innewohnt, der Toleranz erschwert. Diese Toleranz gegenüber anderen Weltdeutungen oder Wegen zum Heil ist hingegen ein Kennzeichen asiatischer Religionen und Philosophien. Die wahrheitsreklamierende westliche Geisteshaltung beschränkt sich nicht nur auf metaphysische Fragen, sondern überträgt sich auf alle anderen Lebensbereiche, gleich, ob es sich dabei um Moralvorstellungen, Ernährungsfragen oder Lebensziele handelt.

Das Verhältnis der abendländischen Religion zu Magie und Mystik ist eindeutig zweideutig: auf der einen Seite integriert die christliche Lehre magisch-mystische Elemente (Verwandlung von Wasser zu Wein etc.); auf der anderen Seite belegt sie diese Orientierungen mit dem Begriff des Aberglaubens. War das magisch-mystische Weltbild für die antiken griechischen Philosophen vorwissenschaftlich, so ist es für die christliche Religion Irrglaube und Sünde.

Dritte Etappe: Reformation, Protestantismus und Rationalismus

Station 1: Reformation

Neues religiöses Denken unterstützt neues Wirtschaftsdenken

In Europa wurde, so schreibt Dieter Schwanitz, vieles zweimal erfunden: zum ersten Mal in Griechenland und zum zweiten Mal im Europa der frühen Neuzeit (Schwanitz, 328).

Im Verlauf des frühen Mittelalters hatte sich die christliche Religion als Amtskirche mit einem Klerus organisiert. Sie war nun auch eine weltliche Macht mit politischer und wirtschaftlicher Bedeutung. Das dunkle Mittelalter begann mit den Kreuzzügen und der späteren Verfolgung von Frauen (Hexenverbrennung) und Juden, die man als Verursacher der Pest-Apokalypse ausgemacht zu haben glaubte. Während des gesamten Mittelalters war es Hauptanliegen der Päpste, in der römisch-katholischen Amtskirche ihre Macht zu sichern, Gegner als Ketzer zu bekämpfen und natürlich auch ihr Monopol in Bezug auf die Deutung der Welt zu behaupten.

Mit der Renaissance (1400 – 1530) kam es in Europa (vor allem in den italienischen Stadtstaaten) zur Wiederentdeckung der Kultur des antiken Griechenlands.

> „Der Mensch kehrte aus dem Jenseits zurück und entdeckte das Paradies auf Erden" (Schwanitz, 93).

Vor allem die Architektur erlebte eine Blütezeit und auch die Päpste in Rom ließen die Stadt ausbauen. Das Geld für die geplanten Kirchen und Paläste holte sich die Amtskirche von ihren Gläubigen. Um den Bau des Petersdoms in Rom zu finanzieren, erfand Papst Leo X die Geldquelle der Ablassverkäufe. Die Gläubigen konnten sich mit Hilfe der Ablassbriefe von ihren Sünden freikaufen („Sobald das Geld im Kasten klingt, die Seele in den Himmel springt").

Martin Luther und der Protestantismus

Der Augustinermönch und spätere Professor an der Universität zu Wittenberg, Martin Luther, protestierte heftig gegen die Praxis des Ablassverkaufs. In seinen 95 Thesen, die er am 31. Oktober 1517 an die Tür der Schlosskirche in Wittenberg nagelte, begründete er seine Ablehnung. In der folgenden heftigen Auseinandersetzung mit der Amtskirche rückte Luther auch auf dem Reichstag zu Worms 1521 nicht von seiner Überzeugung ab. Fast schon zum geflügelten Wort wurde sein Satz „Hier stehe ich, ich kann nicht anders"; für ihn persönlich bedeutete diese Standhaftigkeit die Reichsacht, verhängt von Karl V. Er musste sich auf der Wartburg verstecken, aber die Spaltung der Kirche hatte begonnen.

Die Reformation definierte zum einen das Verhältnis des Menschen zu Gott neu: Jeder sei sein eigener Priester, proklamierte Luther, und brauche nicht als Medien die Vertreter der römischen Amtskirche. Die Bibel selbst – und nicht ihre Auslegung durch Päpste oder Bischöfe – wurde zur Richtschnur aller religiösen Lehrmeinungen. Damit auch das einfache Volk diese Bibel lesen konnte, übersetzte Luther 1521 das Neue Testament und 1534 das Alte Testament ins Deutsche. „Der Protestantismus wurde eine Buchreligion" (Schwanitz, 111) und die neu entstandene Buchdruckerkunst förderte die Verbreitung des Buches.

Neudefinition des Lebenssinnes durch den Calvinismus: „Arbeit ist der Inhalt des Lebens"

Ein Aspekt dieser Neudefinition des christlichen Glaubens- und Lebensverständnisses bestand darin, dass die Reformation auch den Boden für ein neues Wirtschaftsdenken und ein neues Wirtschaftssystem bereitete.

Dass sich der „Geist des Kapitalismus" mit Hilfe des „protestantischen Arbeitsethos" (Max Weber) entfalten konnte, war das Verdienst von Jean Calvin. Nach seiner Überzeugung gab es eine göttliche Vorbestimmung, die für jeden Menschen Erlösung oder Verdammnis festlegte. Am weltlichen Schicksal eines Menschen konnte man jedoch bereits Indikatoren für diese Prädestination erkennen: so deutete ein gottesfürchtiges Verhalten, Standhaftigkeit im Glauben und wirtschaftlicher Erfolg darauf hin, dass man wohl zu den Auserwählten gehörte. Zum Verhaltenskodex der Calvinisten zählen deshalb Pflichterfüllung, Sittenreinheit, Mildtätigkeit und Askese durch Arbeit. Und:

> „Der Mensch soll die Zeit, die ihm Gott gegeben hat, nicht für Eitelkeiten verschwenden (...) Nutzt er sie dagegen für sinnvolle Arbeit, deutet das darauf hin, dass er zu den Erwählten gehört." (Schwanitz, 116)

Damit ist der Grundstein gelegt für eine wirtschaftliche Dynamik, die in Europa in den nachfolgenden Jahrhunderten als Frühkapitalismus in Erscheinung tritt. Arbeit ist nun Inhalt des Lebens und Müßiggang aller Laster Anfang. Wir Europäer kennen diese Botschaften gut, denn sie gehören zu den Werten einer Wirtschaftsethik, die unser Alltagshandeln bestimmt und unsere Lebensplanung leitet. Faulheit ist unmoralisch, ja gottlos, man stiehlt dem Herrgott die Zeit. Der Mensch ist für sein Leben und sein Wohlergehen selbst verantwortlich. In den nachfolgenden Jahrhunderten löst sich die protestantische Arbeitsethik von ihren religiösen

Wurzeln und verselbständigt sich zu einem säkularen, moralischen Wert: wer Arbeit verweigert, stellt sich außerhalb der Gesellschaft.

Die Reformation fördert rationales Denken

Ein Standbein der Denkhaltung, welche die Wissenschaft den abendländischen Rationalismus nennt, stammt von den Ideen der Reformation:

> „Jener große geschichtliche Prozeß der Entzauberung der Welt, welcher mit der altjüdischen Prophetie einsetzte, und, im Verein mit dem hellenistischen, wissenschaftlichen Denken, alle magischen Mittel der Heilssuche als Aberglaube und Frevel verwarf, fand hier seinen Abschluß." (Max Weber, 1922, 94 f.)

Welche Folgen hat dies für den einzelnen Menschen?

> „Der konsequente Calvinismus hat (...) vor allem zwei Folgen gezeitigt: die innere Vereinsamung des Individuums und das Verständnis des Nächsten als eines anderen." (Schluchter, 250)

Wir erleben die erste Hälfte der Geburt des modernen, abendländischen Menschen. Für ihn sind der Beruf und seine Berufsarbeit zentral, denn sie bestimmen seinen sozialen Platz in der Gesellschaft und damit sein Selbstverständnis.

Station 2: Aufklärung und Naturwissenschaften

Die Entzauberung der Welt setzt sich fort

Das Weltbild des Mittelalters wurde bereits in der Renaissance aufgeweicht. Das Studium der aristotelischen Schriften gehörte zwar bis ins hohe Mittelalter zu den Lehrinhalten der Universitäten, doch ab dem 14. Jahrhundert begann man die traditionellen Annahmen, auch die Philosophie des Aristoteles, in Frage zu stellen.

Zwischen dem 15. Und dem 17. Jahrhundert kam es im Abendland zu einer revolutionären Umwälzung im Denken:

Die kopernikanische Wende wurde von *Nicolaus Kopernikus* (1473 – 1543) eingeleitet und fand über *Johannes Kepler* (1571 – 1630) bei Galilei Galileo ihren Abschluss. Das geozentrische Weltbild des Mittelalters wurde durch das heliozentrische abgelöst. Und für Galilei war klar, dass das Buch der Natur in der Sprache der Mathematik geschrieben wurde. Sie wurde eine zentrale Wissenschaftsdisziplin, in der natürliche Vorgänge und Phänomene beschrieben werden können.

René Descartes (1596-1650) erhob den Zweifel zur Erkenntnismethode. Er formulierte zudem die Trennung zwischen Materie und Geist, Verstand und Körper. Die entdeckten Naturgesetze verwiesen auf Ursache und Wirkung, auf kausale Zusammenhänge. Sein „Ich denke also bin ich" benannte das Subjekt als neues Urprinzip. Er wurde zum Gründungsvater des Rationalismus, der den bereits in der griechischen Antike vorhandenen Glauben an die menschliche Vernunft quasi zum neuen Gott erhob.

Isaac Newton veröffentlichte 1687 seine „Mathematischen Prinzipien der Naturlehre" und benannte die Gravitation als Erklärung der Himmelskörper. Naturgesetze waren also die Ursache der Bewegungen von Gestirnen, und nicht ein göttlicher Wille.

Die Denkmethode des Rationalismus wurde die Empirie: die Untersuchung der Natur gründete nun auf Beobachtung, Erfahrung und Experiment. Über Analyse war Synthese möglich, und damit auch die Konstruktion neuer, künstlicher Stoffe.

Der Mensch stand absolut im Mittelpunkt des Denkens, er ist das vernunftbegabte Wesen, das die Welt beherrschen kann. *Francis Bacon* sagte 1627: „Wissen ist Macht", und meinte damit auch, dass die Natur durch den Menschen benutzt und ausgebeutet werden kann.

„Der Kosmos wird zum System ineinandergreifender Teile. Gott wird als Schöpfer an den Anfang des Universums zurück versetzt. Die Welt aber ist, wie Leibniz sagt, schon die beste aller möglichen und würde durch Gottes Eingriff nur gestört werden. Von jetzt an wird man die Verbesserung der Welt nicht mehr aus dem Jenseits, sondern von der Zukunft erwarten. Im übrigen vertreibt diese totale Kausalvernetzung die Geister, Dämonen und angstmachenden Wesen aus den Winkeln." (Schwanitz, 139)

Eine neue Wirtschafts- und Gesellschaftsstruktur entsteht

Dieses neue Naturverständnis und Denksystem sowie die Überzeugung, dass der Mensch seine Umwelt beherrschen kann, führten in den nachfolgenden Zeiten zur praktischen Umsetzung des neuen, rationalen Wissens. Die technischen Erfindungen und das protestantische Arbeitsethos ermöglichten die industrielle Revolution, die im 17. Jahrhundert von England aus ihren Siegeszug in Europa antrat.

Die neue Form der Produktion und des Wirtschaftens wiederum veränderte die sozialen Bedingungen für die Menschen. Auch im Zusammenleben kam es zu radikalen Umwälzungen: Um die Manufakturen herum entstanden Städte, die Klein- oder Kernfamilie wurde zur neuen Lebensform, immer mehr Tätigkeiten spezialisierten sich über die entstehenden Berufe.

Diese wirtschaftliche Entwicklung brachte Reichtum für viele Menschen. Der medizinisch-wissenschaftliche Fortschritt und damit einhergehend die enorme Verbesserung der Lebensbedingungen in Sachen Hygiene bannten Hunger und Seuchen. Die Europäer (und Amerikaner) sind deshalb auf ihre technischen Errungenschaften sehr stolz. Und auch als sich die negativen Folgen der Naturbeherrschung in Form zunehmender Naturzerstörung zeigten, war man im Westen sicher, diese Probleme mit technischer Kompetenz lösen zu können.

Der Westen ist jedoch nicht nur stolz auf die Folgen seiner Art zu denken, sondern betrachtet seine Art, die Welt zu interpretieren, auch als die einzig richtige und effiziente. Alle anderen Gesellschaften und Kulturen – und wir wollen uns hier nur auf die asiatischen Kulturen beschränken – gelten deshalb als unterentwickelt und vormodern.

Ist dies auch in den asiatischen Philosophien so? Aus welchen Bausteinen besteht das asiatische Denken?

Asiatisches Denken

Wenn wir uns als Europäer mit den verschiedenen Welterklärungen und Philosophien Asiens beschäftigen, so müssen wir unsere Perspektive völlig verändern. Auf jeden Fall sollten wir einmal unsere westliche Brille abnehmen. Denn unsere Art, die Welt zu betrachten und Fragen zu stellen, ist ja gerade Produkt der Denkweise, wie sie im vorangegangenen Kapitel in Stichworten beschrieben wurde. Zusätzlich haben wir Schwierigkeiten, in unserer Sprache Begriffe zu finden, welche die Bedeutung von Grundannahmen über die Welt in Asien nur annähernd übersetzen könnte. Auch spielen viele Fragen, mit denen wir uns beschäftigen, in Asien schlicht keine Rolle. Warum solle ein Buddhist oder Hindu nach naturgesetzlichen Kausalbedingungen suchen, wenn die irdische Welt sowieso nur Schein und unwirklich ist? Warum sollte man danach streben, die Natur zu beherrschen, wenn der eigentliche Sinn des Lebens darin besteht, diese materielle Existenz endlich hinter sich zu lassen?

Mir fällt in diesem Zusammenhang die Klage eines deutschen Mittelständlers ein, der in Indien eine Produktionsstätte betreibt. Er wollte seinen indischen Mitarbeiten klar machen, dass es doch schön sei, wenn sie die Umgebung des Werkes mit Rosen bepflanzten und diese dann ständig pflegten, unkrautfrei hielten. Seine indischen Mitarbeiter sahen ihn nur verständnislos an ...

Erste Etappe: Hinduismus und Buddhismus

Beide Weltanschauungen, Hinduismus und Buddhismus, entstanden in Indien. Während der Hinduismus jedoch auf Indien beschränkt blieb, konnte sich der Buddhismus weltweit ausbreiten. Heute bekennen sich in Indien 80 Prozent der Bevölkerung zum Hinduismus, wobei auch die anderen Religionen (Islam, Christentum) stark von hinduistischen Glaubenselementen durchdrungen sind.

Wie mehrfach erwähnt, kennt der Hinduismus keinen persönlichen und allumfassenden Gott, keine präzise Gottesidee und kein exklusives Glaubensdogma. Er geht vielmehr von der unpersönlichen Mystik des „Göttlich Einen" aus; daneben existieren Heilsgottheiten wie Vishnu und Shiva – zusammen mit anderen Göttern in einem endlosen Götterhimmel. Alle Annahmen oder Erklärungen über die Beschaffenheit dieses Göttlich Einen widersprechen sich nicht, sondern sind unterschiedliche Facetten eines Weltgeistes. Betrachten wir kurz die wichtigsten Begriffe und Elemente des Hinduismus:

Brahman ist das schöpferische Weltprinzip, die große Weltseele hinter den vergänglichen Erscheinungen der materiellen Welt.

Atman ist das innere, ureigenste Selbst jedes Menschen (seine Seele?). Brahman und Atman sind eins.

Samsara bezeichnet die Vorstellung von der Seelenwanderung, dem Wechselspiel von Sterben und Wiedergeburt.

Das Karma eines Menschen speist sich aus der Qualität seiner Handlungen und seiner Lebensgestaltung in einem früheren Leben. Im gegenwärtigen Leben soll der Mensch deshalb seine Pflichten gemäß den Dharma-Vorschriften erfüllen. Diese Dharma-Leitlinien sind auch durch seine Kastenzugehörigkeit bestimmt.

Moksha, die Erlösung vom ewigen Kreislauf der Wiedergeburten, steht im Mittelpunkt des religiösen Strebens.

> „Die Aussicht, je nach Bewährung im jetzigen Leben auf höherer oder niederer Stufe immer von neuem wieder geboren zu werden, konnte aber für den, der den Leidenscharakter allen Daseins durchschaut hatte, nicht sehr verlockend sein. Infolgedessen richtet sich das Bestreben nicht darauf, durch eine gute Lebensführung eine Wiedergeburt auf höherer Stufe zu erlangen, als vielmehr dahin, dem ständigen Kreislauf und Wechselspiel von Sterben und Wiedergeborenwerden überhaupt zu entrinnen. Dies ist der Sinn des indischen Begriffs der Erlösung (Moksha)." (Störig, 40)

Bedeutung des Wissens

Vorbedingung für diese Erlösung sind nicht nur rechtes Handeln, Selbstdisziplin und Askese, sondern vor allem Wissen, Einsicht und Weisheit. Dieses Wissen unterscheidet sich jedoch vollkommen von dem Wissen, das die abendländischen Menschen erstrebten:

Da Brahman und Atman eins sind, kann man durch Versenkung ins eigene Wesen das Wesen der Welt erkennen – die Erkenntnis der äußeren Welt besitzt für den Weisen hingegen keinen Wert! Und:

> „Die Wahrheit ist nicht dem Verstand zugänglich, sie ist nicht in Worte zu fassen, sie ist auch nicht für alle zugänglich." (Störig, 38)

Der rein verstandesmäßigen Erkenntnis wird nur eine untergeordnete Bedeutung zuerkannt. Intuition, Spiritualität und Mystizismus sind wichtige Hilfen beim Erkennen der ewigen Wahrheit.

Es gibt nicht nur eine Wahrheit, sondern viele. Alle Religionen, Philosophien, Weltbilder und Einstellungen sind Teilaspekte einer universellen Wahrheit, der sich jeder auf seine Art zu nähern versucht. „Die Einheit der Vielfalt" ist ein Prinzip des Hinduismus, vielleicht der kleinste gemeinsame Nenner.

Christentum und Hinduismus stellen unterschiedliche Fragen und suchen unterschiedliche Antworten

Abendländisch geprägte Menschen haben große Mühe, die asiatischen Denkweisen zu verstehen. Für sie ist ein solcher Glaube nicht nachvollziehbar. Der abendländische Rationalismus hat keinen Platz mehr für die vielfältigen Wahrheiten, die in Indien existieren, und zwar gleichzeitig und parallel existieren.

In Ost und West interessieren wir uns für unterschiedliche Dinge! Im Abendland sucht der Mensch nach einer eindeutigen Antwort auf die Fragen: Was ist richtig? Was ist falsch? Hindus bemühen sich, den Weg zur Erlösung zu finden.

Der *Buddhismus* entstand im 5. Jahrhundert v. u. Z. in Indien. Auch er geht vom Leiden als Grundelement menschlichen Lebens aus, glaubt an die Wiedergeburt und die Möglichkeit der Selbsterlösung. Soziologisch gesehen war der Buddhismus eine Reaktion auf das hinduistische Kastenwesen, das der Überlieferung nach von Siddharta Gautama (dem späteren Buddha = der Erleuchtete) als ungerecht und unmenschlich verurteilt wurde.

Das Leiden in der Welt wird durch die „Vier Edlen Wahrheiten" erklärt:

- Dukkha (Schmerz) : alles Leben ist Leiden
- Samudaya (Begierde): alles Leiden wird durch die Begierden hervorgerufen
- Nirodha (Beendigung): Das Auslöschen der Begierden beendet das Leiden
- Magga (Weg): der „edle achtfache Pfad" löscht die Begierden und damit das Leiden.

Das Weltgesetz besagt, dass alle Vorgänge dem Ursache-Wirkungs-Prinzip unterliegen: Sende ich Gutes aus, wird Gutes zu mir zurückkehren. Das Rad des Lebens, der ewige Kreislauf vom Leiden, kann nur durch Einsicht und Erleuchtung im Nirwana (Nichts) enden.

Weg zur Erlösung im Buddhismus

Um diese Erkenntnis zu erreichen, darf der Suchende nicht in sich ausschließenden Gegensätzen denken. Nur über den „Mittleren Pfad", das heißt die ruhige Mitte, die jedes Extrem vermeidet, kann der Mensch stufenweise zu höheren Wahrheiten aufsteigen. Und Kennzeichen dieser höheren Wahrheiten ist immer weder ja noch nein.

Für den Buddhisten gibt es keine eindeutigen Wahrheiten, da es keine Dauer im menschlichen Leben gibt. Nur der Augenblick ist wirklich, das Universum aber ist ein „Kontinuum der Vergänglichkeit" (Störig, 51). Deshalb kann es im unaufhörlichen Fluss der Erscheinungen keine beharrenden Substanzen geben, was es schwierig macht, sie eindeutig zu benennen.

Die Buddhisten sind stolz darauf, dass sich ihre Lehren ohne Blutvergießen in nahezu der gesamten asiatischen Welt ausbreiten konnten (Sri Lanka, Burma, Indochina, Thailand, China, Japan) und in diesen Ländern zu einem wesentlichen Kulturbestandteil wurden, ja teilweise überhaupt zur Grundlage des geistigen Lebens.

Sonderform Zen-Buddhismus

Während sich der Buddhismus auf die weltabgewandte Suche nach dem richtigen Weg zur Erkenntnis konzentriert, sind die **Zen-Buddhisten** sehr weltzugewandte Menschen, deren Lehre verlangt, dass sie jede gewonnene Einsicht unmittelbar auf ihr tägliches Leben übertragen. Die Zen-Buddhisten lehnen Worte, Begriffe und festgelegte Regeln des Verhaltens ab, denn diese verhindern in ihren Augen, in den eigentlichen Sinn des jeweils Gemeinten einzudringen. Durch Vertiefung in die Zen-Erfahrung – über ein bestimmtes Thema muss in vorgeschriebener Körperhaltung Tag und Nacht meditiert werden – eröffnen sich dem Einzelnen die ewigen Wahrheiten.

Zweite Etappe: Taoismus und Konfuzianismus

In China waren es der Taoismus und der Konfuzianismus, die sich langfristig als dominante Sinnsysteme behaupten konnten. Während der Taoismus Antworten auf metaphysische Fragen zu geben versucht, ist der Konfuzianismus eine alltagsorientierte Sittenlehre ohne religiösen Bezug oder Anspruch.

Taoismus

Lao-tse (ca. 600 v. u. Z) beschreibt das Tao als den unfasslichen Urgrund der Welt, als das Gesetz aller Gesetze, das Maß aller Dinge. Es ist kosmischer Prozess, die Ordnung der Natur und das Zusammenleben der Menschen.

Zwei zentrale Elemente des Taoismus sind das Yin-Yang-Prinzip und Wu-wei (die „aktionslose Aktion", das Nicht-Tun).

Durch **Yin und Yang** entstehen alle Prozesse im Universum; gleichzeitig sind diese beiden polaren Kräfte in jedem Prozess enthalten. Diese drücken den ewigen Dualismus aus, die dauernde Ambivalenz:

Weil es Schönheit gibt, gibt es Hässlichkeit.

Weil es das Gute gibt, gibt es das Böse.

Schwer und leicht bedingen einander.

Lang und kurz vermessen einander.

Dieser Dualismus verweist auf die zwei Seiten einer Medaille, die jedem Ereignis, jedem Ding innewohnen. Gleichzeitig erkennen wir Schönheit erst, wenn wir einen Vergleichshorizont, das Hässliche, erleben.

Für den Taoismus ist der Weg das Ziel. Der Sinn hinter allen Dingen oder Erscheinungen kann erfühlt werden, wenn der Mensch – ähnlich wie im Buddhismus – nach der rechten Mitte im Denken und Handeln strebt.

Wu-wei, Nicht-Handeln, ist nicht mit einem fatalistischen, passiven Verhalten zu verwechseln. Vielmehr soll der Weise seine äußere Pflicht erfüllen und gleichzeitig seine innere Distanz zu diesen äußeren Dingen bewahren. Man soll die Dinge handhaben, ohne von ihnen Besitz zu ergreifen.

> „Das Prinzip des Wu wei wird durch die Parabel von der Pinie und der Weide im tiefen Schnee anschaulich gemacht. Der Ast der Pinie ist starr und zerbricht unter der Last, während der Ast der Weide dem Gewicht nachgibt und den Schnee abgleiten läßt. Man beachte, dass die Weide nicht schlaff ist, sondern federnd." (Jahrmarkt, 49)

Wie die Weide die Eigenschaft des Schnees „erkannt" hat und dementsprechend „handelte", so kennt der Weise im Taoismus die Prinzipien, Strukturen und Neigungen menschlicher und natürlicher Dinge, so dass er im Umgang mit ihnen ein Minimum an Energie verbraucht. Er agiert damit im abendländischen Sinn ökonomisch und intelligent.

Der Erleuchtete ist unbefangen, weich und gelöst, denn das Weiche überwindet das Harte.

> „Wer nicht streitet, kann mit niemandem auf der Welt streiten. Den Nicht-Guten behandle ich auch gut und so erlangt er Güte." (Störig, 95)

Konfuzianismus

Konfuzius (ca. 551 v. u. Z.) Privatgelehrter, dann Staatsbeamter und sogar Justizminister im Fürstentum Lu (der heutigen Provinz Shantung), gilt als der einflussreichste chinesische Philosoph. Im Westen kennt fast jeder den Namen, aber seine Bedeutung für viele asiatische Staaten ist weitgehend unbekannt.

> „Im Mittelpunkt ihres [der Menschen in Europa und Amerika] Ostasienbildes lächelt der große Buddha im Lotussitz, der Welt entrückt, den unruhigen Menschen Ruhe versprechend und Frieden stiftend. Der fotogene Buddha aber hat auf die politische, soziale und wirtschaftliche Entwicklung ostasiatischer Völker keinen Einfluß ausgeübt, der dem von Jesus Christus auf die abendländischen Völker vergleichbar wäre. Der Christus, der durch die Gesellschaftsgeschichte Ostasiens geht, heißt Konfuzius." (Vahlefeld, 131)

Diesseitsorientierte Sittenlehre

Konfuzius formulierte eine Sittenlehre oder Alltagsethik, mit deren Hilfe die Menschen in Harmonie mit der Gesellschaft, aber auch mit dem Kosmos leben können sollen.

Obwohl er sich nicht mit metaphysischen Fragen beschäftigte, ging er selbstverständlich von der Eingebundenheit des Menschen in und seiner Abhängigkeit vom Kosmos aus (Universalismus). Allerdings machte er keine Aussagen über die Beschaffenheit oder Bedeutung dieses Kosmos, verweigerte ebenso Antworten zu Fragen über zum Beispiel das Leben nach dem Tod: „Solange du noch nicht das Leben kennst, wie willst du den Tod kennen?" Gute und böse Geister, die Macht der Sterne gehörten für ihn selbstverständlich zum Universum. Seine Empfehlungen, wie sich der Mensch gegenüber diesen vielfältigen kosmischen Kräften verhalten soll, fielen dann aber wieder sehr pragmatisch aus:

„Respektiere die Geister und halte dich von ihnen fern."

Konfuzius' zentrales Anliegen war es, Verhaltensregeln aufzustellen, die ein korrektes Leben innerhalb der menschlichen Gemeinschaft ermöglichen. Dabei ging es ihm nicht um die abstrakte Menschheit, sondern sein Blick richtet sich auf das nächste Umfeld des Menschen: auf die Familie, die Lehrer, die Herrschenden.

Grundannahmen des Konfuzianismus

▶ *Hierarchie:* Das menschliche Miteinander ist für ihn in hierarchischen Beziehungen organisiert: der Vater steht über dem Sohn, der Mann steht über der Frau, der Weise über dem Ungebildeten, das Alter steht über der Jugend und die Ahnen stehen über den Lebenden. Diese Hierarchie in allen menschlichen Beziehungen ist für Konfuzius Teil der natürlichen Ordnung. Treue und Loyalität, Ehrfurcht und Gehorsam sind die Verhaltensmaximen, die in diesen Beziehungen angebracht sind. Äußerlich

drückt sich diese Hierarchie in der strikten Beachtung der jeweils erforderlichen Etikette (Li) aus.
- *Harmonie:* das höchste Ziel des Menschen soll darin bestehen, in Harmonie mit sich, seinen Mitmenschen und dem Kosmos zu leben. Der Mensch soll diese Ordnung (zu der die eben erwähnte Hierarchie als zentrales Ordnungsmerkmal zählt) nicht stören. In allen Lebensbereichen gehören deshalb Arrangement, Ausgleich, Kompromiss und Konsens zu den Leitlinien des Verhaltens. „Der Bambus biegt sich. Die Eiche bricht."
- *Bildung und Erziehung:* Für Konfuzius ist der Mensch prinzipiell gut und deshalb auch durch Erziehung formbar. Über Erziehung und Bildung kann jeder Mensch das Ideal des Edelmannes erreichen, der weise ist, diszipliniert und nicht in den Extremen des Entweder-oder denkt, sondern dem sich die Bedeutung des Sowohl-als-auch erschließt. Der Erwerb dieser Bildung ist ein lebenslanger Prozess. Zu ihm gehört zuallererst das Studium der klassischen Bücher. Das Lernen fordert aber kein kritisches, unabhängiges Denken, sondern die Aneignung durch Auswendiglernen. Der gebildete Mensch ist auch ein moralischer Mensch.
- *Familie und Gesellschaft:* Konfuzius sieht den Menschen niemals isoliert als Individuum, sondern immer als Mitglied einer Familie, einer Gesellschaft und eines Staates. In diesen sozialen Bezügen hat der Mensch Pflichten zu erfüllen: der Herrscher hat für das Wohlergehen seiner Untertanen zu sorgen, und diese haben die Pflicht, ihm mit Gehorsam und Treue zu dienen. Ebenso hat der Vater für seine Familie Verpflichtung und Verantwortung, und seine Ehefrau und Kinder antworten mit Gehorsam und Respekt. Dieses Vasallenverhältnis kann jedoch aufgekündigt werden, wenn zum Beispiel der Herrschende nicht mehr seine Pflichten erfüllt und so zum Beispiel den Frieden gefährdet. In solchen Fällen darf auch der Untergebene seinen Gehorsam verweigern. Jeder Mensch ist in ein kompliziertes

Beziehungsgeflecht eingewoben. Deutlich wird dies auch, wenn man sich in der chinesischen Sprache die Begriffe für die Verwandtschaftsbeziehungen vor Augen führt: Die chinesische Sprache bildet diese differenzierten, hierarchischen Verhältnisse ab, indem sie zum Beispiel nicht nur das Wort für „Bruder" kennt, sondern noch zusätzlich unterscheidet, ob es sich um den jüngeren oder älteren Bruder handelt oder bei den Enkeln um den Sohn des Sohnes oder um den Sohn der Tochter.

▶ *Die größten Wünsche* des Konfuzianers sind im Diesseits angesiedelt: er wünscht sich Söhne, Reichtum, Gesundheit und ein langes Leben. Nach seinem Tod sollen ihn seine Nachkommen erinnern und verehren. Von Wiedergeburt oder einem Leben im Himmel finden wir im Konfuzianismus nichts.

Der konfuzianische Einfluss auf die politische Ordnung

Ab dem 8. Jahrhundert wurde die konfuzianische Sittenlehre zur offiziellen Staatsdoktrin in China erklärt. Der Einfluss des Konfuzianismus auf das chinesische Denken ist deshalb stark; aber auch in Japan und Südkorea fand diese Alltagsethik Verbreitung. Aufgrund der fast tausendjährigen Beherrschung Vietnams durch China gibt es dort ebenso eine konfuzianische Tradition wie in vielen Ländern Südostasiens über die Auslandschinesen, die meist die Wirtschaft der Länder beherrschen.

Konfuzianismus und Moderne?

Wir würden heute Konfuzius als einen Konservativen bezeichnen, als jemanden, der die Tradition hochhält und zur Nachahmung empfiehlt, um Frieden zwischen den Menschen ebenso zu fördern wie Wohlstand. Die Herrscher und Väter, die Konfuzius idealisierte, kennen wir in der Figur des Patriarchen auch in Europa.

Immer wieder wird bezweifelt, ob der Konfuzianismus heute noch in China Einfluss auf das Denken und Handeln der Menschen hat, da ja gerade unter kommunistischer Herrschaft die konfuzianische Lehre bekämpft wurde und viele Menschen heute in China angeblich einem hemmungslosen Materialismus frönen.

Um die Frage zu beantworten, könnten wir einen Vergleich mit unserer Gesellschaft heranziehen. Löst sich denn ein erklärter europäischer Atheist zugleich auch von seiner christlich geprägten Kultur?

> „Theologische Inhalte sind ins Kulturelle verdampft und als Religion im Bewußtsein kaum noch gegenwärtig. Das Unbewußte hat sie zum Brauchtum verformt. Dort leben sie als untheologische Verhaltens- und Denkweisen weiter, als unreflektierte Selbstverständlichkeiten des ganz alltäglichen Lebens, wie der Sauerstoff zum Atmen." (Vahlefeld, 141)

Warum sollte dies bei chinesischen Menschen anders sein?

Dritte Etappe: Shintoismus

Im Rahmen der bisherigen Etappen unserer Reise zu den Wurzeln asiatischen Denkens fällt der Shintoismus insofern aus dem Rahmen, als er als einzige der beschriebenen Weltanschauungen auf Japan beschränkt geblieben ist. Da jedoch Japan das wirtschaftlich bedeutendste Land in Asien ist und wahrscheinlich viele auch japanische Geschäftspartner haben, möchte ich die Grundzüge des Shintoismus kurz beschreiben.

Shintoismus und das japanische Kaiserhaus stehen in einem engen geistesgeschichtlichen und mythologischen Zusammenhang. Bis in die Gegenwart hinein führt dies immer wieder zu Irritationen und Fehlinterpretationen bei westlichen Beobachtern oder Politikern. Doch versuchen wir uns zunächst Schritt für Schritt den Inhalten des Shintoismus zu nähern.

Kami

Der mythologischen Entstehungsgeschichte nach wurden nach der Trennung von Himmel und Erde die „kami" (wörtlich „oben") geboren. In westlichen Sprachen werden diese Wesen immer mit dem Begriff „Götter" übersetzt, was jedoch irreführend sein kann. Kamis sind weder Götter im griechischen Sinn, noch mit dem christlichen Gottesverständnis vergleichbar. In einem 1972 vom japanischen Amt für kulturelle Angelegenheiten veröffentlichten Buch über japanische Religion wird kami folgendermaßen beschrieben:

> „Grundsätzlich kann alles kami sein, menschliche Wesen, Vögel, Tiere, Bäume, Pflanzen, Berge, Meere. Nach altem Brauch wurde alles als kami bezeichnet, was die Menschen in besonderem Maße beeindruckte, was die Qualität des Außerordentlichen besaß oder was ein Gefühl der Ehrfurcht erzeugte."
> (Stucki, 94)

Kamis sind also keine Götter im westlich-abendländischen Sinn, sondern mystische Wesen, in denen überdurchschnittlich viel von den irrationalen Kräften der Natur wohnt, die deshalb heilig sind. Da es viele kami gibt, gibt es auch viele Wahrheiten.

Alles von überdurchschnittlichem Rang kann kami sein. Nach shintoistischem Glauben ist auch der Tenno ein kami, ein Nachkomme der Sonnengöttin Amaterasu Omikami. Der erste Kaiser, Jimmu Tenno, bestieg 660 v. u. Z. den Thron und begründete das noch heute herrschende japanische Kaiserhaus.

Shintoismus und Kaiserhaus

Als Nachkomme der Sonnengöttin hat der Tenno auch priesterliche Dienste zu verrichten. Besonders die bis in die Gegenwart gültige Zeremonie der Thronbesteigung führt dabei im Westen immer wieder zu Verwirrung. Auch Kaiser Akihito vollzog bei seinem „Amtsantritt" 1990 die traditionellen Shinto-Rituale. Vor allem das Daijosei („das große Speiseopfer"), das geheimnisvollste aller Shinto-Rituale, erregt das Misstrauen der Europäer und Amerikaner. Immer wieder wurde geraunt, dass die Lagerstatt in einem der Schreine als Bett für den symbolischen Beischlaf des Tennos mit der Sonnengöttin diene. Das Ritual des Daijosei muss der Tenno nur einmal vollziehen, und es führt in seiner Gestaltung in die früheste Urzeit zurück.

> „Nach Zeremonien, die der Reinigung dienen, opfert er der Sonnengöttin und den Gottheiten des Himmels und der Erde Reis und verbringt die Nacht in zwei speziell dafür erbauten Schreinen. Dort soll er der Mythologie nach von der Sonnengöttin in ihren Leib aufgenommen und anschließend als heiliger Tenno wiedergeboren werden. (Vahlefeld, 160)

Nicht-Japaner beäugen dieses Ritual kritisch, fürchten sie doch, dass auch der heutige Tenno wieder den Gottes-Anspruch erhebt, was ihm durch die Nachkriegsverfassung (unter Federführung der Amerikaner) verboten ist.

Shintoistische Überzeugungen

Der Shintoismus betont die Eingebundenheit des Menschen in die Natur (natürliche Kräfte) und seine Abhängigkeit von dieser. Negative Kräfte (Taifune, Erdbeben, Krankheiten, menschliche Leidenschaften) werden als natürliche Dissonanzen begriffen, die zeigen, dass wieder Harmonie hergestellt werden muss.

Die shintoistischen Schreine sind Häuser für die besonders wichtigen, schöpferischen und potentiell auch zerstörerischen kami, die regelmäßig in großen Festen gefeiert werden.

Als zentrale Werte gelten

▹ Die Verehrung der Ahnen

- Familienzeremonien: Geburt und Eheschließung vor dem Shintoschrein
- Ethische Normen: Pflichttreue, Ehrlichkeit und Selbstbeherrschung und „Mogokoro" (lauteres Herz)

Der Shintoismus ist eine Weltanschauung, die sich dem Diesseits zuwendet. Die Beerdigung hingegen erfolgt nach buddhistischen Ritualen. Die Japaner, so meint Hans-Wilhelm Vahlefeld, seien religiös spezialisiert: „auf den Buddhismus für den Tod, auf den Shintoismus für das Leben." (Vahlefeld, 151)

Shintoismus und japanischer Staat

Während der Herrschaft des Meiji-Tenno, von 1868 bis 1945, waren der japanische Staat und der Shintoismus eng miteinander verwoben. Bis 1945 erhielten die Kinder in den Schulen einen shintoistischen Moralunterricht, in denen ihnen vom nationalen Ruhm, der kulturellen Einmaligkeit und der nationalen Besonderheit Japans berichtet wurde.

Ein weiteres Merkmal des Shintoismus ist die Glorifizierung des Heldentodes, des Todes für das Vaterland (zu erinnern sind hier zum Beispiel die Kamikaze-Flieger im Zweiten Weltkrieg). 1869 errichtete der Meiji-Tenno den Yasukuni-Schrein, in dem heute an zweieinhalb Millionen Soldaten erinnert wird, die in den Kriegen „im Namen des Kaisers" gefallen sind. Wann immer japanische Politiker diesem Schrein einen Besuch abstatten, ernten sie laute Kritik aus anderen asiatischen Ländern (vor allem China und Südkorea), da man in diesem Akt eine Bestätigung des aggressiven Nationalstolzes sieht.

Der Versuch der Amerikaner, nach der japanischen Kapitulation eine christliche Missionierung zu initiieren, scheiterte: die Japaner blieben immun gegen christliche Glaubensinhalte und hielten an ihren eigenen Überzeugungen fest.

„Sie haben in ihrem Denken Platz für alles: für Altes und Neues. Vergangenes und Zukünftiges. Ihr Freiraum für die Koexistenz von Extremen ist grenzenlos. Sie brauchen Bestehendes nicht wegzuräumen, um für Unbekanntes Platz zu schaffen. Wer sich an die in Familie, Gesellschaft und Staat geltenden Regeln des Konfuzianismus hält und die für das Politische relevanten Mythen des Shintoismus nicht in Frage stellt, darf über die Himmlischen denken, was er will. Deshalb blühten auf dem Humus ihres Freidenkertums immer Sekten aller Art." (Vahlefeld, 166)

Reisen bildet!

Was bringen wir als Erkenntnisse von unserer kurzen Reise zu den Wurzeln westlichen und asiatischen Denkens mit?

Weltweit stellen sich die Menschen die gleichen Fragen: Wie soll ich mein Leben gestalten? Was soll ich erstreben? Wie sieht das richtige Verhalten zu meinen Mitmenschen aus? Gibt es eine höhere Macht? Wie werde ich glücklich?

Die Antworten auf diese Fragen sind jedoch in den Kulturen sehr unterschiedlich. An einigen Beispielen sollen die Unterschiede zwischen den Grundlagen westlicher und asiatischer Denkweise noch einmal zusammengefasst werden.

Ideen zur Entstehung der Welt in Asien und Europa

Beginnen wir mit der Antwort auf die Frage, wie die Welt entstand. Im christlichen Abendland wurde sie von Gott geschaffen, ebenso wie die Menschen. Diese Menschen sind zudem Ebenbilder Gottes, die allerdings nach ihrem Sündenfall aus dem Paradies vertrieben wurden. Die Menschen hatten sich gegen Gott versündigt, waren mit dieser Erbsünde belastet. Fortan mussten sie ihr „Brot im Schweiße ihres Angesichts verdienen" und ihre Kinder unter Schmerzen gebären. Der alttestamentarische Gott ist ein strenger und zorniger Gott.

In Asien gibt es keine entsprechende Vorstellung von der Entstehung der Welt. Entweder wird sie als immer existent gedacht oder sie entstand aus den Komplementärkräften Yin und Yang. Die Menschen sind nicht sündig, sondern unbelastet und gut.

> „Ein Mensch ohne Sünde ist für einen gläubigen Christen unvorstellbar, denn es ist ein Mensch ohne schlechtes Gewissen, der nie grübelt und sich quält, ob er gottgefällig gehandelt hat. Nach seinem Tode braucht er sich vor keinem Gott zu verantworten. Einen Menschen ohne Sündenbewußtsein drücken keine zentnerschweren Gewissenslasten. Er geht mit federleichtem Gepäck durch das Leben, ein beneidenswertes Sonntagskind, das im Glück nicht das Unglück und im Leben nicht den Tod herbeiphilosophiert. Er spaltet sich selbst nicht in Körper und Seele, die Welt nicht in Natur und Geist. Im Grunde ist der Mensch ohne Sünde ein Optimist." (Vahlefeld, 151 f.)

Erkenntnis in Europa und Asien

Mehrfach schon wurde deutlich, dass die griechischen Philosophen und das Christentum auf der einen Seite und der Buddhismus, Hinduismus oder Taoismus auf der anderen Seite völlig unterschiedliche Fragen ins Zentrum ihrer Überlegungen stellen. Das antike Griechenland und das Christentum suchen und geben Antworten darauf, was richtig oder falsch, gut oder böse sei und etablieren damit einen strengen Dualismus im Sinne eines sich gegenseitig ausschließenden Gegensatzes.

Die asiatischen Philosophien suchen nach dem Weg, der ihnen die Erkenntnis des „allumfassenden Einen" ermöglicht, den Eingang ins Nirvana, die Erlösung vom Leiden in der irdischen Existenz. Der Weg ist das Ziel. Der Dualismus, den sie kennen, ist ein sich gegenseitig bedingender, wie er im Yin-Yang-Prinzip veranschaulicht wird. Auch bei uns gibt es dieses Denken ansatzweise, etwa wenn man an das Sprichwort denkt: „Es ist kein Schaden wo kein Nutzen ist". Die Asiaten suchen nach dem Weg zur Erkenntnis. Die Abendländer haben ihrer Meinung nach die Wahrheit längst gefunden.

Was suchen die Philosophen in Ost und West?

Ein weiterer Unterschied besteht darin, auf welche Themen sich die Suche nach Erkenntnis im Detail konzentriert. Griechische Philosophen und später die Naturwissenschaftler des Mittelalters und der Neuzeit machen sich Gedanken über die Bedingungen, innerhalb derer die Menschen leben. Die Gegebenheiten und die Gesetze der Natur werden zu Objekten, die erklärt und analysiert werden und die damit beherrschbar sind.

Die Menschen in Asien hingegen werden immer als Teil des Universums gedacht. Sie sind mit dem Kosmos oder ihrer Umwelt interdependent verzahnt. Ihre menschliche Existenz ist von Sternenkonstellationen, guten und bösen Geistern, den Energieflüssen etc. abhängig. Das Hauptanliegen des Menschen sollte es sein, diese natürliche, harmonische Ordnung nicht zu stören, denn diese Störung wird für ihn selbst negative Auswirkungen haben. So war man zum Beispiel in China davon überzeugt, dass die Handlungen eines schlechten Herrschers Naturkatastrophen nach sich ziehen würden.

Im Westen hingegen löst sich das Denken immer mehr von der Religion, natürlich auch von Magie oder Mystik. Das Abendland ist entzaubert, erklärt die Welt über Naturgesetze. Gott hat man dabei nicht gefunden. Gott ist eine Glaubensangelegenheit, keine objektive Tatsache. Eine Abhängigkeit des Menschen sieht man nur in sozialer Hinsicht, macht sich Gedanken über die Auswirkungen der Eingebundenheit des Menschen in eine soziale Ordnung, was Gesellschaftswissenschaften wie Psychologie oder Soziologie entstehen lässt. Daneben existiert der Mensch als Individuum, als Einzelwesen, dem man zudem später noch in der Aufklärung individuelle, politische Rechte zuerkennt.

Wie gelangt man zu Erkenntnis?

Auch wenn wir die Erkenntnismethode betrachten, zeigen sich unterschiedliche Vorgehensweisen. Der Zweifel und die Kritik an überliefertem Wissen war im Abendland schon seit den griechischen Denkern eine anerkannte Methode, die positiv betrachtet wurde. In der Aufklärung wurde sie zu der wissenschaftlichen Methode schlechthin, die zur Weiterentwicklung von Wissen und Information führte, sich in technischen Erfindungen konkret ausdrückte.

Östlichen Denkmodellen fehlt der Zweifel oder die Kritik als integraler Bestandteil. Buddhismus, Hinduismus und Taoismus würden darin übereinstimmen, dass (salopp ausgedrückt) das einzig Sichere die Unsicherheit ist, dies jedoch nicht im Sinne des methodischen Zweifelns, sondern weil der Mensch einfach Probleme hat, das „Unbegreifliche Eine" zu erfassen. Und der Konfuzianismus betrachtet es fast als Todsünde, traditionelle Überzeugungen und Wahrheiten in Frage zu stellen!

Unterschiede im Gültigkeitsanspruch der Überzeugungen

Der Gültigkeitsanspruch des Christentums ist absolut und universell. Asiatische Religionen und Philosophien hingegen betonen die Relativität ihres Glaubens, lassen andere Deutungen zu, akzeptieren und tolerieren andere Überzeugungen. Konkret lässt sich das ablesen, wenn man zum Beispiel die statistischen Erhebungen über Religionszugehörigkeit in Japan betrachtet: die Zählungen ergaben immer, dass sich die Japaner ohne Probleme zu mindestens zwei Religionen offiziell bekennen. (Stucki, 91) Und zu China möchte ich folgende Aussage zitieren:

> „Das ganze Land gleicht einem geistigen und geistlichen Gemischtwarenladen, in dem sich jeder für seinen Zweck das

nimmt, was er braucht, und sich, wenn er will, auch gleich mehrfach bedienen kann. Ein bißchen Konfuzianismus für das materielle und ein wenig Buddhismus für das seelische Wohlergehen, Taoismus als Elixier für die Nerven, Aberglaube als Glücksbrunnen." (Bertram, 230)

Na was denn jetzt? hören wir genervt unsere Landsleute fragen. Man muss sich doch irgendwann mal entscheiden! Für das westliche Denken ist schwer nachvollziehbar, dass man verschiedene Weltdeutungen und Welterklärungen parallel nebeneinander anerkennen kann, für sich selbst nutzt. Ein solches Verhalten wird durch die westliche Brille als indifferent, schwammig, verunsichernd wahrgenommen. Und in vielen Beispielen erleben wir, dass sich diese – nach unserem Verständnis – Vagheit in alltäglichen Verhaltensweisen asiatischer Menschen tatsächlich wieder findet.

Konsequenzen für das wirtschaftliche Handeln

Werfen wir noch einen Blick darauf, wie sich die geistigen Überzeugungen auf wirtschaftliche Aktivitäten auswirken. Für den Buddhismus und Hinduismus ist aktives wirtschaftliches Handeln in dieser Welt im wahrsten Sinne des Wortes sinnlos, denn das Bemühen geht ja dahin, endlich von diesem materiellen Dasein erlöst zu werden. Konkret werden das viele Investoren in Indien erleben, wenn es ihren Mitarbeitern wichtiger ist, an bestimmten Tagen ihre Dharma-Pflichten zu erfüllen statt zur Arbeit zu erscheinen. Soll man sein Heil gefährden wegen dieser unwichtigen irdischen Dinge?

Der Konfuzianismus ist zwar sehr weltzugewandt, doch strebt der konfuzianische Edelmann zuerst nach klassischer Bildung und nach Wissen im Sinne von Weisheit. Er möchte traditionellerweise eher Staatsbeamter als Händler sein. Auf der anderen Seite behindert konfuzianisches Denken die wirtschaftliche Aktivität nicht. Selbstdisziplin, Ausdauer, das Streben nach materiellem Wohlergehen für die Familie sind Werte, die wirtschaftlichen Erfolg fördern. Und Dengs Ausspruch „Es ist ehrenwert, reich zu werden" knüpft an diese traditionelle Überzeugung an.

Im Abendland hingegen ist „ora et labora" bereits eine Forderung des Christentums. Reformatorische Ideen, und dort vor allem der Calvinismus, radikalisieren das Arbeitsethos zu einer Bedingung gottgefälligen Lebens. Das rastlose Streben nach Mehrwert und wirtschaftlichem Erfolg im Diesseits wird zu einem moralischen Dogma. „Arbeit ist der Inhalt des Lebens. Und war es denn viel, so war es Müh und Plage." Zeit zu verschwenden ist ein Frevel gegen Gott. Solche religiösen Inhalte sind mittlerweile zu unreflektierten Selbstverständlichkeiten in unserem Wertekatalog geworden. Sehen wir uns dazu die nachfolgende Szene unter verschiedenen kulturellen Blickwinkeln an:

Ein Mensch sitzt ruhig und unbeweglich auf der Erde, hat die Augen geschlossen. Er sitzt da seit Tagen, unverändert.

Für einen Inder, der vorübergeht, tut dieser Mensch etwas Nachvollziehbares und Sinnvolles: Er meditiert, entsagt den irdischen Ablenkungen und besinnt sich auf das Wesentliche. Vielleicht bewundert und beneidet der indische Beobachter diesen Menschen sogar, weil dieser es unter Umständen früher als er selbst schafft, ins Nirvana einzugehen.

Für einen Europäer, sagen wir: einen Deutschen, ist dieser Mensch ein Tagedieb. „So möchte ich auch einmal leben, nichts arbeiten, den lieben Gott einen guten Mann sein lassen." Dieser verbale Wunsch ist oft eine verkleidete Abwertung. Die meisten Deutschen könnten überhaupt nicht so leben. Wo es so viele erstrebenswerte materielle Dinge gibt: ein großes Auto, ein schönes Haus, schicke Designerklamotten, tolle Reisen – und wenn man dies alles erreicht hat, vielleicht sogar noch die Ausbildung der Kinder... Kurzum: ein Deutscher wird diesen Menschen bedauern, dass er noch nicht erkannt hat, welche tollen Dinge die irdische Existenz eigentlich parat hat.

Folgen der Unterschiede zwischen europäischem und asiatischem Denken

Aufgrund seiner kulturellen Wurzeln zeichnet sich unser westliches Denken durch ständige Bewertungen aus. Wir suchen immer nach der Entscheidung zwischen richtig oder falsch. In unserem Schwarz-Weiß-Denken haben Grautöne oft wenig Platz.

Da wir die Wahrheit gefunden haben in Form einer monotheistischen Religion, unsere Führungsposition bei wissenschaftlicher Forschung und technologischer Innovation immer noch besteht, schließen wir auf eine moralische Überlegenheit im Vergleich mit anderen Kulturen. Wir sind besser als die anderen.

Andere Kulturen erleben uns deshalb als belehrend. Wir messen andere Kulturen daran, ob sie sich schon auf dem richtigen Weg – unserem Weg – befinden.

Damit berauben wir uns einer Weiterentwicklung, wir lernen nicht mehr, denn wir wissen ja schon alles. Dies kann Stagnation bedeuten und letztlich Verfall und Untergang einer Gesellschaft, wie es Samuel Huntington nachgewiesen hat.

Asiatische Kulturen hingegen zeichnen sich durch eine hohe Toleranz und Aufgeschlossenheit gegenüber neuen Weltbildern aus. Nach einer neugierigen und wertfreien Prüfung werden Teilaspekte andere Weltsichten ins eigene Denken integriert. Auch dies war letztlich ein Grund dafür, dass der christlichen Kirche in Asien keine Totalmissionierung gelang. Christliche Glaubensüberzeugungen konnten in vielen asiatischen Ländern nicht dominieren, sondern existieren im Kanon mit anderen philosophischen Strömungen.

Abendländisches Denken als Chance zur Globalisierung

Die Fähigkeit abendländischen Denkens zu Analyse, dem Zweifel als Methode könnten wir auch selbstreflexiv auf unsere Überzeugungen anwenden, indem wir sie als relativ begreifen. Eine solche Denkhaltung unterstützt zudem Globalisierung. Globalisierung bedeutet nämlich, dass unterschiedliche Kulturidentitäten erhalten bleiben. Das Gegenteil ist die Internationalisierung, die eine weltweite Herrschaft westlicher (amerikanischer) Werte fordert.

Der Zweifel als Methode angewandt auf die eigenen kulturellen Werte: sind sie wirklich immer die einzig mögliche Denkhaltung? Gibt es nicht andere Sichtweisen, die andere Lösungen legitimieren? Ist unsere Moral universell?

> „Der konstruktive Weg in einer multikulturellen Welt besteht darin, auf Universalismus zu verzichten, Verschiedenheit zu akzeptieren und nach Gemeinsamkeiten zu suchen." (Huntington, 1998, 526)

Durch eine solche Haltung bewiese der Westen, dass er fähig ist zu kritischem Denken auch gegenüber sich selbst und es vermag, sich mit Hilfe seines eigenen Potentials neuen Herausforderungen in der Weltgeschichte zu stellen. In Zukunft werden immer mehr Deutungsmuster miteinander konkurrieren. Eine wichtige Aufgabe rationalen Denkens wird es deshalb sein, auszuwählen, welche Werte in welchen Zusammenhängen die optimale Lösung bieten. Und dabei werden viele Grautöne entstehen, die das Schwarz-Weiß-Spektrum abendländischen Denkens bereichern können.

Literatur

AI WEIWEI (2009): Ein Monster in Trümmern. In: Die Zeit, 26.3.09

ASIA BRIDGE 2/2008

BECK, ULRICH (2008): Was ist Globalisierung? Irrtümer des Globalismus – Antwort auf Globalisierung. Frankfurt.

BERTRAM, HELGA UND JÜRGEN (1995): Im Reich der roten Kaiser. München

BOLTEN, JÜRGEN (2003): Interkulturelles Coaching, Mediation, Training und Consulting als Aufgaben internationaler Unternehmen. In: Bolten, Jürgen/Ehrhardt, Claus (Hg): Interkulturelle Kommunikation. Sternenfels, S. 369 – 391.

BOSTON CONSULTING GROUP (2008): Talentmanagement – aber wie? Wege aus dem Mitarbeiterengpass. In: ChinaKontakt, 4/2008.

BRODBECK F.C. (2008): Die Suche nach universellen Führungsstandards: Herausforderungen im globalen Dorf. In: Wirtschaftspsychologie aktuell 1/2008.

BURMAN, E. (2008): Managing Cultural Diversity in a Global World. www.mce.be

CHAN, MARTIN GUAN DJIEN (2008): Der erwachte Drache. Großmacht China im 21. Jahrhundert. Darmstadt.

DE CRESCENZO, LUCIANO (1988): Geschichte der griechischen Philosophie. Zürich.

FRIEDMAN, THOMAS, L. (2008): Die Welt ist flach. Eine kurze Geschichte des 21. Jahrhunderts. Frankfurt.

FUCHS, HANS-JOACHIM (2008): Die China AG. Zielmärkte und Strategien chinesischer Markenunternehmen in Deutschland und Europa. München.

GAARDER, JOSTEIN (1993): Sofies Welt. Ein Roman über die Geschichte der Philosophie. München

GEBSER, JEAN (1962): Asienfibel. Ulm.

GEIßLER, CORNELIA (2004): Was ist Compliance Management? In: Harvard Businessmanager 2/2004. www.harvardbusinessmanager.de/heft/artikel/a-620695.

GRZANNA, MARCEL (2009): Das Erbe des Konfuzius. In: Süddeutsche Zeitung, 4.8.09, 17.

HUNTINGTON, SAMUEL, P. (1998): Kampf der Kulturen. Die Neugestaltung der Weltpolitik im 21. Jahrhundert. 6. Aufl., München.

HÄUSEL, HANS-GEORG (2000): Think Limbic! Die Macht des Unbewussten verstehen und nutzen für Motivation, Marketing, Management. München.

HEINRICHS, HANS-JÜRGEN (2007): Vom Ende starrer Systeme. Deutschlandfunk, 26.12.2007. http://www.dradio.de/dlf/sendungen/essayunddiskurs/714672/.

HIRN, WOLFGANG (2008): Angriff aus Asien. Wie uns die neuen Wirtschaftsmächte überholen. Frankfurt.

HORX, MATTHIAS (2009): Wie wir leben werden. Unsere Zukunft beginnt jetzt! Frankfurt.

IHK NÜRNBERG (2008): Schriften und Arbeitspapiere. Wege zur Rekrutierung, Qalifizierung und Bindung chinesischer Fach- und Führungskräfte. Nr. 610/07, 2. Aufl.

JACQUES, MARTIN (2009): Currency, Culture, Confucius: China's writ will run across the world. In: The Times, 24.6.2009, S. 28.

JAHRMARKT, MANFRED (1995): Das Tao-Management. München.

JUMPERTZ, SYLVIA (2002): Rückkehr ins Ungewisse. In: manager-Seminare, Heft 57, S. 94 – 104.

JULLIEN, FRANCOIS (2006): Vortrag vor Managern über Wirksamkeit und Effizienz in China und im Westen. Berlin.

KÖPPEL, PETRA/SANDNER DOMINIK (2008): Praxisbeispiele zu Cultural Diversity im Unternehmen. Bertelsmann Stiftung, Gütersloh.

LACHMANN, WERNER (2008): Ethik der Globalisierung. Ökonomische Globalisierung zwischen Verantwortung und Sachzwängen. In: Wirtschaftsethik 27.9.2008.

LEWIS, D. RICHARD (2000): Handbuch internationale Kompetenz. Mehr Erfolg durch den richtigen Umgang mit Geschäftspartnern weltweit. Frankfurt.

LOTTER, WOLF (2009): Die Unverwechselbaren. Diversity ist mehr als gute Worte und multikulturelle Teams. In: brand eins 4/09

LYNTON, NANDANI/HOGH THOGERSEN, KIRSTEN (2006): How China Transforms an Executive's Mind. In: Organizational Dynamics, www.sciencedirect.com.

MÄRTIN, DORIS (2006): Smart Talk. Frankfurt.

MAHBUBANI, KISHORE (2008): Die Rückkehr Asiens. Das Ende der westlichen Dominanz. Berlin.

MAHBUBANI, KISHORE (2008): Ein inzestuöser Dialog. Interview in Focus 46/2008, S.204

MAHBUBANI, KISHORE (2009): Dem Westen wird nichts genommen. Interview in der Süddeutschen Zeitung, 4.2.09, S.14.

MARX, ELISABETH (2000): Vorsicht Kulturschock. So wird Ihr beruflicher Auslandseinsatz zum Erfolg. Frankfurt.

MÜLLER, HARALD (2009): Der Westen braucht mehr Demut! Der Weg zum nachhaltigen Weltregieren. Manuskript zur Sendung in SWR2, 15.3.09.

MÜLLER, HENRIK (2008): Die sieben Knappheiten. Wie sie unsere Zukunft bedrohen und was wir ihnen entgegensetzen können. Frankfurt.

MÜLLER, STEFAN/GELBRICH, KATJA (2004): Interkulturelles Marketing. München.

NISBETT, RICHARD, E. (2003): The Geography of Thought. How Asians and Westerners Think Differently ... and Why. New York.

OBERDORF, JASON (2009): The House in Ill Repute. In: Newsweek, 16.3.2009, S. 40-41.

REZ, H./KRAEMER, M./KOBAYASHI-WEINSZIEHR (2008): Warum Karl und Keizo sich nerven. Eine Reise zum systematischen Verständnis interkultureller Missverständnisse. In: Kumbier, D./ Schulz von Thun, Friedemann (Hg): Interkulturelle Kommunikation: Methoden, Modelle, Beispiele. 2. Aufl., Hamburg

SCHLUCHTER, WOLFGANG (1980): Rationalismus und Weltbeherrschung. Frankfurt.

SCHROEDER, C. (2008): Zum Wesen des chinesischen Denkens. BR2, 13.8.08.

SCHWANITZ, DIETRICH (1999): Bildung. Frankfurt.

SEELMANN-HOLZMANN, HANNE (2004): Global Player brauchen Kulturkompetenz. So sichern Sie Ihre Wettbewerbsvorteile im Asiengeschäft. Nürnberg.

SEELMANN-HOLZMANN, HANNE (2006): Der rote Drache ist kein Schmusetier. Strategien für langfristigen Erfolg in China. Heidelberg.

SEELMANN-HOLZMANN, HANNE (2007): The Asian Brain. Warum man Chi Ling anders gewinnt als Markus Sommer. In: Häusel, H. G. (Hg): Neuromarketing. München.

SENNETT, RICHARD (2006): Der flexible Mensch. Die Kultur des neuen Kapitalismus. Berlin.

SHINGO, SHIMADA (1994): Grenzgänge – Fremdgänge. Japan und Europa im Kulturvergleich. Frankfurt.

SIEREN, FRANK (2008): Der China-Schock. Wie Peking sich die Welt gefügig macht. Berlin.

SOHN, STEFANIE/LINKE, BERND MICHAEL/KLOSSEK, ANDREAS (HG) (2008): Chinesische Unternehmen in Deutschland. Chancen und Herausforderungen. Bertelsmann Stiftung, Gütersloh.

SPIEWAK, MARTIN (2009): Das vietnamesische Wunder. In: Die Zeit, 22.1.2009, S.31f.

STEINMANN, HORST/SCHERER, ANDREAS G. (1998): Zwischen Universalismus und Relativismus. Philosophische Grundlagenprobleme des interkulturellen Managements. Frankfurt.

STÖRIG, HANS-JOACHIM (1972): Kleine Weltgeschichte der Philosophie. Band 1 und 2. Frankfurt.

SÜDDEUTSCHE ZEITUNG, 21.1.08, Interview mit Pankay Ghemawat, „Die Mär vom globalen Dorf hat viel Geld vernichtet".

SÜDDEUTSCHE ZEITUNG, 14.7.09: Kampf der fremden Kulturen

SÜDDEUTSCHE ZEITUNG, 10.7.09: Hasst der Westen den Islam?

SÜDDEUTSCHE ZEITUNG, 6.10.08: Die Männerversteherin

TROJANOW, ILIJA/HOSKOTÉ, RANJIT (2007): Kampfabsage. Kulturen bekämpfen sich nicht – sie fließen zusammen. München.

VAHLEFELD, HANS WILHELM (1992): Japan – Herausforderung ohne Ende. Stuttgart.

WALDENFELS, BERNHARD (2009): Das Unkalkulierbare zulassen. Interview in brand eins 4/09.

WEBER, MAX (1965): Die protestantische Ethik. In: Winckelmann, J. (Hg): Klassiker des soziologischen Denkens, Band 2. München.

WIERLACHER, ALOIS (HG) (1993): Kulturthema Fremdheit. Leitbilder und Problemfelder kulturwissenschaftlicher Fremdheitsforschung. München.

Die Autorin

Hanne Seelmann-Holzmann gehört zu den renommiertesten Culture-Competence-Spezialisten für den asiatischen Raum. Die promovierte Soziologin und Wirtschaftswissenschaftlerin führte zahlreiche Forschungsprojekte in internationalen Projektgruppen in verschiedenen Ländern Asiens durch. 1994 gründete sie die Beratungsfirma Dr. Seelmann Consultants in Nürnberg. Zu ihren Kunden gehören  europäische Global Player und mittelständische Unternehmen. Neben der strategischen Beratung des Top-Managements bereitet sie Führungskräfte auf ihren Asieneinsatz vor.

Das von ihr entwickelte Instrument der Cultural Intelligence bietet westlichen Unternehmen einen gewinnbringenden Wettbewerbsvorteil auch in der multipolaren Weltwirtschaft.

Dr. Seelmann lehrt als Gastdozentin an der International Business School in Nürnberg und ist Mitglied im EU-Botschafterinnen-Netzwerk (European Female Entrepreneurship Ambassador Network). Zu ihren Veröffentlichungen zählen zahlreiche Fachartikel und mehrere Bücher rund um das Thema „Geschäftserfolg in Asien". Sie ist eine gefragte Rednerin auf nationalen und internationalen Tagungen.

www.seelmann-consultants.de